2020

全国监理工程师（水利工程）培训教材

建设工程投资控制（水利工程）

中国水利工程协会　组织编写

中国水利水电出版社
www.waterpub.com.cn
·北京·

内 容 提 要

根据全国监理工程师职业资格考试水利工程专业科目考试大纲，中国水利工程协会在《水利工程建设投资控制》（第二版）的基础上组织修订了本教材。本书共七章，主要包括水利工程投资及构成、建设项目投资控制基础知识、项目建议书及可行性研究阶段投资决策、初步设计阶段投资控制、施工招标阶段投资控制、施工阶段投资控制、竣工财务决算和项目后评价等有关内容。

本书具有较强的实用性，可作为全国监理工程师（水利工程）职业资格考试辅导用书，也可以作为其他水利工程技术管理人员的培训教材和大专院校相关专业师生的参考用书。

图书在版编目（CIP）数据

建设工程投资控制 ：水利工程 / 中国水利工程协会组织编写. -- 北京 ：中国水利水电出版社，2020.6
全国监理工程师（水利工程）培训教材
ISBN 978-7-5170-8592-8

Ⅰ. ①建… Ⅱ. ①中… Ⅲ. ①基本建设投资－控制－监理工作－工程师－资格考试－自学参考资料 Ⅳ. ①F283

中国版本图书馆CIP数据核字(2020)第092553号

书　　名	全国监理工程师（水利工程）培训教材 **建设工程投资控制（水利工程）** JIANSHE GONGCHENG TOUZI KONGZHI (SHUILI GONGCHENG)
作　　者	中国水利工程协会　组织编写
出版发行	中国水利水电出版社 （北京市海淀区玉渊潭南路1号D座　100038） 网址：www.waterpub.com.cn E-mail：sales@waterpub.com.cn 电话：(010) 68367658（营销中心）
经　　售	北京科水图书销售中心（零售） 电话：(010) 88383994、63202643、68545874 全国各地新华书店和相关出版物销售网点
排　　版	中国水利水电出版社微机排版中心
印　　刷	天津嘉恒印务有限公司
规　　格	184mm×260mm　16开本　16.5印张　402千字
版　　次	2020年6月第1版　2020年6月第1次印刷
定　　价	**88.00**元

建设工程投资控制（水利工程）（第三版）

编 审 委 员 会

序

（第三版）

近年来，随着水利建设投入大幅增长，水利工程建设对监理的需求进一步加大，水利建设监理市场进一步开放，监理行业竞争更加激烈。同时，在“水利工程补短板、水利行业强监管”的水利改革发展总基调下，如何打造经济技术力量雄厚且富有竞争力的现代监理企业，对监理从业人员总体素质和能力提出了新要求。

2005年，为配合水利部转变行政职能，中国水利工程协会按照水利部要求，开始对水利工程建设监理人员实施行业自律管理。2007年，根据水利工程建设监理行业的实际需要，中国水利工程协会组织编写了“水利工程建设监理培训教材”。2010年，为进一步提高建设监理人员专业技术水平、规范建设监理行为，中国水利工程协会组织相关作者对“水利工程建设监理培训教材”进行了第一次修订。

随着国家、行业有关法律法规、规章及技术标准的更新以及水利工程建设监理工作的要求不断提高，原有教材有些内容已不再适应新形势的需要。因此，中国水利工程协会于2018年起组织行业有关单位和专家对原有的5册教材进行第二次修订。在修订过程中，尽量保持原教材的结构形式及章节原貌，主要结合现行的法律、法规、规章、技术标准及相关规范性文件等，并根据原有教材在使用中发现的问题作了有针对性的修改。同时，根据最新的监理工程师职业资格制度，将“水利工程建设监理培训教材”更名为“全国监理工程师（水利工程）培训教材”，并补充编写了《建设工程监理案例分析（水利工程）》和《建设工程监理法规汇编》。

相信新版的“全国监理工程师（水利工程）培训教材”可更好地应用于全国监理工程师（水利工程）职业资格考试以及水利行业工程建设监理的专业培训，也更适于作为从事水利工程建设管理人员的业务参考用书。

中国水利工程协会

2020年6月10日

序

（第一版）

建设监理制度推行20多年来，在水利工程建设中发挥了重要作用，取得了显著成绩。工程建设监理事业已引起全社会的广泛关注和重视，赢得了各级政府领导的普遍认可和支持。目前，我国已形成了水利工程建设监理的行业规模，建立了比较完善的水利工程建设监理制度和法规体系，培养了一批水平较高的监理人才，积累了丰富的水利工程建设监理经验。实践证明，水利工程实行建设监理制度完全符合我国市场经济发展的要求。

为了规范水利工程建设监理活动，加强水利工程建设监理单位的资质管理和水利工程建设监理工程师管理，水利部于2006年11月颁发了《水利工程建设监理规定》《水利工程建设监理单位资质管理办法》《水利工程建设监理工程师注册管理办法》。随着我国市场经济的发展和完善，对水利工程建设监理行业提出了更高的要求，监理行业必须适应这种新形势的要求，大力增强自身实力，提高自身素质，在水利工程建设中发挥重要作用。

随着我国政府职能的转变，中国水利工程协会按水利部要求对水利工程建设监理人员实施行业自律管理。因此，为了提高水利工程建设监理人员整体素质和建设监理水平，中国水利工程协会组织有关专家编写了一套水利工程建设监理培训教材，作为举办水利工程建设监理培训班的指定教材，也可以作为从事水利工程建设管理有关人员、项目法人（建设单位）、施工单位及各级水行政主管部门有关人员的业务参考书。本套教材也是全国水利工程建设监理工程师执业资格考试的主要参考书。

本套教材包括《水利工程建设监理概论》、《水利工程建设合同管理》、《水利工程建设质量控制》、《水利工程建设进度控制》和《水利工程建设投资控制》，共5册。

本套教材依据我国现行的法律法规、部门规章和中国水利工程协会行规，结合水利工程建设监理的业务特点，系统地阐述了水利工程建设监理的理论、内容和方法，以及从事水利工程建设监理业务所必需的基础知识。

编写本套教材时，虽经反复斟酌，仍难免有一些不妥之处，恳请广大读者批评指正。

中国水利工程协会

2007年5月28日

序

（第二版）

为配合水利部转变行政职能，自2005年以来，中国水利工程协会开始对水利工程建设监理人员资格施行行业自律管理。五年多来，水利工程建设监理行业人员在新的管理模式下得到了长足的发展。目前，在我国加快经济发展方式转变、水利建设进入新一轮高峰期的背景下，水利工程建设项目点多、面广、量大，建设任务艰巨，水利工程建设监理队伍又面临着新的挑战。随着水利工程建设监理队伍和规模不断壮大，如何提高工程建设监理人员专业技术水平、规范建设监理行为，是深化落实科学发展观、严格执行水利工程建设“三项制度”、保障工程建设质量和安全的一项重要而紧迫的任务。

根据水利工程建设监理行业的实际需要，中国水利工程协会于2007年5月组织行业内有关专家编写了水利工程建设监理培训教材，在监理业务培训中得到了广泛的应用，并取得了良好的效果。随着我国水利工程建设法律、法规和行业规章的不断完善，该教材有些内容已不再适应新形势的需要，据此，中国水利工程协会于2010年6月组织相关作者对本套教材进行了修订。在修订过程中，尽量保持原教材的结构形式以及章节原貌，主要结合现行的法律、法规、规章、技术标准和水利水电工程标准施工招标方面的文件等，并根据本套教材在使用中发现的问题作了有针对性的修改。

相信修订后的水利工程建设监理培训教材更适用于水利行业工程建设监理的专业培训，也可作为从事水利工程建设管理有关人员、水利工程建设参建单位技术人员的业务参考书。

中国水利工程协会

2010年10月28日

前　言

（第三版）

为统一、规范监理工程师职业资格设置和管理，2020年2月28日，《住房和城乡建设部 交通运输部 水利部 人力资源和社会保障部关于印发〈监理工程师职业资格制度规定〉〈监理工程师职业资格考试实施办法〉的通知》（建人规〔2020〕3号）明确国家设置监理工程师准入类职业资格，水利工程建设监理工程师被纳入其中实施全国统一管理。

为配合全国监理工程师（水利工程）职业资格考试，进一步提高监理工程师职业素养和业务水平，中国水利工程协会组织行业有关单位和专家在原有“水利工程建设监理培训教材”的基础上，修编了全新的“全国监理工程师（水利工程）培训教材”。本套教材包括《建设工程监理法规汇编》、《建设工程质量控制（水利工程）》（第三版）、《建设工程进度控制（水利工程）》（第三版）、《建设工程投资控制（水利工程）》（第三版）、《建设工程监理案例分析（水利工程）》、《建设工程监理概论（水利工程）》（第三版）、《建设工程合同管理（水利工程）》（第三版），共7册。

本书根据全国监理工程师职业资格考试水利工程专业科目考试大纲，在《水利工程建设投资控制》（第二版）的基础上进行了修订。全书共七章，主要依据国家和水利部等有关部门颁发的现行法律、法规和规章等有关政策文件，结合水利工程建设管理的特点，按照强化水利工程建设项目投资控制的基础知识，提高现场操作和管理能力的原则进行编写。在投资决策阶段，依据《关于下放政府出资水利项目审批事项的通知》（发改农经〔2017〕2296号）等文件进行修编，使其更符合当前市场化形势。对设计概算的编制，结合《水利工程设计概（估）算编制规定》（水总〔2014〕429号）、《水利工程营业税改征增值税计价依据调整办法》（办水总〔2016〕132号）等文件进行编写。从实操角度出发，参考《水利水电工程标准施工招标文件》（2009年版）、《水利水电工程标准施工招标文件补充文本》（2015年版）等文件，详细阐述工程计量方法以及计量支付控制要点。在施工投资控制阶段，采用构图、对比、穷举等方式，对工程款支付、变更、索赔、结算等内容进行详细释义，使其条理更加清晰。

本书由上海宏波工程咨询管理有限公司吴红梅统稿，李松、吴晶、顾凯、阚世伟、谢仄平、黄靓、陶晓慧、杨丽娟、赵玲玲参与修订；由华北水利水电大学刘秋常、吕艺生主审。

本书编写中参考和引用了参考文献中的部分内容，谨向这些文献的作者致以衷心的感谢！

限于作者水平，书中难免有不妥之处，恳请读者批评指正。

编 者

2020年5月30日

前　言

（第一版）

随着我国建设管理体制改革的不断深化以及社会主义市场经济的需要，建设管理正在逐步制度化、规范化、科学化，项目建设投资管理也更加科学和规范，《水利工程建设投资控制》一书正是在这样的前提下，依据现行的法规和政策文件，在多期水利建设监理工程师培训教学的基础上，结合水利工程建设管理的特点，本着理论联系实际、规范项目建设资金的使用、提高投资效益的原则，着重介绍了水利工程建设项目投资控制的基础知识和实际要求，对设计概算的编制结合《水利工程设计概（估）算编制规定》（水总［2002］116号）文件进行编写，对合同价的确定和变更及索赔费用的管理，从全新的角度进行阐述，使其更具有可操作性，是水利工程建设监理工程师执业资格考试的参考用书。

本书由刘秋常、陈书香担任主编，其中第一章、第三章、第五章、第七章由刘秋常编写，第二章、第四章、第六章由陈书香编写，全书由聂相田主审。

本书编写中引用了所列参考文献中的某些内容，谨向文献的作者致以衷心的感谢！

受作者水平所限，书中难免有不妥之处，恳请批评指正。

编　者

2007年5月27日

前　言

（第二版）

建设监理制是水利工程建设管理体制改革的一项重大举措。水利工程建设监理经过近30年的实践，正在向规范化、制度化、科学化方向深入发展。面对水利工程建设项目的特殊性、复杂性以及对社会、经济影响的重要性，对从事工程建设监理人员的素质提出了更高的要求。因此，对所有从事水利工程建设监理工作的技术、经济、管理等人员进行系统的法律法规、监理理论和实践能力的培训，是一项重要的工作。

2007年5月，中国水利工程协会组织编写了本套教材的第一版。本套教材共5个分册，出版后被广泛用于全国水利工程建设监理人员的岗位培训中，培训效果较好。同时，许多专业院校也很重视水利工程建设监理方面的教育，选用本套教材作为相关的专业教材，以提高学生的实际工作能力。经过这几年的教学实践，很有成效。随着水利工程监理工作的深入和完善，随着相关的国家法律、法规和政策的修订和健全，为了进一步提高水利工程监理方面的教学质量，及时完善充实相关的教学内容，中国水利工程协会于2010年初开始，再次组织相关作者和专家对本套教材进行修订。

本书是全国水利工程建设监理培训系列教材之一。本次修订时本书共七章。在编写上，主要依据国家和水利部等有关部门颁发的现行法律、法规和规章等有关政策文件，结合水利工程建设管理的特点，本着理论联系实际，规范项目建设资金的使用，提高投资效益的原则，着重介绍了建设项目投资控制的基础知识和实际要求，对设计概算的编制结合《水利工程设计概（估）算编制规定》（水总［2002］116号）文件进行编写，对合同价的确定和变更及索赔费用的管理，从全新的角度，依据水利部2010年2月实施的《水利水电工程标准施工招标文件》（2009年版）进行阐述，使其更具有可操作性。对建设项目竣工财务决算，依据《水利基本建设项目竣工财务决算编制规程》（SL 19—2008），进行了全面阐述。对建设项目后评价，依据国家发展改革委《中央政府投资项目后评价管理办法（试行）》（发改投资［2008］2959号）和水利部《关于印发〈水利建设项目后评价管理办法（试行）〉的通知》（水规计［2010］51号），以及《水利工程建设项目后评价报告编制规程》进行了阐述，使其具有适用性。

本书由刘秋常、季祥山主编。其中，刘秋常编写第一章、第三章、第五章，季祥山编写第二章、第四章、第六章，李文义编写第七章。全书由聂相田主审。

本书编写中引用了所列参考文献中的某些内容，谨向文献的作者致以衷心的感谢！

受作者水平所限，书中难免有不妥之处，恳请批评指正。

编 者

2010年6月30日

目　录

第一章　水利工程投资及构成

随着我国社会主义市场经济体制的建立和不断完善，在建设领域推行以项目法人责任制、建设监理制、招标投标制和合同管理制等为主要内容的建设管理制度已日趋规范，并且对工程建设管理起到了积极作用。建设项目投资控制正是在这一体制形成和发展过程中产生和发展起来的一门新兴的经济管理学科。

建设项目投资控制系统地论述了建设项目投资控制的理论，阐述了建设项目实施的各个阶段投资控制的内容和任务。掌握这些理论知识，运用于建设项目管理，将使建设项目获得最佳的投资效益。

第一节　投资与基本建设

一、投资

（一）投资的概念

投资一般是指经济主体为获取经济效益而垫付货币资金或其他资源用于某些事业的经济活动过程。

投资属于商品经济的范畴。投资活动作为一种经济活动，是随着社会化生产的产生、社会经济和生产力的发展而逐渐产生和发展的。在社会化大生产过程中，投资活动经历了一个发展、变更的过程，使得投资作为资本价值的垫付行为采取了不同形式。在资本主义发展初期，生产资料所有者与经营者尚未分离，投资者一般直接占有生产资料，因此，多采用直接投资的方式——经济主体将资金直接用于购建固定资产和流动资产，形成实物资产（即生产资料），以生产出产品，体现为使用价值和资本价值。20世纪以来，由于社会生产力的高度发展，使得生产资料的占有和使用权相分离，股份制经济的出现和发展，大大加速了分离的过程。因此，目前投资的主要方式是间接投资，即投资者用资金去购买具有同等价值的金融商品，形成金融资产，这些金融商品主要指企业发行的股票和公司债券。随着生产力的进一步发展，世界经济一体化步伐的加快，投资资金的流通已趋于国际化，投资主体通常为获取利润而投放资金于国内或国外，形成资金的国际大循环。

（二）投资的种类

投资作为社会再生产和扩大再生产过程中货币价值的长期垫付过程，是国家促进社会经济持续、稳定、协调发展的基础，是进行社会再生产与扩大再生产的基本手段，是国家、企业或个人获取价值增值的重要途径。从不同的角度，按照不同的划分方法，投资可以分为以下几类。

1. 按投放途径或方式分类

投资按其投放途径或方式可分为直接投资和间接投资。

直接投资是将资金直接投入投资项目，形成固定资产和流动资产的投资，包括房地产投资、生产存货投资、租赁、承包、收藏品等实物投资。直接投资一般不经过金融中介，但需投资者亲自进行实物资产的经营管理。其特点是风险较小，而流动性较差。

间接投资是指通过购买股票、债券及其他的特权票据所进行的投资，它形成证券金融资产，包括股票投资、债券投资、信托投资、期货投资等。证券投资一般要通过金融中介，把资金由供方转给需方，因此它表现为使用权的转移，不需投资者从事实物资产的经营管理。其特点是流动性好，但风险较大。就社会整体而言，间接投资的重要作用是能够更广泛地聚集社会资金，用于社会化大生产，推动经济的发展。另外，随着社会主义市场经济体制的建立和发展，间接投资在我国迅速发展起来，资金占有和资金运用相分离日益成为资金运动中的一种十分重要的形式。

2. 按形成资产的性质分类

投资按其形成资产的性质可分为固定资产投资和流动资产投资。

固定资产投资是指用于购置和建造固定资产的投资。固定资产指在社会再生产过程中，可供较长时间反复使用，使用年限一年以上，单位价值在规定的限额以上，并在其使用过程中基本上不改变原有实物形态的劳动资料和物质资料，如建筑物、房屋、运输工具、机器设备、牲畜等。投资建设固定资产，是实现固定资产的再生产。固定资产再生产包含简单再生产和扩大再生产。所谓固定资产的简单再生产，是指在原有规模上进行的固定资产再生产；而在扩大的规模上进行的再生产，是固定资产的扩大再生产。固定资产投资按再生产的性质和计划管理的要求，包括基本建设投资、更新改造投资和其他固定资产投资。固定资产投资又可按用途的不同分为生产性建设投资和非生产性建设投资。生产性建设投资指直接用于物质生产或直接为物质生产服务的建设投资，包括农、林、运输、邮电、商业、仓储及建筑业建设等投资。非生产性建设投资指用于非物质生产部门及用于满足人民物质文化生活需要的投资，包括卫生、体育、文化、教育、房地产、公用事业、金融、保险业等投资。

流动资产投资即用于购置流动资产的投资。流动资产是指在企业的生产经营过程中经常改变其存在状态的资金运用项目，如工业企业的原材料、在产品、产成品，银行存款和库存现金等。流动资产投资，按其内容主要包括储备资金、生产资金、产成品资金和货币资金等。

实施固定资产投资的同时，必须具备与其相配套的流动资金，二者之间客观上应有一个相对稳定的比例关系。一般来看，生产力水平和管理水平越高，流动资金投资占全部投资的比率越小。

3. 按投资时间长短分类

投资按其时间长短可分为长期投资和短期投资。

长短期的区分一般以一年为界：一年以上的投资称为长期投资，一年以下的称为短期投资。另有一种分法，是在长短期投资之间再划出一段时期，即 1～5 年或 1～7 年期限的投资，称为中期投资，在 5 年或 7 年以上的投资，方称之为长期投资。

二、基本建设

“基本建设”一词引自前苏联，最早提出基本建设的概念是以大修理工程的对立形式

——新企业建设而出现的。因为从1925年起，前苏联固定资产再生产的主要形式不再是恢复性质的大修理工程，而是新建设工程。给“建设”加上“基本”这个定语，是因为这里所指的建设主要是指固定资产建设，以区别于流动资产建设。前苏联最初提出的基本建设概念，是指固定资产的建设及其投资，其含义包括基本建设和更新改造两个部分。为了便于管理，根据实际工作的需要，前苏联和我国计划部门把一部分不属于基本建设的内容（新企业首次购入属于低值易耗品范围内的工器具）引入基本建设，而把属于基本建设的更新改造（我国1967年以后）排除在基本建设之外，但这并不妨碍从理论上对基本建设概念进行探讨。由于基本建设有固有的含义，既包括旧的固定资产更新，又包括固定资产的新增和扩大，这样，关于基本建设的概念可以理解为，把一部分积累和全部折旧基金转化为固定资产的经济活动过程都是基本建设。在这个概念里，转化包括“购置”和“建造”两条途径，它们所需要的资金，来源于折旧基金和积累基金。这个经济活动过程，不仅包括物资生产过程（建造）和流通过程（购置），也包括国家投资和物资分配过程，即它是由投资分配、基本建设生产和基本建设交换三个环节构成，其中投资分配是主导环节。因为没有投资分配，也就没有生产和交换活动；同时投资分配的量、质、结构，资源分配的平衡决定基本建设生产和交换的规模、质量和结构。

在我国社会主义市场经济条件下，基本建设投资分配是在国家宏观调控的前提下进行的。因此，在安排投资计划时，一定要使基本建设投资总需求和总供给相一致，也要使基本建设投资需求结构和供给结构相一致，坚持财政、金融、物资、外汇的四大平衡，不搞基本建设投资超分配。基本建设生产是将一定的物质，如材料、设备等通过建筑安装施工、运输保管等劳动转化为固定资产。基本建设生产消费量大、周期长，一经建成后很难返工，其生产环节是基本建设的重要特征和内容。因此，搞基本建设应量力而行。基本建设交换是指购置的零星建筑材料和中间产品以及工程项目移交。交换环节最后完成，标志着基本建设一个运动过程的结束。

通过基本建设，可以为国民经济各部门提供大量新增的固定资产和生产能力，为社会扩大再生产提供物质技术基础；通过基本建设，对现有企业进行更新和改造，可以用先进的技术装备武装国民经济各个部门，逐步实现国民经济现代化；通过基本建设，可以提供更多更好的物质文化生活和福利设施，丰富和提高人民物质文化生活水平。因此，有计划地进行基本建设，对于促进国民经济稳步、健康、持续地发展，提高人民物质文化生活水平，具有非常重要的战略意义。

（一）基本建设的概念

基本建设就是指固定资产的建设，即建筑、安装和购置固定资产的活动及与之相关的工作。基本建设包括以下几方面工作。

1. 建筑安装工程

建筑安装工程是基本建设的重要组成部分，是工程建设通过勘测、设计、施工等生产性活动创造的建筑产品。本部分工作包括建筑工程和设备安装工程两个部分。建筑工程包括各种建筑物和房屋的修建、金属结构的安装、与其配套的设备安装等基础建造工作。设备安装工程包括生产、动力、起重、运输、输配电等需要安装的各种机电设备的装配、安装、试车等工作。

2. 设备工器具的购置

设备工器具的购置指由项目法人（或建设单位）为建设项目的需要而向制造单位采购或自制达到固定资产标准的机电设备、工具、器具等的工作。

3. 其他基建工作

其他基建工作是指不属于上述两项的基建工作，如勘测、设计、科学试验、征地移民、水库清理、水土保持、施工队伍转移、生产准备等项工作。

（二）基本建设的分类

为了加强基本建设管理，正确地评估和考核基本建设工作业绩，更好地控制和调节基本建设规模，对基本建设应采用不同的方法进行分类。

1. 按投资额构成分类

基本建设投资额是以货币形式表现的基本建设工作量，它是反映基建规模、建设进度、比例关系、使用方向的综合性指标。投资额又有计划投资额和实际投资额之分，会计上核算的是实际投资额。用实际投资额与计划投资额对比，可以考核计划投资额的完成情况。

按照投资额构成的不同工作内容，可分为建筑安装工程投资、设备工器具投资和其他基本建设投资三部分。

2. 按建设的总规模或总投资的大小分类

按建设的总规模或总投资的大小，可分为大型、中型及小型建设项目。

国家对工业建设项目和非工业建设项目的大、中、小型划分标准均有规定，各部委对所属专业建设项目的大、中、小型划分标准也有相应的规定，需要时可查相应的规范。

3. 按项目的目标分类

按项目的目标。可分为经营性项目和非经营性项目。经营性项目通过投资以实现所有者权益的市场价值最大化为目标，以投资牟利为行为趋向。绝大多数生产或流通领域的投资项目都属于这类项目。

非经营性项目不以追求营利为目标，其中包括本身就没有经营活动、没有收益的项目，如城市道路、公共绿化、航道疏浚、水利灌溉渠道等项目，这类项目的投资一般由政府安排，营运资金也由政府支出。另外，有的项目的产出直接为公众提供基本生活服务，本身有生产经营活动，有营业收入，但产品价格不由市场机制形成。在后一类项目中，有些能回收全部投资成本，项目有财务生存能力；有些不能回收全部投资成本，需要政府补贴才能维持运营；有些能够回收全部投资成本且略有节余。对于这类建设项目，国家有相应的配套政策。

4. 按项目的产品（或服务）属性分类

按项目的产品（或服务）属性，可分为公共项目和非公共项目。公共项目是指为满足社会公众需要，生产或提供公共物品（包括服务）的项目，如上述“非经营性项目”。公共物品的特征是具有非排他性（或排他无效性）与非竞争性，有很大一类物品无法或不应收费。人们一般认为，由政府生产或提供公共物品可以增进社会福利，是政府的一项合适的职能。

非公共项目是指除公共项目以外的其他项目。相对于“政府部门提供公共物品”的是

“私人部门提供的商品”，其重要特征是：供应商能够向那些消费这些商品的人收费，并因此得到利润。

5. 按项目的投资管理形式分类

按项目的投资管理形式，可分为政府投资项目和企业投资项目。政府投资项目是指使用政府性资金的建设项目以及有关的投资活动。政府性资金包括：财政预算投资资金（含国债资金），利用国际金融组织和外国政府贷款的主权外债资金，纳入预算管理的专项建设资金，法律、法规规定的其他政府性资金。政府按照资金来源、项目性质和宏观调控需要，分别采用直接投资、资本金注入、投资补助、转贷、贴息等方式进行投资。不使用政府性资金的投资项目统称企业投资项目。

6. 按项目与企业原有资产的关系分类

按项目与企业原有资产的关系，可分为新建项目和改扩建项目。改扩建项目与新建项目的区别在于：改扩建项目是在原有企业基础上进行建设的，在不同程度上利用了原有企业的资源，以增量带动存量，以较小的新增投入取得较大的新增效益。新建项目，指从无到有、平地起家新开始建设的项目。有的建设项目原有规模很小，经扩大建设后，其新增的固定资产价值超过原有固定资产价值的 3 倍以上，也算作新建项目。新建项目对国民经济的发展，尤其是对新兴工业部门的建立，具有决定性作用。

7. 按项目的融资主体分类

按项目的融资主体，可分为新设法人项目和既有法人项目。新设法人项目由新组建的项目法人为项目进行融资，其特点是：项目投资由新设法人筹集的资本金和债务资金构成，由新设项目法人承担融资责任和风险，从项目投产后的财务效益情况考察偿债能力。

既有法人项目要依托现有法人为项目进行融资，其特点是：拟建项目不组建新的项目法人，由既有法人统一组织融资活动并承担融资责任和风险；拟建项目一般是在既有法人资产和信用的基础上进行的，并形成增量资产；从既有法人的财务整体状况考察融资后的偿债能力。

第二节 建设项目投资

项目投资是社会经济活动中最基本的范畴之一。投资与经济增长和经济结构之间存在着相互促进、相互联系、相互制约的关系，表现为经济增长的水平和速度决定了投资总量水平，即经济增长是投资赖以扩大的基础，而投资对经济增长具有有力的促进作用。投资强有力地影响和决定着国家的经济结构，包括所有制结构、产业结构、地区经济结构；而经济结构又制约着投资总量的增长和投资的比例关系。经济增长一方面指经济总量的增长，即国民财富和国家经济实力的增长；另一方面指经济结构的协调。国民经济建设主要体现在国家基本建设上，国家基本建设反映在各类工程建设项目的规模（即投资）上。

一、建设项目投资构成

建设项目投资是指某一经济主体为获取项目将来的收益而垫付资金或其他资源用于项目建设的经济活动过程。所垫付资金或资源的价值量就是建设项目投资额，通常也称为建设项目投资。所以，建设项目投资一般是指进行某项工程项目建设花费的全部费用。生产性建设项目投资包括项目建设阶段所需要的全部建设投资和铺底流动资金两部分；非生产性建设项目投资则指建设投资。

项目建设阶段所需要的全部建设投资包括建筑安装工程费用、设备工器具购置费和工程建设其他费用、预备费、建设期利息等。

建筑安装工程投资，是指项目法人（或建设单位）用于建筑和安装工程方面的投资，包括用于建筑物的建造及有关准备、清理等工程的投资，用于需要安装设备的安置、装配工程的投资。建筑安装工程投资包括直接工程费、间接费、利润、税金，是以货币表现的建筑安装工程的价值，其特点是必须通过兴工动料、追加活劳动才能实现。建筑安装工程投资是基本建设投资额的重要组成部分。

（一）建筑安装工程投资

1. 建筑工程投资内容

建筑工程投资包括以下内容：

（1）各种房屋（如厂房、仓库、办公室、住宅、商店、学校、俱乐部、食堂、车库、招待所等）和构筑物（如烟囱、水塔、水池等），包括列入建筑工程预算内的暖气、卫生、通风、照明、煤气等设备价值及其装饰工程，各种管道（如蒸汽、压缩空气、石油、给水及排水等管道）、电力、电信电缆导线的敷设工程投资。

（2）设备的基础、支柱、工作台、梯子等建筑工程，炼铁炉、炼焦炉、蒸汽炉等各种窑炉的砌筑工程及金属结构工程投资。

（3）为施工而进行的建筑场地布置，原有建筑物和障碍物的拆除、土地平整，设计中规定为施工而进行的工程地质勘探，以及工程完工后建筑场地的清理和绿化工作等投资。

（4）矿井开凿，露天矿剥离工作，石油天然气钻井工程（不包括用于矿山生产的生产费用进行的矿井、坑道的整理延伸与探矿工程），以及铁路、公路、桥梁工程投资。

（5）水利工程，如水库、堤坝、灌渠等工程投资。

（6）防空、地下建筑等特殊工程投资。

2. 设备安装工程投资内容

设备安装工程投资包括以下内容：

（1）生产、动力、起重、运输、传动和医疗、实验等各种需要安装设备的装配、装置工程，与设备相连的工作台、梯子、栏杆的装设工程，被安装设备的绝缘、防腐、保温、油漆等工程投资。

（2）为测定安装工程质量，对单体设备、系统设备进行单机试运行工作的投资。

（二）设备及工器具购置投资

设备及工器具购置投资是指按照建设项目设计文件要求、项目法人（或建设单位）购置或自制的达到固定资产标准的设备，以及新建、扩建项目配置的首套工器具及生产家具所需要的投资（不包括办公生活用家具、器具及为可行性研究购置的固定资产）。它由设备工器具的原价和采购保管费在内的运杂费组成。在生产性的建设项目中，设备工器具的投资可称为“积极投资”，它占项目投资费用比重的提高，标志着技术的进步和生产部门有机构成的提高。

工具、器具是指生产和维修用的工具，试验室、化验室用的计量、分析、保温、烘干用的各种仪器，机械厂翻砂用的模型、锻模、热处理箱、工具台等。

（三）工程建设其他费用

工程建设其他费用，是指未纳入以上两项的，由项目投资支付的，为保证工程建设顺利完成且交付使用后能够正常发挥效用而发生的各项费用总和，包括以下内容：

（1）应直接计入交付使用财产价值的“其他投资”，如为进行可行性研究购置的固定资产，基本畜禽、林木购置、饲养培育费等投资支出。

（2）应分摊计入交付使用财产价值的“待摊投资”，如项目法人（或建设单位）管理费、土地征用及迁移补偿费、勘察设计费、科学研究试验费、可行性研究费等，还有进口成套设备、国外设计及技术资料费、出国联络费、设备检验费、专利费、技术保密费、延期付款利息等投资支出。

（3）不计入交付使用财产价值的应转给其他单位的“转出投资”，如拨付其他单位基本建设投资、拨付地方建筑材料基本建设投资、支付施工企业技术装备费、参加统建住宅投资、商业网点费、供电补贴费等投资支出。

（4）不计入交付使用财产价值需要单独报请核销的“应核销投资”，如生产职工培训费、样机样品购置费、农业开荒费、施工机构迁移费、报废工程损失、取消项目的可行性研究费等投资支出。

应当注意，同样是家具、器具，用于办公生活或为可行性研究购置的和用于生产维修的，其费用应分别纳入工程建设其他费用或设备及工器具购置费。

总之，建设项目投资是一个以资金形成资产，通过管理资产，提高资产效益，最后资产转为资金的动态增值循环过程，是一个从资金流到物质流再到资金流的动态过程。我国现行建设工程投资构成见图 1－1。

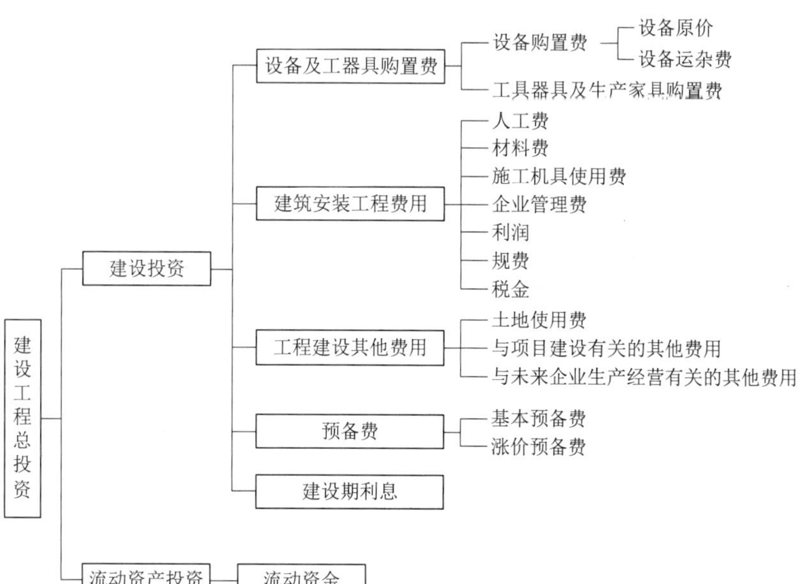

图 1－1　我国现行建设工程投资构成

二、水利工程总投资构成

水利工程总投资在思路上基本遵循了建设工程投资构成的方法，结合水利行业特点，又稍有不同。水利工程总投资构成除主体工程外，应根据工程的具体情况，包括必要的附属工程、配套工程、设备购置以及征地移民、水土保持和环境保护等费用。依据《水利工程设计概（估）算编制规定》（水总〔2014〕429 号）规定，我国现行水利工程按照工程性质分为三大类，见图 1-2。

水利工程概算项目划分为工程部分、建设征地移民补偿、环境保护工程、水土保持工程 4 部分，见图 1-3。

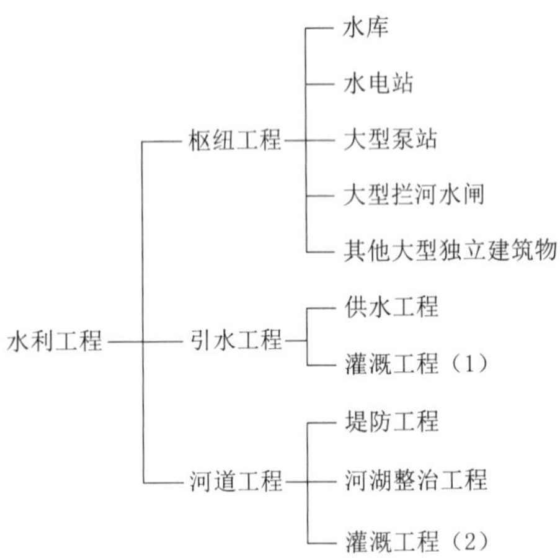

图 1-2 水利工程分类

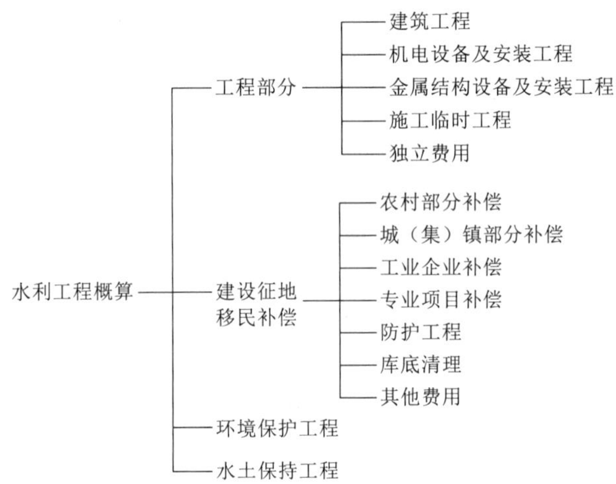

图 1-3 水利工程概算项目划分

其中，水利工程的工程费用构成见图 1-4。

三、建设项目投资控制

（一）建设项目投资控制的含义

建设项目投资控制是工程建设项目管理的重要组成部分，是指在建设项目的投资决策阶段、设计阶段、施工招标阶段、施工阶段，采取有效措施，把建设项目实际投资控制在计划目标（批准限额）内，及时纠正将发生和已发生的偏差，把各项费用控制在计划投资的范围之内，保证投资目标的实现。

（二）建设项目投资控制的发展简史

人们对建设项目投资控制的认识是随着生产力的发展，随着商品经济的发展和现代科学管理的发展不断加深的。社会化大生产的发展，使共同劳动的规模日益扩大，劳动分工和协作越来越细、越来越复杂，对建设项目各种投入的管理也就更加重要。以英国为例，其建设项目投资管理经历了以下几个阶段。

1. 第一阶段（事后算账）

第一阶段指 16—18 世纪。在这个时期，随着设计和施工分离并各自形成一个专业后，

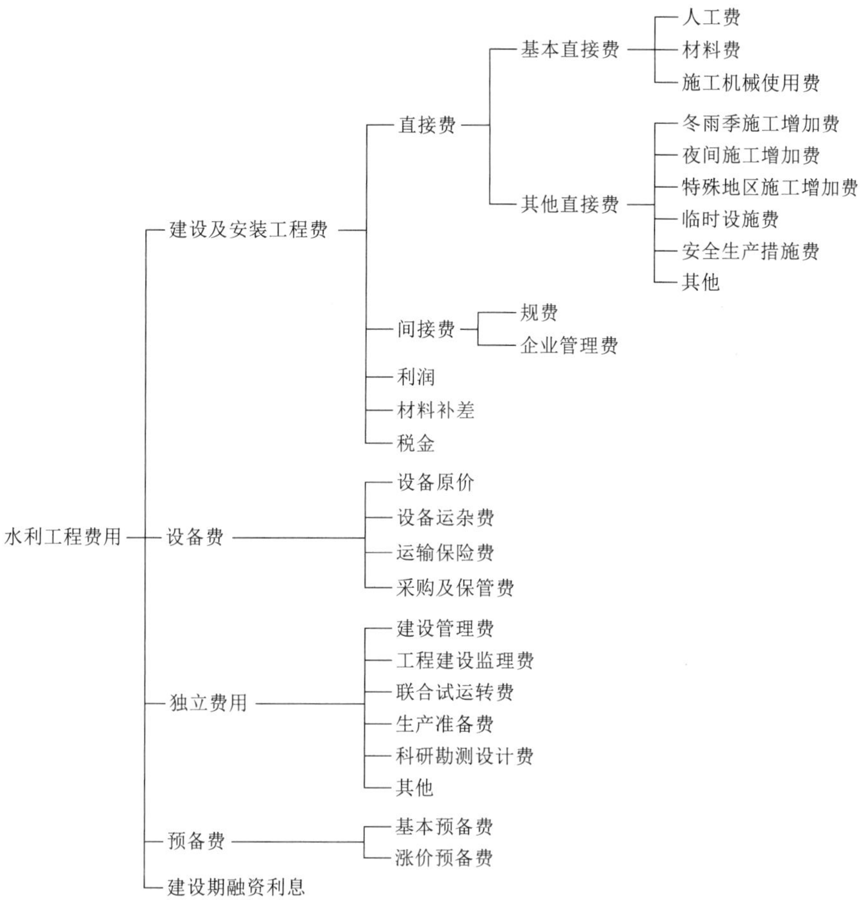

图 1-4　水利工程的工程费用构成图

施工工匠需要有人帮助他们对已完成的工程量进行测量和估价，以确定应得的报酬。这些人被称为测量师（Quantity Surveyor），亦可简称为 QS 人员。这时的测量师是在工程设计和工程完工之后才去进行具体的断面尺寸测量工作，计算完成的工程量，估算建设项目的投资，并以工匠小组的名义与工程委托人和建筑师进行洽商。

2. 第二阶段（事前算账）

第二阶段指 19 世纪初至 20 世纪 40 年代。从 19 世纪初期开始，资本主义国家在工程建设中开始推行招标承包制。为了使招标者能编制标底及投标者能够报价，要求测量师要在工程设计以后和开工以前就进行测量和估价。从此，项目投资管理逐渐形成独立的专业，完成了建设项目投资管理的第一次飞跃。至此，工程委托人能够做到在工程开工之前，预先了解到需要支付的投资额。但他还不能做到在设计阶段就对建设项目所需的投资进行准确预计，并对设计进行有效的监督控制。

3. 第三阶段（过程控制）

为了解决第二阶段存在的问题，从 20 世纪 40 年代开始，一个“投资计划和控制制度”在英国等商品经济发达的国家应运而生。工程管理进入第三阶段，完成了第二次飞跃。随着商品经济的发展，工程管理专业日臻完善。现阶段的建设项目投资控制具有如下特点：

（1）从事后算账发展到事前算账，即从最初只是消极地反映已完工程量价格，逐步发展到在开工前进行工程量的计算和估价，进而发展到目前的在可行性研究时提出投资估算，在初步设计时提出概算，为项目法人作出投资决策提供重要依据。

（2）从被动地反映设计和施工到能主动地影响设计和施工。最初负责施工阶段工程投资的确定和结算，以后逐步发展到在设计阶段、投资决策阶段对工程投资作出预测，并对设计和施工过程投资的支出进行监督和控制，进行建设项目全过程的投资管理。

（3）从依附于施工者或建筑师发展到目前成为一个独立的专业。随着社会的发展，现代建设项目的内涵比传统建设项目的内涵有更加鲜明的特色。工程规模越来越大，涉及因素众多，后果影响重大而深远，结构复杂，建设周期长且投资额大，风险也大，更加受到社会、政治、经济、技术、自然资源等众多因素的制约，其投资控制工作也就更加困难。目前，如何真正地搞好建设项目投资的控制工作，是全世界普遍面临的一个难题。由于人们认识的局限性，发达国家投资失控的现象也经常出现。我国建设项目投资控制工作同西方发达国家相比仍然有很大的差距。随着我国建设领域改革的不断深入，国外的一些先进的项目管理经验和方法也被不断引入到我国建设项目投资控制工作中来，如现在推行的建立具有中国特色的建设监理制度，正是使我国建设领域建立社会主义市场经济新秩序迈出的关键一步，对我国建设项目投资控制工作起到了良好的促进作用。

（三）建设项目投资控制的手段

1. 计划与决策

计划作为投资控制的手段，是指在充分掌握信息资料的基础上，把握未来的投资前景，正确决定投资活动目标，提出实施目标的最佳方案，合理安排投资资金，以争取最大的投资效益。

决策是为了达到更有效地进行资源（包括物资资源、人力资源、货币资源等）配置和利用的目的，而在可供选择的方案中作出有利的抉择。决策必须在多方案基础上进行。仅一个方案供选择，也就无所谓决策。同时，决策不是一个瞬间的动作，它是一个过程，一个合理的决策过程包含的基本步骤见图1-5。

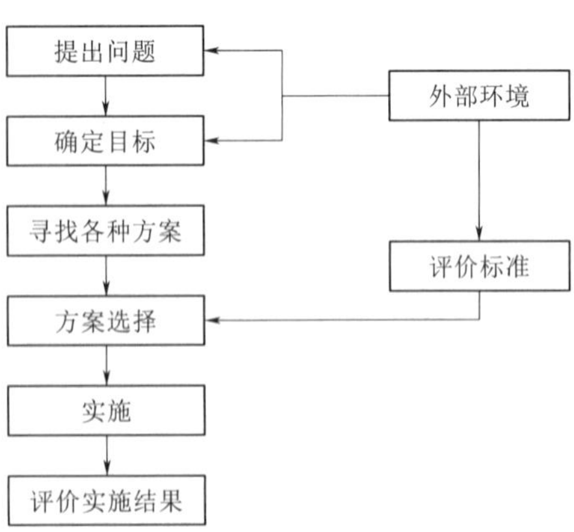

图1-5 决策步骤图

（1）决策的分类。决策的分类方法有多种，这里介绍几种在建设项目决策中常用的分类方法。

1）按决策是否重复出现分类，可分为程序化决策和非程序化决策。

a. 程序化决策，指那些经常重复出现，往往有现有情报资料可用、有先例可循，可按原有规定的、比较确定的决策程序来作出决策。如存货决策，每经过一段时间的货物周转后，管理者本身就有一套存货程序，应当存多少货，每批进货多少，这套程序已经固定下来，于是就不必寻求新的方案。施工合同中的计量支付，也属于程序化的决策。

b. 非程序化决策，指目标和判断目标实现程度的标准还不十分明确的决策，它通常是指一次性、偶然性的决策，新遇到的情况下的决策，没有固定的程序可以遵照的决策。如施工情况或市场情况突然变动之后的存货数量和进货方式，就属于非程序化决策。工程变更的实施，在很大程度上就属于非程序化决策。程序化决策与非程序化决策是两个极端，许多决策是介于两者之间，兼有两者的因素，或侧重于前者，或侧重于后者。从组织中的基层到最高层来看，越是上层，它所面临的决策越具有非程序化的性质；越是基层，它所面临的决策越是具有程序化的性质。对于非程序化决策，由于没有规定的、明确的程序可以依循，因此，往往依赖决策人员的判断能力，以及他们的直觉和创造力。

2）按决策的条件分类，可分为确定型决策、风险型决策和非确定型决策。

a. 确定型决策，指选中的方案在执行后有一个确定的结果。

b. 风险型决策，指选中的方案在执行后会出现几种可能的结果，这些结果出现的概率是明确的。

c. 非确定型决策，指选中的方案在执行后会出现几种可能的结果，这些结果出现的概率是不明确的。

3）按决策是否可以用数量表现分类，可分为定量决策、定性决策。

a. 定量决策，指可用数学方法使目标数量化的决策。

b. 定性决策，指难于用数学方法进行量化，主要靠决策者的分析判断而作出的决策。

4）按决策问题的性质分类，可分为战略决策和策略决策。

a. 战略决策，指与组织发展方向和远景有关的重大问题的全局性决策。

b. 策略决策，亦称战术决策，指为实现战略目标所采取的手段的决策。

5）按决策单位在组织中的地位分类，可分为高层决策、中层决策和基层决策。

a. 高层决策，指解决组织全局性以及组织与外部环境有密切联系的重大问题的决策。

b. 中层决策，指安排一定时期的任务或解决实际工作中存在的某些问题而进行的决策。

c. 基层决策，指经常性的作业安排或实际工作中出现偶然小事件的临时处理。

（2）现代决策的原则。

1）令人满意的标准。令人满意的标准有一个上限和下限，只要选择和确定了上限和下限，那么在上限和下限范围内，就都是可以被接受的。决策标准是令人满意的标准，而不是最优标准。

2）令人满意的近似解。近似解是指要设法找到一个适合的、令人满意的解，而不一定是最优解。近似解是现实世界中的令人满意的解。在现实世界中，只有少数情况比较简单，涉及变量比较少，只有这种情况，才能用微积分的方法求极大值和极小值，获得最优解。而在大多数情况下，现实世界中无法获得且不适用这种最优解。

决策这一管理手段与计划密不可分。决策是在调查研究基础上，对某方案的可行性作出判断，或在多方案中作出某项选择。

2. 组织与指挥

组织手段包括：控制制度的确立、控制机构的设置、控制人员的选配、控制环节的确定、责权利的合理划分及管理活动的组织等。充分发挥投资控制的组织手段，能够使整个投资活动形成一个具有内在联系的有机整体。组织与指挥紧密相连，有组织就必须有相应的指挥。指挥就是上级组织或领导对下属的活动所进行的布置安排、检查调度、指示引导，以使下属的活动沿着一定的轨道通向预定的目标。指挥是保证投资活动取得成效的重要条件。

3. 调节与控制

调节是指投资控制机构和控制人员对投资过程中所出现的新情况作出的适应性反应。控制是指控制机构和控制人员为了实现预期的目标，对投资过程进行的疏导和约束。调节和控制是控制过程的重要手段。

4. 监督与考核

监督是指投资控制人员对投资过程进行的监察和督促。考核是指投资控制人员对投资过程和投资结果的分析比较。通过投资过程的监督与考核，可以进一步提高投资的经济效益。

5. 激励与惩戒

激励是指用物质利益和精神鼓励去调动人的积极性和主动性的手段。惩戒则是对失职者或有不良行为的人进行的惩罚教育，其目的在于加强人们的责任心，从另一个侧面来确保计划目标的实现。激励和惩戒二者结合起来用于投资控制，对投资效益的提高有极大的促进作用。

上述各种控制手段是相互联系、相互制约的。在建设项目投资控制活动中，只有各种手段协调一致发挥作用，才能有效地管理投资活动。

(四) 建设项目投资控制应注意的几个问题

1. 要重视项目投资决策和设计阶段的投资控制

投资控制贯穿于项目建设的全过程，这一点是毫无疑义的，但是必须重点突出。统计资料表明，对项目投资影响最大的阶段，是约占工程项目建设周期 1/4 的技术设计结束前的工作阶段。在前期工作阶段，影响项目投资的可能性为 90%～95%；在初步设计阶段，影响项目投资的可能性为 75%～90%；在技术设计阶段，影响项目投资的可能性为35%～75%；在施工图设计阶段，影响项目投资的可能性则为 10%～35%；在施工阶段，影响项目投资的可能性约为 10%。很显然，项目投资控制的重点在于施工以前的投资决策和设计阶段，而在项目作出投资决策后，控制项目投资的关键就在于设计。

2. 正确处理好建设投资、工期及质量三者的关系

建设项目的投资、工期与质量三者是辩证统一的关系，它们是相互依存和影响的。投资的节约应是在满足工程项目建设的质量（功能）和合理工期的前提下的节约。任何牺牲工程安全和质量的所谓节约，其结果可能会付出更大的代价。

3. 正确处理好建设项目投资与整个寿命周期费用的关系

建设项目投资控制考虑的是项目整个寿命周期的费用，既包括工程建设投资，也包括营运费用、报废拆除费用。建设项目投资控制工作应正确地处理好它们之间的关系，工程造价的降低不能以导致营运费用的大量增加为前提。建设项目投资控制工作的目标应是在满足功能要求的前提下，使建设项目整个寿命周期投资总额最小。

(五)项目实施的各个阶段投资控制的主要工作内容

在项目实施过程中，各个阶段投资控制的主要工作内容见图1-6。其中，设计概算、施工图预算和竣工决算在投资控制中比较重要，也就是基本建设常说的“三算”制度。

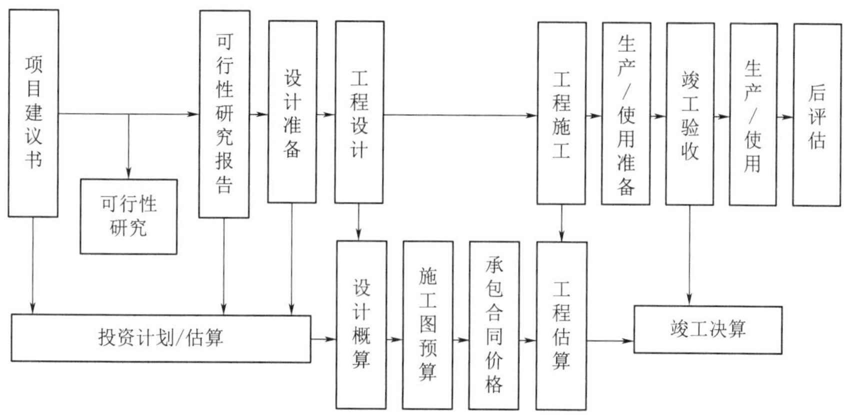

图1-6 不同阶段投资控制的主要工作内容

1. 建设项目决策阶段的投资控制

在建设项目决策阶段投资控制的主要内容是：通过对建设项目在技术、经济和施工上是否可行，进行全面分析、论证和方案比较，确定项目的投资估算数，将投资估算的误差率控制在允许的范围内。可行性研究报告投资估算一经批准，就是建设项目决策和开展工程设计的依据。同时，可行性研究报告投资估算即作为控制该建设项目初步设计概算静态总投资的最高限额，不得任意突破。由于建设项目基本条件发生变化，引起工程规模、工程标准、设计方案、工程量的改变，如静态总投资超过可行性研究报告估算静态投资15%以内，须对工程变化内容和投资增加提出专题报告，报原审批部门复审同意；超过可行性研究报告估算静态投资15%(含15%)以上，必须重编可行性研究报告，重新按原程序报批。

2. 设计阶段的投资控制

在项目设计阶段投资控制的主要内容是：应用价值工程理论、实行限额设计管理，以可行性研究报告中批准的投资估算控制初步设计概算，不应突破。

3. 项目施工招标阶段的投资控制

项目施工招标阶段投资控制的主要内容是：以工程设计文件(包括概算)为依据，结合工程的具体分标情况，编制完善的招标文件，依据招标文件合理预测标底，选择合理的合同计价方式，合理确定工程承包合同价格。

4. 项目施工阶段的投资控制

在项目施工阶段投资控制的主要内容有：根据施工合同有关条款、施工图纸，对建设项目投资目标进行风险分析，并制定防范性对策；控制工程计量与支付，控制工程变更，防止和减少索赔，预防和减少风险干扰；按照合同规定付款，使实际投资额不超过项目的计划投资额。

（六）投资控制的措施

要有效地控制项目投资，应从组织、技术、经济和合同等多方面采取措施。

1. 组织措施

从组织上采取措施，包括明确项目组织结构，明确项目投资控制者及其任务，以使项目投资控制有专人负责，明确管理职能分工。

2. 技术措施

从技术上采取措施，包括重视设计多方案选择，严格审查初步设计、技术设计、施工图设计、施工组织设计，深入技术领域研究节约投资的可能性。

3. 经济措施

从经济上采取措施，包括动态地分析比较项目投资的实际值和计划值，严格审核各项费用支出，采取节约投资的奖励措施等。

4. 合同措施

从合同上采取措施，确定对投资控制有利的承发包模式和合同结构，并参与各类合同谈判，处理合同执行过程中的问题以及防止和处理索赔的工作等。

应该看到，技术与经济相结合是控制项目投资最有效的手段。在工程建设过程中把技术与经济有机结合，通过技术比较、经济分析和效果评价正确处理技术先进和经济合理两者之间的对立统一关系，力求在技术先进条件下的经济合理，在经济合理的基础上的技术先进，把控制建设项目投资观念渗透到项目建设各阶段之中。

第三节 建筑及安装工程费

建筑及安装工程费由直接费、间接费、利润、材料补差及税金组成。按照《水利工程营业税改征增值税计价依据调整办法》（办水总〔2016〕132号）的规定，营业税改征增值税后（简称“营改增”），按“价税分离”的计价规则计算建筑及安装工程费，即工程费、间接费、利润、材料价差均不包含增值税进项税额，并以此为基础计算增值税税金。

一、直接费

直接费指建筑安装工程施工过程中直接消耗在工程项目上的活劳动和物化劳动，由基本直接费、其他直接费组成。

基本直接费包括人工费、材料费、施工机械使用费。

其他直接费包括冬雨季施工增加费、夜间施工增加费、特殊地区施工增加费、临时设施费、安全生产措施费和其他。

（一）基本直接费

1. 人工费

人工费指直接从事建筑安装工程施工的生产工人开支的各项费用，内容包括：

（1）基本工资。由岗位工资和年应工作天数内非作业天数的工资组成。

1）岗位工资，指按照职工所在岗位各项劳动要素测评结果确定的工资。

2）生产工人年应工作天数内非作业天数的工资，包括生产工人开会学习、培训期间的工资，调动工作、探亲、休假期间的工资，因气候影响的停工工资，女工哺乳期期间的工资，病假在六个月以内的工资及产假、婚假、丧假期间的工资。

（2）辅助工资。指在基本工资之外，以其他形式支付给生产工人的工资性收入，包括根据国家有关规定属于工资性质的各种津贴，主要包括地区津贴、施工津贴、夜餐津贴、节假日加班津贴等。

2. 材料费

材料费指用于建筑安装工程项目上的消耗性材料、装置性材料和周转性材料摊销费，包括定额工作内容规定应计入的未计价材料和计价材料。

材料预算价格一般包括材料原价、运杂费、运输保险费和采购及保管费四项。"营改增"后，四项费用均按不含增值税进项税额的价格计算。

（1）材料原价，指材料指定交货地点的价格。

（2）运杂费，指材料从指定交货地点至工地分仓库或相当于工地分仓库（材料堆放场）所发生的全部费用。包括运输费、装卸费、调车费及其他杂费。

（3）运输保险费，指材料在运输途中的保险费。

（4）采购及保管费，指材料在采购、供应和保管过程中所发生的各项费用，主要包括材料的采购、供应和保管部门工作人员的基本工资、辅助工资、职工福利费、劳动保护费、养老保险费、失业保险费、医疗保险费、工伤保险费、生育保险费、住房公积金、教育经费、办公费、差旅交通费及工具用具使用费；仓库、转运站等设施的检修费、固定资产折旧费、技术安全措施费和材料检验费；材料在运输、保管过程中发生的损耗等。

3. 施工机械使用费

施工机械使用费指消耗在建筑安装工程项目上的机械磨损、维修和动力燃料费用等，包括折旧费、修理及替换设备费、安装拆卸费、机上人工费和动力燃料费等。"营改增"后，按调整后的施工机械台时费定额和不含增值税进项税额的基础价格计算。

（1）折旧费，指施工机械在规定使用年限内回收原值的台时折旧摊销费用。

（2）修理及替换设备费：

1）修理费指施工机械使用过程中，为了使机械保持正常功能而进行修理所需的摊销费用和机械正常运转及日常保养所需的润滑油料、擦拭用品的费用，以及保管机械所需的费用。

2）替换设备费指施工机械正常运转时所耗用的替换设备及随机使用的工具附具等摊销费用。

（3）安装拆卸费，指施工机械进出工地的安装、拆卸、试运转和场内转移及辅助设施的摊销费用。部分大型施工机械的安装拆卸不在其施工机械使用费中计列，包含在其他施工临时工程中。

（4）机上人工费，指施工机械使用时机上操作人员人工费用。

（5）动力燃料费，指施工机械正常运转时所耗用的风、水、电、油和煤等费用。

（二）其他直接费

1. 冬雨季施工增加费

冬雨季施工增加费指在冬雨季施工期间为保证工程质量所需增加的费用，包括增加施工工序，增设防雨、保温、排水等设施增耗的动力、燃料、材料，以及因人工、机械效率降低而增加的费用。

2. 夜间施工增加费

夜间施工增加费指施工场地和公用施工道路的照明费用。照明线路工程费用包括在“临时设施费”中；施工附属企业系统、加工厂、车间的照明费用，列入相应的产品中，均不包括在本项费用之内。

3. 特殊地区施工增加费

特殊地区施工增加费指在高海拔、原始森林、沙漠等特殊地区施工而增加的费用。

4. 临时设施费

临时设施费指施工企业为进行建筑安装工程施工所必需的，但又未被划入施工临时工程的临时建筑物、构筑物和各种临时设施的建设、维修、拆除、摊销等。例如供风、供水（支线）、供电（场内）、照明、供热系统及通信支线，土石料场，简易砂石料加工系统，小型混凝土拌和浇筑系统，木工、钢筋、机修等辅助加工厂，混凝土预制构件厂，场内施工排水，场地平整、道路养护及其他小型临时设施等。

5. 安全生产措施费

安全生产措施费指为保证施工现场安全作业环境及安装施工、文明施工所需要的，在工程设计已考虑的安全支护措施之外发生的安全生产、文明施工相关费用。

6. 其他

包括施工工具用具使用费，检验试验费，工程定位复测及施工控制网测设，工程点交、竣工场地清理，工程项目及设备仪表移交生产前的维护费，工程验收检测费等。

（1）施工工具用具使用费，指施工生产所需，但不属于固定资产的生产工具，检验、试验用具等的购置、摊销和维护费。

（2）检验试验费，指对建筑材料、构件和建筑安装物进行一般鉴定、检查所发生的费用，包括自设实验室所耗用的材料和化学药品费用，以及技术革新和研究试验费，不包括新结构、新材料的试验费和建设单位要求对具有出厂合格证明的材料进行试验、对构件进行破坏性试验，以及其他特殊要求检验试验的费用。

（3）工程项目及设备仪表移交生产前的维护费，指竣工验收前对已完工程及设备进行保护所需费用。

（4）工程验收检测费，指工程各级验收阶段为检测工程质量发生的检测费用。

二、间接费

间接费指施工企业为建筑安装工程施工而进行组织与经营管理所发生的各项费用。间接费构成产品成本，由规费和企业管理费组成。

（一）规费

规费指政府和有关部门规定必须缴纳的费用，包括社会保险费和住房公积金。

1. 社会保险费

（1）养老保险费，指企业按照规定标准为职工缴纳的基本养老保险费。

（2）失业保险费，指企业按照规定标准为职工缴纳的失业保险费。

（3）医疗保险费，指企业按照规定标准为职工缴纳的基本医疗保险费。

（4）工伤保险费，指企业按照规定标准为职工缴纳的工伤保险费。

（5）生育保险费，指企业按照规定标准为职工缴纳的生育保险费。

2. 住房公积金

指企业按照规定为职工缴纳的住房公积金。

（二）企业管理费

指施工企业为组织施工生产和经营管理活动所发生的费用，内容包括：

（1）管理人员工资，指管理人员的基本工资、辅助工资。

（2）差旅交通费，指施工企业管理人员因公出差、工作调动的差旅费、误餐补助费，职工探亲路费，劳动力招募费，职工离退休、退职一次性路费，工伤人员就医路费，工地转移费，交通工具运行费及牌照费等。

（3）办公费，指企业办公用文具、印刷、邮电、书报、会议、水电、燃煤（气）等费用。

（4）固定资产使用费，指企业属于固定资产的房屋、设备、仪器等的折旧、大修理、维修费或租赁费等。

（5）工具用具使用费，指企业管理使用不属于固定资产的工具、用具、家具、交通工具和检验、试验、测绘、消防用具等的购置、维修和摊销费。

（6）职工福利费，指企业按照国家规定支出的职工福利费，以及由企业支付离退休职工的易地安家补助费、职工退休金、六个月以上的病假人员工资、按规定支付给离休干部的各项经费。职工发生工伤时企业依法在工伤保险基金之外支付的费用，其他在社会保险基金之外依法由企业支付给职工的费用。

（7）劳动保护费，指企业按照国家有关部门规定标准发放的一般劳动防护用品的购置及修理费、保健费、防暑降温费、高空作业及进洞津贴、技术安全措施以及洗澡用水、饮用水的燃料费等。

（8）工会经费，指企业按职工工资总额计提的工会经费。

（9）职工教育经费，指企业为职工学习先进技术和提高文化水平按职工工资总额计提的费用。

（10）保险费，指企业财产保险、管理用车辆等保险费用，高空、井下、洞内、水上、水下作业等特殊工种安全保险费、危险作业意外伤害保险费等。

（11）财务费用，指施工企业为筹集资金而发生的各项费用，包括企业经营期间发生的短期融资利息净支出、汇兑净损失、金融机构手续费，企业筹集资金发生的其他财务费用，以及投标和承包工程发生的保函手续费等。

（12）税金，指企业按规定交纳的房产税、管理用车辆使用税、印花税、城市维护建设税、教育费附加及地方教育附加，其中后三项为营业税改征增值税后的增补内容。

（13）其他，包括技术转让费、企业定额测定费、施工企业进退场费、施工企业承担的施工辅助工程设计费、投标报价费、工程图纸资料费及工程摄影费、技术开发费、业务招待费、绿化费、公证费、法律顾问费、审计费、咨询费等。

三、利润

利润指按规定应计入建筑安装工程费用中的利润。

四、材料补差

材料补差指根据主要材料消耗量、主要材料预算价格与材料基价之间的差值，计算的主要材料补差金额。材料基价是指计入基本直接费的主要材料的限制价格。

五、税金

“营改增”后，税金指增值税销项税额。城市维护建设税、教育费附加和地方教育附加，计入间接费中的企业管理费中。

第四节 设 备 费

设备费包括设备原价、运杂费、运输保险费和采购及保管费。

一、设备原价

（1）国产设备，其原价指出厂价。

（2）进口设备，以到岸价和进口征收的税金、手续费、商检费及港口费等各项费用之和为原价。

（3）大型机组及其他大型设备分瓣运至工地后的拼装费用，应包括在设备原价内。

二、运杂费

运杂费指设备由厂家运至工地现场所发生的一切运杂费用，包括运输费、装卸费、包装绑扎费、大型变压器充氮费及可能发生的其他杂费。

三、运输保险费

运输保险费指设备在运输过程中的保险费用。

四、采购及保管费

采购及保管费指建设单位和施工企业在负责设备的采购、保管过程中发生的各项费用，主要包括：

（1）采购保管部门工作人员的基本工资、辅助工资、职工福利费、劳动保护费、养老保险费、失业保险费、医疗保险费、工伤保险费、生育保险费、住房公积金、教育经费、办公费、差旅交通费、工具用具使用费等。

（2）仓库、转运站等设施的运行费、维修费、固定资产折旧费、技术安全措施费和设备的检验、试验费等。

第五节 独 立 费 用

独立费用由建设管理费、工程建设监理费、联合试运转费、生产准备费、科研勘测设计费和其他六项组成。

一、建设管理费

建设管理费指建设单位在工程项目筹建和建设期间进行管理工作所需的费用，包括建设单位开办费、建设单位人员费、项目管理费三项。

（一）建设单位开办费

建设单位开办费指新组建的工程建设单位，为开展工作所必须购置的办公设施、交通工具等以及其他用于开办工作的费用。

（二）建设单位人员费

建设单位人员费指建设单位从批准组建之日起至完成该工程建设管理任务之日止，需开支的经常费用。主要包括工作人员的基本工资、辅助工资、职工福利费、劳动保护费、养老保险费、失业保险费、医疗保险费、工伤保险费、生育保险费、住房公积金等。

（三）项目管理费

项目管理费指建设单位从筹建到竣工期间所发生的各种管理费用，包括：

（1）工程建设过程中用于资金筹措、召开董事（股东）会议、视察工程建设所发生的会议和差旅交通等费用。

（2）工程宣传费。

（3）土地使用税、房产税、印花税、合同公证费。

（4）审计费。

（5）施工期间所需的水情、水文、泥沙、气象监测费和报汛费。

（6）工程验收费。

（7）建设单位人员的教育经费、办公费、差旅交通费、会议费、交通车辆使用费、技术图书资料费、固定资产折旧费、零星固定资产购置费、低值易耗品摊销费、工具用具使用费、修理费、水电费、采暖费等。

（8）招标业务费。

（9）经济技术咨询费。包括勘测设计成果咨询、评审费、工程安全鉴定、验收技术鉴定、安全评价相关费用，建设期造价咨询，防洪影响评价、水资源论证、工程场地地震安全评价、地质灾害危险性评价及其他专项咨询等发生的费用。

（10）公安、消防部门派驻工地补贴费及其他工程管理费用。

二、工程建设监理费

工程建设监理费指建设单位在工程建设过程中委托监理单位，对工程建设的质量、进度、安全和投资进行监理所发生的全部费用。

三、联合试运转费

联合试运转费指水利工程的发电机组、水泵等安装完毕，在竣工验收前，进行整套设备带负荷联合试运转期间所需的各项费用。主要包括联合试运转期间所消耗的燃料、动力、材料及机械使用费，工具用具购置费，施工单位参加联合试运转人员的工资等。

四、生产准备费

生产准备费指水利工程建设项目的生产、管理单位为准备正常的生产运行或管理发生的费用。包括生产及管理单位提前进厂费、生产职工培训费、管理用具购置费、备品备件购置费和工器具及生产家具购置费。

（一）生产及管理单位提前进场费

生产及管理单位提前进厂费指在工程完工之前，生产、管理单位一部分工人、技术人员和管理人员提前进厂进行生产筹备工作所需的各项费用。内容包括提前进厂人员的基本工资、辅助工资、职工福利费、劳动保护费、养老保险费、失业保险费、医疗保险费、工伤保险费、生育保险费、住房公积金、教育经费、办公费、差旅交通费、会议费、技术图书资料费、零星固定资产购置费、低值易耗品摊销费、工具用具使用费、修理费、水电费、采暖费，以及其他属于生产筹建期间应开支的费用。

（二）生产职工培训费

生产职工培训费指生产及管理单位为保证生产、管理工作顺利进行，对工人、技术人员和管理人员进行培训所发生的费用。

（三）管理用具购置费

管理用具购置费指为保证新建项目的正常生产和管理所必须购置的办公和生活用具等费用。包括办公室、会议室、资料档案室、阅览室、文娱室、医务室等公用设施需要配置的家具、器具。

（四）备品备件购置费

备品备件购置费指工程在投产运行初期，由于易损件损耗和可能发生的事故，而必须准备的备品备件和专用材料的购置费。不包括设备价格中配备的备品备件。

（五）工器具及生产家具购置费

工器具及生产家具购置费指按设计规定，为保证初期生产正常运行所必须购置的不属于固定资产标准的生产工具、器具、仪表、生产家具等的购置费。不包括设备价格中已包括的专用工具。

五、科研勘测设计费

科研勘测设计费指工程建设所需的科研、勘测和设计等费用，包括工程科学研究试验费和工程勘测设计费。

（一）工程科学研究试验费

工程科学研究试验费指为保障工程质量，解决工程建设技术问题，而进行必要的科学研究试验所需的费用。

（二）工程勘测设计费

工程勘测设计费指工程从项目建设书开始至以后各设计阶段发生的勘测费、设计费和为勘测设计服务的常规科研试验费。不包括工程建设征地移民设计、环境保护设计、水土保持设计各设计阶段发生的勘测设计费。

六、其他

（一）工程保险费

工程保险费指工程建设期间，为使工程能在遭受水灾、火灾等自然灾害和意外事故造成损失后得到经济补偿，而对工程进行投保所发生的保险费用。

（二）其他税费

其他税费指按国家规定应缴纳的与工程建设有关的税费。

第六节　预备费及建设期融资利息

一、预备费

预备费又称不可预见费，按照风险因素的性质划分，包括基本预备费和价差预备费。

（一）基本预备费

基本预备费主要为解决在工程施工过程中，设计变更和有关技术标准调整增加的投资，以及工程遭受一般自然灾害造成的损失和为预防自然灾害所采取的措施费用。基本预备费通常由以下原因导致：

（1）设计变更导致的费用增加。

（2）不可抗力导致的费用增加。

（3）隐蔽工程验收时发生的挖掘及验收结束时进行恢复所导致的费用增加。

基本预备费一般按照前五项费用（即建筑工程费、设备安装工程费、设备购置费、工器具购置费及其他工程费）之和乘以一个固定的费率计算。其中，费率往往由各行业或地区根据其项目建设的实际情况加以制定。

应当注意，基本预备费动用，应由建设单位（项目法人）提出申请，报经上级有审批权的部门批准，其使用额度应严格控制在概（预）算所列的金额之内。

（二）价差预备费

价差预备费主要为解决在工程项目建设过程中，因人工工资、材料和设备价格上涨，以及费用标准调整而增加的投资。费用内容包括：人工、材料、施工机械的价差费，建筑安装工程费及工程建设其他费用调整，利率、汇率调整等增加的费用。

二、建设期融资利息

根据国家财政金融政策规定，工程在建设期内需偿还并应计入工程投资的融资利息。

三、水利工程造价

水利工程造价也称工程净投资，是指在工程项目总投资中扣除回收金额、应核销投资和与本工程无直接关系的转出投资后的余额。

（1）回收金额。共包括两部分，一是指保证工程建设而修建的临时工程，施工后已完成其使命，需进行拆除处理，并回收其余值；二是指项目法人采购的施工机械设备购置费的回收，因此项费用已构成了施工单位的固定资产，在工程建设使用过程中，设备折旧费以台班费的形式进入了工程投资，故施工机械设备购置费应全部回收。

（2）应核销的投资支出，指不应计入交付使用财产价值内而应该核销其投资的各项支出。一般包括：生产职工培训费，施工机构转移费，职工子弟学校经费，劳保支出，不增加工程量的停、缓建维护费，拨付给其他单位的基建投资，移交给其他单位的未完工程，报废工程的损失等。

（3）与工程无直接关系的工程投资，指在工程建设阶段列入工程投资项目下，而在完工后又移交给其他行业部门或地方使用的固定资产价值，如铁路专用线、永久桥梁码头等。

思 考 题

1-1 简述建设项目投资概念。

1-2 简述水利工程的工程费用构成。

1-3 简述建筑及安装工程费的构成。

1-4 简述水利工程独立费用的构成。

第二章　建设项目投资控制基础知识

投资控制是 项综合性工作，涉及技术、经济和管理等方面的知识，监理人员必须具有扎实的理论基础。本章侧重阐述在投资控制方面的基础知识。

第一节　资金的时间价值理论

一、资金的时间价值

（一）资金时间价值的概念

把资金投入生产或流通领域，使它作为一种生产要素。资金用于投资将获得一定的收益，得到一定量的增值。这就说明资金在时间推移中具有增值属性，资金的这种增值属性就是资金的时间价值。

资金的时间价值是客观存在的，是符合经济规律的。正确理解货币资金的时间价值，有利于从资金运动的时间观念上，即从贷款期和投资周期上选择筹资方式，在资金的使用上合理分配资金，有效地利用资金，减少资金成本，提高资金的利用率。但是，货币具有时间价值并不意味着货币本身能够增值，而是因为货币代表着一定量的物化劳动，并在生产和流通中与劳动相结合，才能产生增值。只有作为社会生产资金（或资本）参与再生产过程，才会带来利润，得到增值。因此，货币时间价值也称资金时间价值。

（二）资金时间价值的表现形式

资金时间价值是以利息、利润和收益的形式来反映的，通常以利息和利息率（简称：利率）两个指标表示。

1. 利息

利息是资金投入生产后在一定时期内所产生的增值，或使用资金的回报。利息是衡量资金时间价值的绝对尺度。

2. 利率（利息率）

利率是一定时期内的利息与产生这一利息所投入的资金的本金的比值。利率反映了资金随时间变化的增值率或报酬率，是衡量资金时间价值的相对尺度。

$$i=\frac{I}{P}\times 100\% \tag{2-1}$$

式中　i——利率；

I——利息；

P——本金。

二、现金流量

（一）现金流量的概念

所谓现金流量是指拟建项目在某一时间点上发生的现金流入、现金流出以及流入与流出的差额（又称为净现金流量）。现金流量一般以计息期（年、季、月等）为时间单位，用现金流量表或现金流量图表示。

（二）现金流量图

资金具有时间价值，即使两笔金额相等的资金，如果发生在不同时期，其实际价值量是不相等的，所以说一定金额的资金必须注明其发生时间才能确切表达其准确的价值。在项目经济评价中，为了简单、明了地反映各方案投资、运营成本、收益等的大小和它们相应发生的时间，一般用一个数轴图形来表示各现金流入流出与相应时间的对应关系，它就称为现金流量图，见图 2-1。

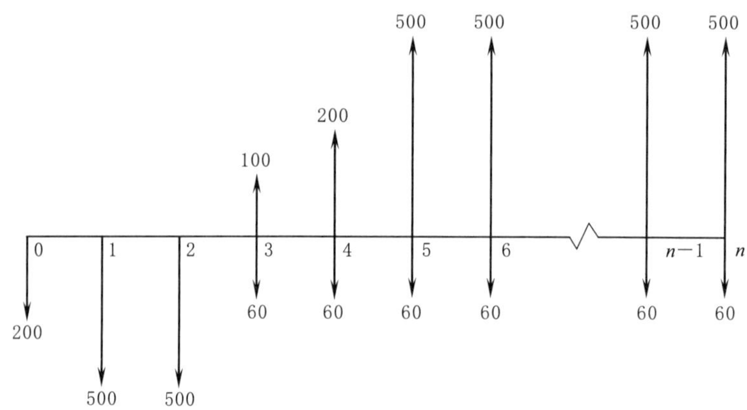

图 2-1 现金流量图（单位：万元）

图 2-1 中，横轴表示一个从 0 开始到 n 的时间序列，每个刻度表示一个时间单位。时间单位可以取年、半年、季或月等。0 表示时间序列的起点，从 1 至 n 分别代表各时间单位的终点，第 1 个时间单位的终点，也就是第 2 个时间单位的起点。相对于时间坐标的垂直线代表不同时间点的现金流量大小，箭头向上表示现金流入，箭头向下表示现金流出。同时还需在图上注明每笔现金流量的金额。图 2-1 表明，第一年初（建设期初）投资 200 万元，第一年末、第二年末各投资 500 万元，第三年流入 100 万元，第四年流入 200 万元，第五年至第 n 年每年流入 500 万元，从第三年到第 n 年每年支出 60 万元。

工程经济分析中，对现金流量图作以下几点说明。

1. 项目计算期

项目计算期是指项目经济评价中为进行动态分析所设定的期限，包括项目的建设期和运行期。对一般的工程项目，由于折现计算时，把 20 年后的收益金额折算为现值，为数甚微，对评价结论不会发生关键性的影响，所以运行期一般不宜超过 20 年。对水利工程，由于其服务年限很长，根据规范可适当延长，如 25 年、30 年、50 年。

2. 计算期的年序问题

建设开始年作为计算期的第一年，年序为1。为了与复利系数表的年序相对应，在折现计算中，采用了年末标注法。通常，在项目建设期以前发生的费用占总费用的比例不大，为简化计算，这部分费用可列入年序1。这样计算的净现值或内部收益率，比在建设期以前计算的略小一些，但一般不会影响评价的结论。有些项目，如老厂改造、扩建项目，需要计算改、扩建后效益，且原有固定资产净值占改、扩建后总投资的比例较大，或新建项目前期工作投入较大，需要单独列出时，可在建设期以前另加一栏“建设起点”，将建设期以前发生的现金流出填入该栏，计算净现值时不予折现。

（三）资金等值变换的概念

资金等值变换是指在考虑资金时间价值的情况下，将某一时间点的资金按一定的利率折算成另一时间点与之等价的资金的过程，所用的利率称为折现率。在资金等值变换计算中，涉及如下一些概念：

（1）现值（记为 P），指资金发生在（或折算为）某一特定时间序列起点时的价值。

（2）终值（记为 F），指资金发生在（或折算为）某一特定时间序列终点时的价值。

（3）等额年金（等额系列资金，记为 A），指一定时期内每期都有相等金额的资金发生。

例如在图2-2中，从1～n期末的资金流量都相等就为等额年金。

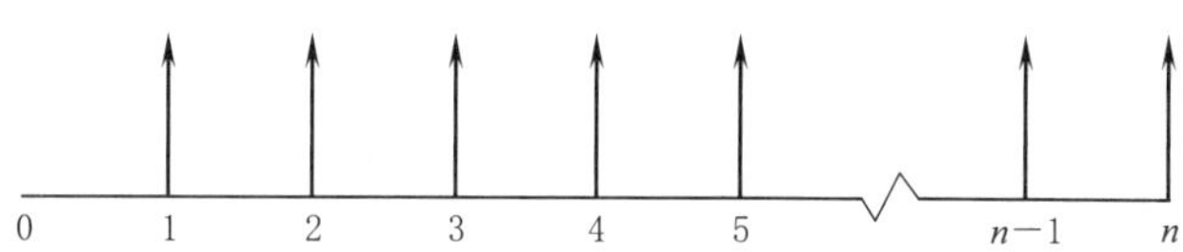

图2-2 等额年金流量图

（4）利率（折现率，记为 i），在工程经济分析中把根据未来的现金流量求现在的现金流量时所使用的利率称为折现率。本书中对利率和折现率一般不加以区别，都用 i 来表示，并且 i 一般指年利率（年折现率）。

（5）计息期数（记为 n），指投资项目在从开始投入资金（开始建设）到项目的寿命周期终结为止的整个期限内，计算利息的次数。通常以“年”为单位。

（6）资金的等值，是指在特定利率条件下，在不同时间点的两笔绝对值不相等的资金具有相同的价值。

三、资金时间价值的计算

计算资金时间价值的基本方法有两种：单利法和复利法。

（一）单利法

单利法是每期的利息均按原始本金计算利息的方法，不论计息期数为多少，只有本金计利息，利息不再计利息，每期的利息相等。单利计息的计算公式为

$$I = Pin \tag{2-2}$$

式中 I——第 n 期末利息；

P——本金；

n——计息期数；

i——利率。

n 个计息期后的本利和为

$$F_n = P + nPi = P(1 + ni) \tag{2-3}$$

【例 2-1】 有一笔 50000 元的借款，借期 3 年，年利率 8%，单利计息，求到期时应归还的本利和。

解： 已知 $P=50000$，$i=8\%$，$n=3$，用单利法计算到期本例和为

$$F = P(1 + ni) = 50000 \times (1 + 3 \times 8\%) = 62000(\text{元})$$

到期应归还的本利和为 62000 元。

（二）复利法

用复利法计算资金的时间价值时，不仅要考虑本金产生的利息，而且要考虑利息在下一个计息周期产生的利息，以本金与各期利息之和为基数，逐期计算本利和。

设本金为 P，每个计息周期利率为 i，计息期数为 n，每期末产生的利息为 I，本金与利息之和为 F。

第一期末：本金 P 产生利息为

$$I_1 = Pi$$

本利和为

$$F_1 = P + Pi = P(1 + i)$$

第二期末：由第二期的本金 $P(1+i)$ 产生的利息为

$$I_2 = P(1 + i)i$$

本利和为

$$F_2 = P + Pi + P(1 + i)i = P(1 + i)^2$$

以此类推，第 n 期末本利和为

$$F_n = P(1 + i)^n \tag{2-4}$$

第二期末，本金 P 产生的利息为

$$I_2 = P(1 + i)^2 - P$$

第 n 期末，本金 P 产生的利息为

$$I_n = P(1 + i)^n - P \tag{2-5}$$

【例 2-2】 有一笔 50000 元的借款，借期 3 年，年利率 8%，按复利计息，求到期时应归还的本利和。

解： 已知 $P=50000$，$i=8\%$，$n=3$，用复利法计算到期本利和为

$$F_n = P(1 + i)^n = 50000 \times (1 + 8\%)^3 = 62985.60(\text{元})$$

与采用单利法计算的结果相比增加了 985.60 元，这个差额所反映的就是利息的资金时间价值。

（三）名义利率和实际利率

名义利率（r）和实际利率（i）是年名义利率和年实际利率的简称。在复利法计算中，一般是采用年利率。若利率为年利率，实际计息周期也是以年计，这种给定的年利率

称为实际年利率。当实际计算周期小于一年，如每月、每季度或每半年计息一次，考虑资金的时间价值，采用单利计息法计算的实际年利率与给定的年利率一致；若采用复利计息法计算，实际的年利率比给定的利率大，这里给定的年利率称为名义利率，采用复利计息法所计算的利率为实际利率。例如，给定的年利率为10%，每月计息一次，单利计息，此年利率就是名义利率10%；复利计息，此年利率就是实际利率10.47%。

四、资金等值计算的基本公式

工程经济评价中，通常考虑资金的时间价值，把在某一个时间点发生的资金额转换成另一个时间点的与其等值的资金额，这样的一个转换过程就称为资金等值计算。

由于利息是资金时间价值的主要表现形式，所以资金等值计算的方法与用复利法计算利息的方法完全相同。根据支付方式和等值换算点的不同，资金等值计算公式可分为3类：一次支付类型、等额支付类型和等差支付类型。

（一）一次支付类型

一次支付又称整付，是指所分析的系统的现金流量，无论是流入还是流出均在某一个时间点上一次发生。它包括两个计算公式。

1. 一次支付终值公式

如果有一笔资金，按年利率 i 进行投资，n 年后的本利和应该是多少？这就是已知现值（P）、计息次数（n）、折现率（i），求终值（F）的问题。解决此类问题的计算公式称为一次支付终值公式，其形式为

$$F=P(1+i)^n \tag{2-6}$$

在式（2-6）中，$(1+i)^n$ 称为复利终值系数，记为（F/P，i，n）。因此，式（2-6）又可写成如下形式：

$$F=P(F/P,i,n)$$

在实际应用中，为了计算方便，按照不同的利率 i 和计息次数 n，分别计算出 $(1+i)^n$ 的值（终值系数），排列成一个表，称为终值系数表。计算终值系数后与 P 相乘即可求出 F 的值。

式（2-6）表示在利率为 i，计息次数为 n 的条件下，终值和现值之间的等值关系。一次支付终值公式的现金流量图见图2-3。

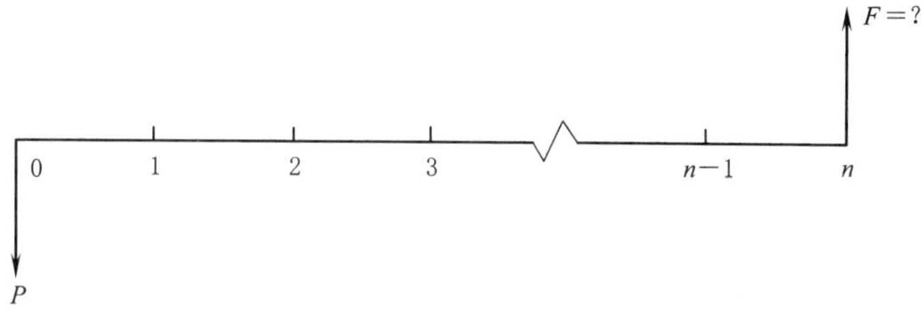

图2-3　一次支付终值公式的现金流量图

【例2-3】　某公司向银行贷款50万元，年利率为11%，复利计息，贷款期限为2年，到第二年末一次还清，到期应偿还本利和为多少？

解： 这是一个已知现值求终值的问题。

已知 $P=50$ 万元，$i=11\%$，$n=2$，由式（2-6）可得

$$F=P(1+i)^n=50\times(1+11\%)^2=61.605(\text{万元})$$

即两年后公司需向银行一次性偿还本利和 61.605 万元。

这个问题也可以查表计算求解。由复利终值系数表可查得

$$(F/P,11\%,2)=1.2321$$

所以
$$F=P(F/P,i,n)=50(F/P,11\%,2)$$
$$=50\times1.2321=61.605(\text{万元})$$

2. 一次支付现值公式

如果希望在 n 年后得到一笔资金 F，在年利率为 i 的情况下，计算现在应该投资多少？即已知 F、n、i，求现值 P。解决这类问题用一次支付现值公式，其形式为

$$P=F(1+i)^{-n} \tag{2-7}$$

在式（2-7）中，$(1+i)^{-n}$ 称为复利现值系数，记为 $(P/F,i,n)$。因此，式（2-7）又可以写为

$$P=F(P/F,i,n)$$

一次支付现值公式的现金流量图见图 2-4。

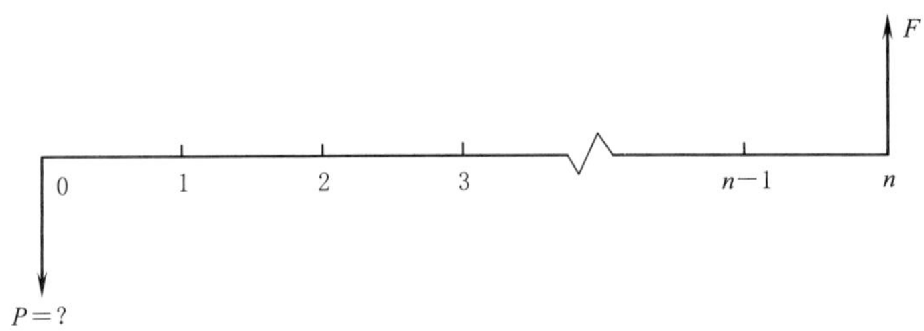

图 2-4 一次支付现值公式的现金流量图

【例 2-4】 某公司拟两年后从银行取出 50 万元，银行存款利率为年息 8%，复利计息，现应存入多少钱？

解： 这是一个已知终值求现值的问题。

根据式（2-7）可得

$$P=F(1+i)^{-n}=50\times(1+8\%)^{-2}=42.867(\text{万元})$$

即现在应存入银行 42.867 万元。

或通过查表得现值系数：

$$(P/F,8\%,2)=0.85734$$

所以
$$P=F(P/F,i,n)=F(P/F,8\%,2)$$
$$=50\times0.85734=42.867(\text{万元})$$

（二）等额支付类型

等额支付是指所分析的系统中，现金流入与现金流出不是集中在某一个时间点，而是在连续的多个时间点上发生，形成一个现金流序列，并且在这个序列的现金流量数额大小

是相等的。它包括四个基本公式。

1. 等额年金终值公式

在年利率为 i 的情况下，连续从第一年到第 n 年每年年末支付一笔等额的资金 A，求 n 年后由各年资金的本利和累积而成的总值 F，即已知 A、i、n，求 F。其现金流量图见图 2-5。

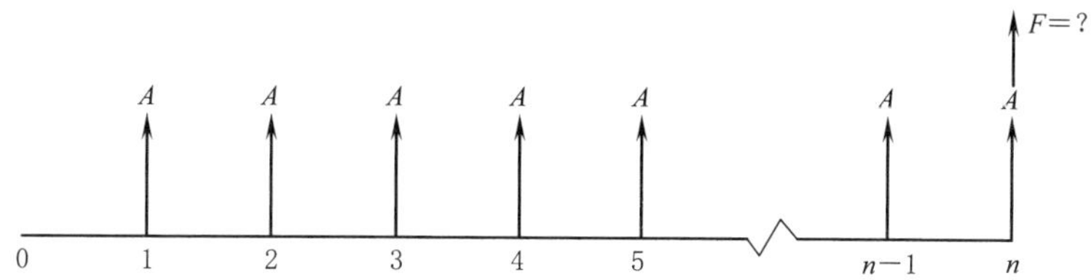

图 2-5　等额年金终值公式现金流量图

其计算公式为

$$F=A\frac{(1+i)^n-1}{i} \tag{2-8}$$

式中 $\frac{(1+i)^n-1}{i}$ 为年金终值系数，记为 $(F/A,i,n)$。因此，式（2-8）又可以写为

$$F=A(F/A,i,n)$$

【例 2-5】 某企业为设立技术改造基金，从第一年至第五年，每年存入银行 10 万元，存款年利率为 9%，复利计息，问第五年末该基金内有多少钱？

解：这是已知年金求终值的问题，根据式（2-8）可知：

$$F=A\frac{(1+i)^n-1}{i}=10\times\frac{(1+9\%)^5-1}{9\%}=59.84(\text{万元})$$

或查复利系数表得年金终值系数计算得

$$F=A(F/A,i,n)=10\times(F/A,9\%,5)=10\times5.984=59.84(\text{万元})$$

2. 等额年金现值公式

等额年金现值公式的含义是：在 n 年内每年等额收支一笔资金 A，在利率为 i 的情况下，求此等额年金收支的现值总和，即已知 A，i，n 求 P。其现金流量图见图 2-6。

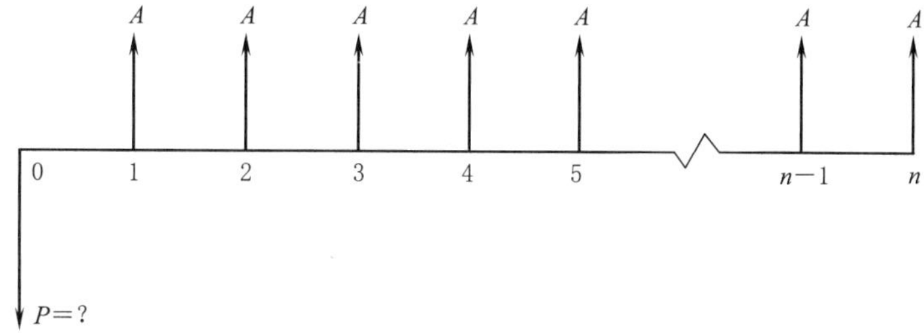

图 2-6　等额年金现值公式现金流量图

将等额年金终值公式（2-8）代入一次支付现值公式（2-7）得

$$P=F(1+i)^{-n}=A\frac{(1+i)^n-1}{i}(1+i)^{-n}$$

等额年金现值公式为

$$P=A\frac{(1+i)^n-1}{i(1+i)^n} \tag{2-9}$$

式中 $\frac{(1+i)^n-1}{i(1+i)^n}$ 为年金现值系数，记为 $(P/A,i,n)$。

故式（2-9）又可写为

$$P=A(P/A,i,n)$$

【例 2-6】 某企业拟 5 年内每年投入资金 100 万元用于技术改造，企业准备存入一笔钱以设立基金，提供每年技术改造所需用的资金。已知年利率为 6%，复利计息，问企业现在应存入基金多少钱？

解： 这是一个已知年金求现值的问题，根据式（2-9）可得

$$P=A\frac{(1+i)^n-1}{i(1+i)^n}=100\times\frac{(1+6\%)^5-1}{6\%\times(1+6\%)^5}=421.24(\text{万元})$$

3. 偿债基金公式

偿债基金公式的含义是：为了筹集 n 年后所需的一笔资金，在利率为 i 的情况下，求每个计息期末应等额存储的金额，即已知 F，i，n，求 A。其现金流量图见图 2-7。

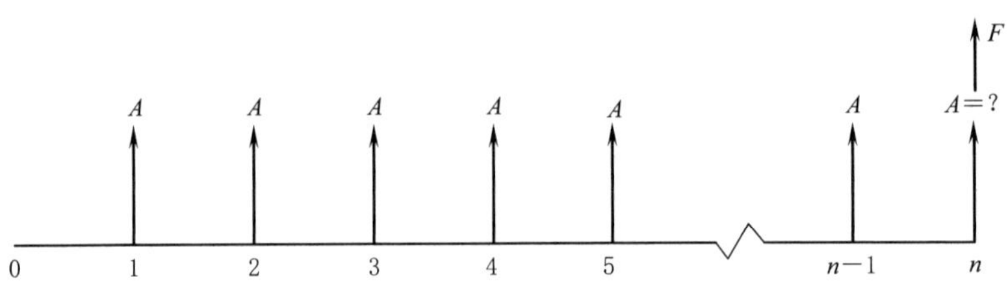

图 2-7 偿债基金公式现金流量图

其计算公式由等额年金终值公式（2-8）推导得出

$$A=F\frac{i}{(1+i)^n-1} \tag{2-10}$$

式中 $\frac{i}{(1+i)^n-1}$ 为偿债基金系数，记为 $(A/F,i,n)$。

故式（2-10）又可写为

$$A=F(A/F,i,n)$$

【例 2-7】 某公司第 5 年后需要一笔 20 万元的资金用于固定资产的更新改造，如果年利率为 8%，问从现在起该企业每年末应存入银行多少钱？

解： 这是一个已知终值求年金的问题，根据式（2-10）有

$$A=F\frac{i}{(1+i)^n-1}=20\times\frac{8\%}{(1+8\%)^5-1}=3.42(\text{万元})$$

或 $$A=F(A/F,i,n)=20\times(A/F,8\%,5)=20\times0.171=3.42(\text{万元})$$

4. 等额资金回收公式

等额资金回收公式的含义是：期初一次投资数额为 P，欲在 n 年内将投资全部收回，

则在利率为 i 的情况下，求每年应等额回收的资金，即已知 P，i，n，求 A。其现金流量图见图 2-8。

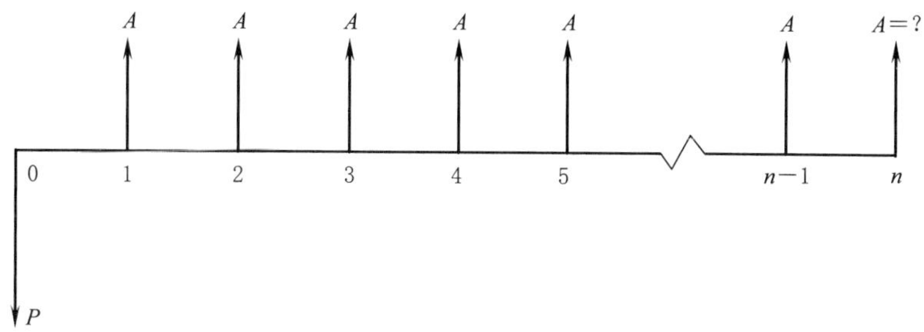

图 2-8 等额资金回收公式现金流量图

其计算公式可根据偿债基金公式和一次支付终值公式推导出，即

$$A=P\frac{i(1+i)^n}{(1+i)^n-1} \tag{2-11}$$

式中 $\frac{i(1+i)^n}{(1+i)^n-1}$ 为资金回收系数，记为 $(A/P,i,n)$。因此，等额资金回收公式（2-11）又可写为

$$A=P(A/P,i,n)$$

【例 2-8】 某项目期初以年利率 14% 投资 10 万元，拟计划 3 年内等额回收全部投资复利本利和，每年可回收的资金为多少？

解：这是一个已知现值求年金的问题，根据式（2-11）有

$$A=P\frac{i(1+i)^n}{(1+i)^n-1}=10\times\frac{14\%\times(1+14\%)^3}{(1+14\%)^3-1}=4.31(\text{万元})$$

或 $$A=P(A/P,i,n)=10\times(A/P,14\%,3)=10\times0.431=4.31(\text{万元})$$

第二节 水利建设项目经济评价

一、建设项目经济评价的概念

建设项目经济评价是在建设项目投资决策前，通过对拟建项目方案各种有关技术经济因素和项目投入与产出的有关财务、经济资料数据进行调查、分析、预测，对项目的财务、经济、社会效益进行分析、计算和评估，分析比较各项目方案的优劣，从而确定和推荐最佳项目方案的一系列分析、计算和研究的工作。建设项目经济评价是项目前期工作的重要内容，对于加强固定资产投资宏观控制，提高投资决策的科学化水平，引导和促进各类资源合理配置，优化投资结构，减少和规避投资风险，充分发挥投资效益，具有重要作用。

项目的经济评价是建设项目决策阶段的核心内容和进行项目决策的主要依据。但决策工作的不同阶段，如项目建议书阶段和可行性研究阶段，其经济评价的要求是不同的。也

就是说，在不同的决策工作阶段，应该按照其相应的经济评价方法与参数，进行相应的项目经济评价工作。项目建议书阶段的经济评价重点是围绕项目立项建设的必要性和可能性，分析论证项目的经济条件及经济状况，采用的基础数据，评价指标和经济参数可适当简化。可行性研究阶段则必须按照建设项目经济评价方法和建设项目经济评价参数的要求，对项目建设的必要性和可行性作出全面、详细、完整的经济评价。

做好项目经济评价其目的在于最大限度地避免风险，提高投资效益。经济评价的任务是在完成市场需求预测、建设地点选择、技术方案比较等可行性研究的基础上，运用定量分析与定性分析相结合、动态分析与静态分析相结合、宏观效益分析与微观效益分析相结合等方法，计算项目投入的费用和产出的效益，通过多方案的比较，对拟建项目的经济可行性、合理性进行分析论证，作出全面经济评价，提出投资决策的经济依据，确定推荐最佳投资方案。

二、建设项目经济评价内容

建设项目经济评价内容包括财务评价（也称财务分析）和国民经济评价（也称经济分析）。

财务评价是在国家现行财税制度和价格体系的条件下，计算项目范围内的效益和费用，分析项目的盈利能力、清偿能力，以考察项目自身在财务上的可行性。财务评价是建设项目经济评价中的微观层次，它主要从微观投资主体的角度分析项目可以给投资主体带来的效益以及投资风险。作为市场经济微观主体的企业进行投资时，一般都进行项目财务评价。

国民经济评价是在合理配置国家资源的前提下，从国家整体的角度分析计算项目对国民经济的净贡献，以考察项目的经济合理性。国民经济评价是项目评价的关键环节，是经济评价的重要组成部分，也是项目投资决策的主要依据。从原则上讲，所有项目一般都应进行国民经济评价，并以国民经济评价作为决策的主要依据。但是国民经济评价是一件较复杂的工作。根据我国目前的情况，仅对某些对国民经济有重大影响和作用的大中型项目以及特殊行业及基础性、公益性的建设项目开展国民经济评价。

财务评价和国民经济评价是相互联系的。它们之间既有共同之处，又有区别。其共同点有：①评价目的相同，两者都要寻求以最小的投入获得最大的产出；②评价基础相同，两者都是在完成产品需求预测、工程技术方案、资金筹措等可行性研究的基础上进行评价的；③计算期相同，两者都要计算包括建设期、生产期全过程的费用和效益。两者间的区别是：

（1）评价角度不同。财务评价是从项目自身财务角度考察项目的盈利状况及借款偿还能力，以确定投资行为的财务可行性。国民经济评价是从国家整体的角度考察项目对国民经济的贡献以及需要国民经济付出的代价，以确定投资行为的经济合理性。

（2）效益与费用的含义及划分范围不同。财务评价是根据项目的实际收支确定项目的效益和费用，补贴计为效益，税金和利息均计为费用。国民经济评价是着眼于项目对社会提供的有用产品和服务及项目所耗费的全社会有用资源，来考察项目的效益和费用，故补贴不计为项目的效益，税金和国内借款利息均不计为项目的费用。财务评价只计算项目直接发生的效益与费用，国民经济评价对项目引起的间接效益与费用即外部效果也要进行计算和分析。

(3) 评价采用的价格不同。财务评价对投入物和产出物采用以市场价格体系为基础的预测价格，国民经济评价采用影子价格。

(4) 评价参数不同。财务评价采用行业统一测定并发布的财务评价参数，国民经济评价采用国家统一测定并发布的国民经济评价参数。

由于上述区别，两种评价有时可能导致相反的结论。例如，某项目所用原料可以出口，其产品也可以出口。由于该原料的国内价格低于国际市场价格，其产品的国内价格又高于国际市场价格，从财务评价考虑，企业利润很高，项目是可行的；如果进行国民经济评价，采用以国际市场价格为基础的影子价格来计算，该项目就可能对国民经济没有那么大贡献。又如，某些矿产品国内价格偏低，企业利润很少，财务评价的结果可能不易通过；如果用影子价格对这些国计民生不可缺少的物资生产项目进行国民经济评价，该项目对国民经济的贡献可能很大，就能通过。

建设项目经济评价内容，应根据项目性质、项目目标、项目投资者、项目财务主体以及项目对国民经济与社会的影响程度等具体情况确定。对于费用效益计算比较简单，建设期和运营期比较短，不涉及进出口平衡等一般项目，如果财务评价的结论能够满足投资决策需要，可以不进行国民经济评价；对于关系公共利益、国家安全和市场不能有效配置资源的经济和社会发展项目，除应进行财务评价外，还应进行国民经济评价。

三、工程经济评价应遵循的原则

(一) 效益与费用计算口径对应一致的原则

将效益与费用限定在同一个范围内，才有可能进行比较。因此，财务评价只计算项目本身的直接效益和直接费用；国民经济评价还应计算项目的间接效益和间接费用，即项目的外部效果，这样计算的净效益才是项目投入的真实回报。

(二) 动态分析与静态分析相结合，以动态分析为主的原则

动态分析是指利用资金时间价值的原理对现金流量进行折现分析。静态分析是指不对现金流量进行折现分析。如果不考虑投入和产出这一过程中资金的时间价值，其评价指标很难反映未来时期的变动情况，所以项目经济评价应该强调考虑资金时间价值因素，进行动态的价值判断。项目经济评价的核心是折现，分析评价要以折现（动态）指标为主。非折现（静态）指标只能作为辅助指标。

(三) 定量分析与定性分析相结合，以定量分析为主

经济评价的本质就是要对拟建项目在整个计算期的经济活动，通过效益与费用计算，对项目经济效益进行分析和比较。在项目经济评价中，凡可量化的经济要素都应作出量的表述，采用定量指标直接进行价值分析。对一些不能量化的经济因素，不能直接进行数量分析，对此要进行定性分析，并与定量分析结合起来进行评价。

四、财务评价

(一) 财务评价步骤

建设项目财务评价又称财务分析，可分为融资前分析和融资后分析。所谓融资前分析是指在考虑融资方案前就开始进行的财务分析，它排除了融资方案变化的影响，从项目投

资总获利能力的角度，考察项目方案设计的合理性。融资前分析计算的相关指标，应作为初步投资决策与融资方案研究的依据和基础。在规划和机会研究阶段，可以只进行融资前评价。融资后分析是在融资前分析结果可以接受的前提下，初步设定融资方案后进行的财务分析。融资后分析包括项目的盈利能力分析、偿债能力分析、财务生存能力分析以及不确定性分析，进而判断项目方案在融资条件下的合理性。融资后分析是比选融资方案，进行融资决策和投资者最终决定出资的依据。可行性研究阶段必须进行融资后分析。财务评价一般宜先进行融资前分析，具体步骤见图 2-9。

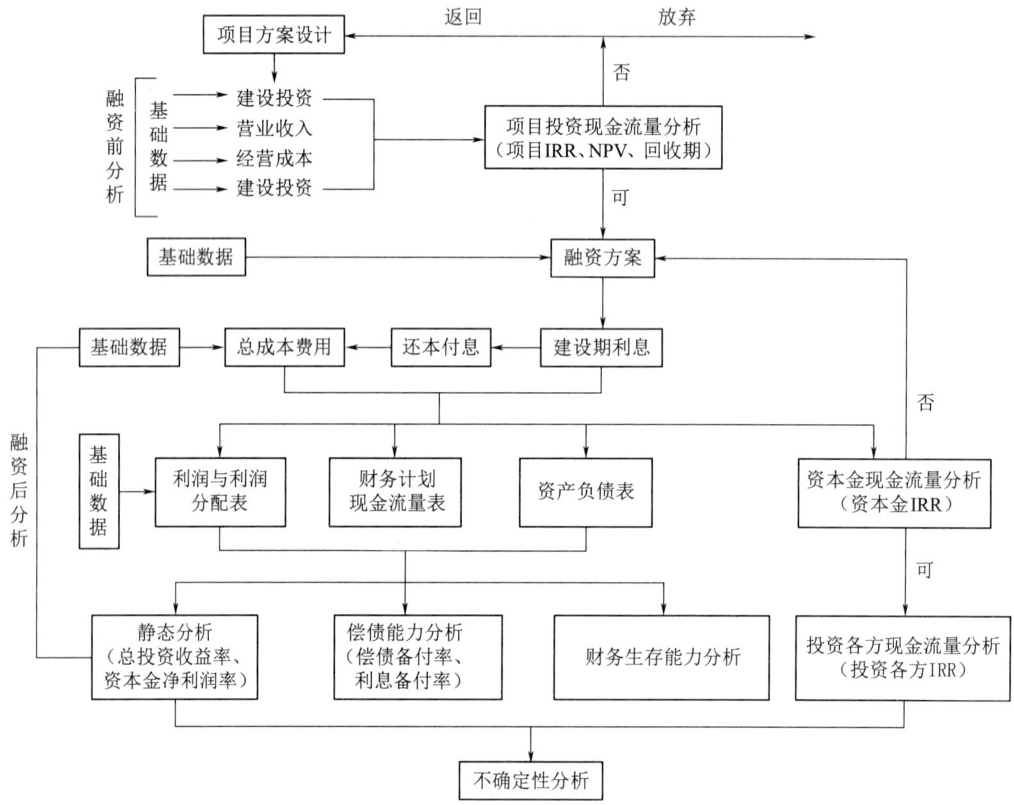

图 2-9 财务评价步骤图

（二）财务评价的内容

（1）盈利能力分析，分析测算项目的财务盈利能力和盈利水平。

（2）偿债能力分析，分析测算项目偿还贷款能力。

（3）财务生存能力分析，分析项目是否有足够的净现金流量维持正常运营，以实现财务可持续性。

（4）不确定性分析，分析项目在计算期内不确定性因素可能对项目产生的影响和影响程度。

财务评价应在项目财务效益与费用估算的基础上进行，其分析内容应根据项目的性质和目标确定。对于经营性项目，财务评价应通过编制财务分析报表，计算财务指标，分析项目的盈利能力、偿债能力和财务生存能力，判断项目的财务可接受性，为项目决策提供依据。对于非经营性项目，财务评价主要分析项目的财务生存能力。

（三）财务评价报表

财务评价报表包括各类现金流量表、利润与利润分配表、财务计划现金流量表、资产负债表和借款还本付息计划表。

（1）现金流量表，反映项目计算期内的现金流入和流出。具体分为以下三种类型：

1）项目投资现金流量表，用于计算项目投资内部收益率及净现值等财务分析指标。

2）项目资本金现金流量表，用于计算项目资本金财务内部收益率。

3）投资各方现金流量表，用于计算投资各方内部收益率。

（2）利润与利润分配表，反映项目计算期内各年营业收入、总成本费用、利润总额等情况，以及所得税后利润分配，用于计算总投资收益率、项目资本金净利润率等指标。

（3）财务计划现金流量表，反映项目计算期内各年的投资、融资及经营活动的现金流入和流出，用于计算累计盈余资金，分析项目的财务生存能力。

（4）资产负债表，用于综合反映项目计算期内各年年末资产、负债和所有者权益的增减变化及对应关系，计算资产负债率。

（5）借款还本付息计划表，反映项目计算期内各年借款本金偿还和利息支付情况，用于计算偿债备付率和利息备付率。

（四）财务评价基础数据

1. 建设总投资

建设项目评价中的总投资包括建设投资、建设期融资利息和流动资金。

（1）建设投资，包括工程费和预备费。

1）工程费，主要指项目主体工程、辅助工程、公用工程、运输工程、服务性工程、厂外工程、生活福利工程、市政、临时工程及独立费等所需费用。工程费一般按设计概（估）算编制规定的工程费用的构成来计算。对一般项目可作概略估算，其方法有以下几种。

a. 生产能力指数法。这种方法是根据已建成的性质类似的建设项目的投资额和生产能力及拟建项目的生产能力估算其投资，即

$$C_2 = C_1\left(\frac{A_2}{A_1}\right)^n f \qquad (2-12)$$

式中 C_1、C_2——已建类似项目和拟建项目的投资额；

A_1、A_2——已建类似项目和拟建项目的生产能力；

f——不同时期、不同地点的定额、单价、费用变更等综合调整系数；

n——生产能力指数。

若已建项目和拟建项目的规模相差不大（比值为0.5～2），指数 n 取值近似为1；若已建项目和拟建项目的规模相差较大，且拟建项目的扩大是以增大固定资产效率来扩大生产规模时，n=0.6～0.7；若拟建项目的扩大以增加固定资产的数量来扩大生产规模时，n=0.8～0.9。采用式（2-12）估算投资时，要求类似工程的资料可靠，条件基本相同。否则误差会很大。

【例2-9】 已知建设年产30万t乙烯装置的投资额为60000万元，试估计建设年产

70 万 t 乙烯装置的投资额（生产能力指数 $n=0.6$，$f=1.0$）。

解： $$C_2=C_1\left(\frac{A_2}{A_1}\right)^n f=60000\times\left(\frac{70}{30}\right)^{0.6}\times1.0=99755.61(\text{万元})$$

【例 2-10】 若将设计中的化工生产系统的生产能力提高两倍，投资额大约增加多少（生产能力 $n=0.6$ 指数，$f=1$）？

解： $$\frac{C_2}{C_1}=\left(\frac{A_2}{A_1}\right)^n f=\left(\frac{3}{1}\right)^{0.6}\times1=1.9$$

计算结果表明，生产能力提高两倍，投资额增加 90%。

b. 造价指标估算法。其计算公式为

$$\text{投资额}=\sum\text{工程量}\times\text{相应项目的造价指标}$$

2）预备费，包括基本预备费和价差预备费。

a. 基本预备费，主要为解决工程施工过程中的设计变更和为预防意外事故而采取的措施所增加的工程项目和费用，国家政策性调整所增加的投资等。

计算方法：根据工程规模、施工年限和地质条件等不同情况，按建筑工程、机电设备及安装工程、金属结构设备及安装工程、临时工程、独立费 5 部分之和的百分率计算。百分率初步设计阶段为 5%～8%，可研阶段为 10%～12%，项目建议书阶段为 15%～18%。

b. 价差预备费，主要为解决工程施工过程中，因人工工资、材料和设备价格上涨以及费用标准调整而增加的投资。费用内容包括：人工、设备、材料、施工机械的价差费，建筑安装工程费及工程建设其他费用调整，利率、汇率调整等增加的费用。

计算方法：以估算年份价格水平的静态投资作为计算基数，按照国家规定的投资综合价格指数计算，即

$$E=\sum_{n=1}^{N}F_n[(1+p)^n-1] \tag{2-13}$$

式中 E——价差预备费；

N——合理建设工期；

n——施工年度；

F_n——在建设期间第 n 年的投资额，包括建筑安装工程费、设备及工器具购置费、工程建设其他费用及基本预备费；

p——年投资价格上涨率。

【例 2-11】 某项目的静态投资为 22310 万元，项目建设期为 3 年，3 年的投资分配使用比例为第一年 20%，第二年 55%，第三年 25%，建设期内年平均价格上涨率预测为 6%。估计该项目建设期的价差预备费。

解： 第一年投资计划用款额：

$$F_1=22310\times20\%=4462(\text{万元})$$

第一年价差预备费：

$$E_1=F_1[(1+p)-1]=4462\times[(1+6\%)-1]=267.72(\text{万元})$$

第二年投资计划用款额：

$$F_2 = 22310 \times 55\% = 12270.5(\text{万元})$$

第二年价差预备费：

$$E_2 = F_2[(1+p)^2 - 1] = 12270.5 \times [(1+6\%)^2 - 1] = 1516.63(\text{万元})$$

第三年投资计划用款额：

$$F_3 = 22310 \times 25\% = 5577.5(\text{万元})$$

第三年价差预备费：

$$E_3 = F_3[(1+p)^3 - 1] = 5577.5 \times [(1+6\%)^3 - 1] = 1065.39(\text{万元})$$

所以，建设期的价差预备费为

$$E = E_1 + E_2 + E_3 = 267.72 + 1516.63 + 1065.39 = 2849.74(\text{万元})$$

（2）建设期融资利息。建设期融资利息应根据不同的资金筹措方案和偿还计划进行计算。不同的资金筹措方案和偿还计划，贷款利息也不同。

工程项目经济评价时，为简化计算，假定借款当年在年中支用，按半年计息，其后年份按全年计息。每年应计利息的近似计算公式为

$$\text{每年应计利息} = \left(\text{年初借款本息累计} + \frac{\text{本年借款额}}{2}\right) \times \text{年利率} \tag{2-14}$$

【例 2-12】 某新建项目，建设期为 3 年，共向银行贷款 2000 万元，贷款时间为：第一年 400 万元，第二年 1000 万元，第三年 600 万元。贷款年利率为 6%。计算建设期融资利息。

解： 建设期各年利息计算如下。

第一年应计利息：

$$\frac{1}{2} \times 400 \times 6\% = 12(\text{万元})$$

第二年应计利息：

$$\left(400 + 12 + \frac{1}{2} \times 1000\right) \times 6\% = 54.72(\text{万元})$$

第三年应计利息：

$$\left(400 + 1000 + 12 + 54.72 + \frac{1}{2} \times 600\right) \times 6\% = 106.0032(\text{万元})$$

计算建设期融资利息总和：

$$12 + 54.72 + 106.0032 = 172.7232(\text{万元})$$

（3）流动资金，指项目运营期内长期占用并周转使用的营运资金。流动资金估算有扩大指标估算法和分项详细估算法。

1）扩大指标估算法。一般可按类似项目流动资金占销售收入、运行费用、固定资产投资的比率估算，也可按类似项目单位指标占用流动资金的比率估算。如水电工程的流动资金可采用电网对已建水电站近期的统计资料估算，当缺乏资料时可暂按 10 元/kW 估算。

2）分项详细估算法，是利用流动资产与流动负债估算项目占用的流动资金，可采用下列公式估算：

$$\text{流动资金} = \text{流动资产} - \text{流动负债}$$

$$流动资产=应收账款+存货+现金+预付账款$$

$$流动负债=应付账款+预收账款$$

$$流动资金本年增加额=本年流动资金-上年流动资金$$

流动负债是指将在一年（含一年）或者超过一年的一个营业周期内偿还的债务，包括短期借款、应付票据、应付账款、预收账款、应付工资、应付福利费、应付股利、应交税金、其他暂收应付款项、预提费用和一年内到期的长期借款等。在项目评价中，流动负债的估算可以只考虑应付账款和预收账款两项。

应收账款是指企业对外销售商品、提供劳务尚未收回的资金。预付账款是指企业为购买各种材料、半成品或服务所预先支付的款项。

2. 项目运行所需的费用和收益

项目运行所需的费用和收益应按年列为资金的支出和收入。

（1）收益。项目运行收益，包括项目运行销售产品和服务的收益、固定资产残值的回收及流动资金的回收。

1）项目运行销售产品和服务的收益，一般指项目年运行收益或年提供的服务收益。项目年运行销售收益可用项目可提供的商品量与出售该商品的单价的乘积来确定，即

$$年收益=年提供的商品销售量\times销售单价 \tag{2-15}$$

也可以用提供的服务的价值来计算。

2）固定资产残值，是指固定资产报废时预计可收回的残余价值扣除预计清理费用后的余额。若使用到项目寿命期末，则于寿命期末一次作为现金流入。

3）流动资金回收。全部流动资金在项目运行初期根据项目运行的需要分一次或数次投入；流动资金回收按原额，于项目寿命期末一次回收，作为现金流入。

（2）项目运行的总成本费用，是指项目在运营期内为生产产品或提供服务所发生的全部费用，等于经营成本与固定资产折旧费、摊销费和财务费用之和。项目运行的总成本费用的估算应根据行业规定的方法估算。

项目运行的总成本费用可分解为固定成本和可变成本。

固定成本一般包括固定资产折旧费、摊销费、修理费、工资及福利费（计件工资除外）和其他费用等，通常把运营期发生的全部利息支出也作为固定成本。

可变成本主要包括外购原材料、燃料及动力费和计件工资等。

1）固定资产折旧费，是指固定资产在使用过程中由于磨损而减少的价值，用分摊的方法逐年计入成本的一项费用。固定资产折旧一般采用直线法，包括年限平均法和工作量法。

年限平均法：按固定资产的使用年限进行分摊。

$$年折旧率=\frac{1-预计净残值率}{折旧年限}\times 100\% \tag{2-16}$$

$$预计净残值率=\frac{寿命期末固定资产预计净残值}{固定资产原值}$$

$$年折旧额=固定资产原值\times年折旧率$$

式中 固定资产原值——项目投产时按规定由投资形成固定资产的部分。

工作量法：按固定资产的使用时间（含运行时间或行驶的里程）进行分摊。

折旧额的计算，一是按照行驶里程计算折旧，二是按照工作小时计算折旧，计算公式如下。

a. 按照行驶里程计算折旧的公式：

$$单位里程折旧额=\frac{原值\times(1-预计净残值率)}{总行驶里程} \tag{2-17}$$

$$年折旧额=单位里程折旧额\times年行驶里程$$

b. 按照工作小时计算折旧的公式：

$$每工作小时折旧额=\frac{原值\times(1-预计净残值率)}{总工作小时} \tag{2-18}$$

$$年折旧额=每工作小时折旧额\times年工作小时$$

2）摊销费，是指项目的无形资产和其他资产的摊销费用。无形资产是指特定主体所控制的，不具有实物形态，对生产经营长期发挥作用且能带来经济利益的资源。

无形资产分为可辨认无形资产和不可辨认无形资产。可辨认无形资产包括专利权、专有技术、商标权、著作权、土地使用权、特许权等；不可辨认无形资产是指商誉。无形资产原值是指项目投产时按规定由投资形成无形资产的部分。无形资产从开始使用之日起，在有效使用期限内平均摊入成本。无形资产的摊销一般采用平均年限法。

其他资产的摊销可以采用平均年限法，不计残值。

3）利息支出。项目评价中财务费用一般只考虑利息支出，所以利息支出又称为财务费用，是指项目正常运行期各年支付的借款利息。利息支出的计算包括长期借款利息、流动资金借款利息和短期借款利息。

a. 长期借款利息，是指对建设期借款余额（含未支付的建设期利息）应在生产期支付的利息。项目评价中可选择等额还本付息方式或者等额还本利息照付方式计算长期借款利息。

等额还本付息方式：

$$A=I_c\frac{i(1+i)^n}{(1+i)^n-1} \tag{2-19}$$

式中 A——每年还本付息额（等额年金）；

I_c——还款起始年年初的借款余额（含未支付的建设期利息）；

i——年利率；

n——预定的还款期。

其中

$$每年支付利息=年初借款余额\times年利率$$

$$每年偿还本金=A-每年支付利息$$

$$年初借款余额=I_c-本年以前各年偿还的借款累计$$

等额还本利息照付方式：

设 A_t 为第 t 年的还本付息额，则有

$$A_t=\frac{I_c}{n}+I_c\left(1-\frac{t-1}{n}\right)i \tag{2-20}$$

其中

$$每年支付利息=年初借款余额\times年利率$$

即
$$第\ t\ 年支付的利息 = I_c\left(1-\frac{t-1}{n}\right)i$$

$$每年偿还本金 = \frac{I_c}{n}$$

b. 流动资金借款利息。项目评价中估算的流动资金借款从本质上说应归类为长期借款，但目前企业往往有可能与银行达成共识，按期末偿还、期初再借的方式处理，并按一年期利率计息。流动资金借款利息可按式（2－21）计算：

$$年流动资金借款利息 = 年初流动资金借款余额 \times 流动资金借款利息 \quad (2-21)$$

c. 短期借款利息。项目评价中的短期借款是指运营期间由于资金的临时需要而发生的短期借款。短期借款利息的计算同流动资金借款利息。

4）税费。项目税费包括流转税类、资源税类、财产税类、行为税类和所得税类 5 大类。按有关税法分别计算。

流转税是对流转额为征税对象，选择其在流转过程中的特定环节加以征收的税。流转额包括商品流转额和非商品流转额。现行的流转税主要设置增值税、消费税和关税 3 个税种。

资源税是对在我国境内开采应税矿产品和生产盐的单位和个人，就其应税资源税数量征收的一种税。当前对资源税的征收大多采用从量计征方式，但对原油和天然气等采用从价计征的方式，将来有可能对资源税的计征方式进行全面改革。

财产税是对纳税人在某一时点占有或可支配财产课征的一类税收的统称。我国财产税设置的税种很少，有房产税、车船税、土地增值税和契税等。

行为税是以纳税人的某种特定行为作为征税对象的税。我国现行行为税主要设置 3 个税种，即固定资产投资方向调节税、印花税和城市维护建设税。

所得税又称所得课税、收益税，指国家对法人、自然人和其他经济组织在一定时期内的各种所得征收的一类税收。我国现行的所得税主要包括企业所得税、个人所得税两种。

5）年经营成本。包括工资及福利费、材料、燃料及动力费、维护费和其他费用。

（五）财务评价主要指标计算与判据

1. 盈利能力分析

盈利能力分析的指标包括：项目投资财务内部收益率和财务净现值、项目资本金财务内部收益率、投资回收期、总投资收益率、项目资本金净利润率等。可根据项目的特点及财务分析的目的、要求等选用。

盈利能力分析包括静态分析和动态分析。所谓静态分析是指不采用折现方式处理数据，主要依据利润与利润分配表，并借助现金流量表计算相关盈利能力指标。对静态分析指标的判断，应按不同指标选定相应的参考值（企业或行业的对比值）。当静态分析指标分别符合其相应的参考值时，认为从该指标看盈利能力满足要求。动态分析是通过编制财务现金流量表，根据资金时间价值原理，计算财务内部收益率、财务净现值等指标，分析项目的获利能力。

（1）静态投资回收期（P_t）。静态投资回收期是指以项目的净收益回收项目的全部投资所需要的时间。它是考察项目在财务上投资回收能力的主要指标。投资回收期短，表明

项目投资回收快，抗风险能力强。静态投资回收期的表达式为

$$\sum_{t=1}^{P_t}(CI-CO)_t=0 \tag{2-22}$$

式中　P_t——静态投资回收期；

CI——现金流入量；

CO——现金流出量；

$(CI-CO)_t$——第 t 年的净现金流量。

静态投资回收期一般以“年”为单位，自项目建设开始年算起。若从项目建成投产年算起，应予以特别注明，以防止两种情况的混淆。

式（2－22）是静态投资回收期的一个一般表达式，在具体计算时可借助项目投资现金流量表计算。项目投资现金流量表中累计净现金流量由负值变为零的时间点，即为项目的投资回收期，分为以下两种情况：

第一种情况：项目建成投产后各年的净现金流量不相同，则静态投资回收期可根据项目投资现金流量表计算。详细计算公式为

$$P_t=(T-1)+\frac{\text{第}(T-1)\text{年的累计净现金流量的绝对值}}{\text{第 }T\text{ 年的净现金流量}} \tag{2-23}$$

式中　T——项目各年累计净现金流量首次为正值的年数。

投资回收期短，表明项目投资回收快，抗风险能力强。

【例 2－13】　某投资方案的净现金流量及累计净现金流量如表 2－1 所示，计算该方案的静态投资回收期。

表 2－1　　**现 金 流 量 表**　　单位：万元

年序	1	2	3	4	5	6	7	8	9～20
净现金流量	－150	－200	－150	50	120	150	150	150	150
累计净现金流量	－150	－350	－500	－450	－330	－180	－30	120	1920

解： 由现金流量表 2－1 可知，项目各年累计净现金流量首次为正值的年数为 8，根据式（2－23）计算该方案的静态投资回收期为

$$P_t=(8-1)+\frac{|-30|}{150}=7.2(\text{年})$$

第二种情况：项目建成投产后各年的净收益（净现金流量）均相同，则静态投资回收期的计算公式为

$$\text{静态投资回收期}=\frac{\text{项目全部投资}}{\text{每年的净收益}}+\text{建设期} \tag{2-24}$$

【例 2－14】　某投资方案一次性投资 1000 万元，建设期一年，建成投产后其各年的净收益（净现金流量）为 150 万元，求该方案的静态投资回收期。

解： 根据式（2－24）可得该方案的静态投资回收期为

$$P_t = \frac{1000}{150} + 1 = 7.67(\text{年})$$

(2) 总投资收益率（*ROI*）。总投资收益率表示总投资的盈利水平，指项目达到设计能力后正常年份的年息税前利润或运营期内年平均息税前利润与项目总投资的比率。它是考察项目盈利能力的静态指标。总投资收益率的计算公式为

$$\text{总投资收益率} = \frac{\text{项目正常年份的年息税前利润或年平均息税前利润}}{\text{项目总投资}} \times 100\% \tag{2-25}$$

将算得的总投资收益率与同行业的收益率参考值对比，若高于同行业的收益率参考值，表明用总投资收益率表示的盈利能力满足要求。

(3) 项目资本金净利润率（*ROE*）。项目资本金净利润率表示项目资本金的盈利水平，指项目达到设计能力后正常年份的年净利润或运营期内年平均净利润与项目资本金的比率。它是考察项目盈利能力的静态指标。资本金净利润率的计算公式为

$$\text{项目资本金净利润率} = \frac{\text{项目正常年份的年净利润或年平均净利润}}{\text{项目资本金}} \times 100\% \tag{2-26}$$

项目资本金净利润率高于同行业的净利润率参考值，表明用项目资本金净利润率表示的盈利能力满足要求。

(4) 财务净现值（*FNPV*）。财务净现值是指按设定的折现率（一般采用行业基准收益率），将项目计算期内各年净现金流量折现到建设期初的现值之和。它是考察项目在计算期内盈利能力的动态评价指标。其表达式为

$$FNPV = \sum_{t=1}^{n} (CI - CO)_t (1 + i_c)^{-t} \tag{2-27}$$

式中 i_c——设定的折现率（或行业基准收益率）。

财务净现值指标的判别标准：若 $FNPV \geqslant 0$，则方案可行；若 $FNPV < 0$，则方案应予拒绝。即按照设定的折现率计算的财务净现值大于或等于零时，项目方案在财务上可考虑接受。财务净现值大于零时表明项目的盈利能力超过了基准收益率或设定的折现率水平；财务净现值小于零，表明项目的盈利能力达不到基准收益率或设定的折现率的水平；财务净现值为零，表明项目的盈利能力水平正好等于基准收益率或设定的折现率。

【例 2-15】 某投资方案各年的现金流量见表 2-2，设基准收益率 $i_c = 12\%$，试用财务净现值指标判断该方案是否可行。

表 2-2　　现金流量表　　单位：万元

年序	1	2	3	4	5	6	7～16
投资	800	1000					
收益			280	550	550	550	550
年经营成本			70	70	70	70	70
净现金流量	−800	−1000	210	480	480	480	480

解：
$$\begin{aligned}FNPV&=-800(P/F,12\%,1)-1000(P/F,12\%,2)+210(P/F,12\%,3)\\&\quad+480(P/A,12\%,13)(P/F,12\%,3)\\&=-800\times0.893-1000\times0.797+210\times0.712+480\times6.424\times0.712\\&=-714.40-797+149.52+2195.46\\&=833.58(\text{万元})\end{aligned}$$

该方案的财务净现值为833.58万元>0，所以该项目在财务上是可行的。

（5）财务内部收益率（$FIRR$）。财务内部收益率是指项目在整个计算期内各年净现金流量现值累计等于零时的折现率，是考察项目盈利能力的主要动态评价指标。其表达式为

$$\sum_{t=1}^{n}(CI-CO)_t(1+FIRR)^{-t}=0 \tag{2-28}$$

式中　$FIRR$——财务内部收益率；

其他符号同式（2-22）。

判别标准：当财务内部收益率大于或等于所设定的基准收益率 i_c 时，项目方案在财务上可以考虑接受。当 $FIRR\geqslant i_c$ 时，即认为其盈利能力已满足最低要求，项目在财务上是可行的；若 $FIRR<i_c$，则项目在财务上不可行。

财务基准收益率是财务评价中一个重要的参数。它是投资者自主确定的其在相应项目上投资最低可接受的财务收益水平，是项目财务可行性和方案比选的主要判据，不同的投资者对同一项目的收益水平的期望值不尽相同，所以选用财务基准收益率应遵循下列原则：①政府投资项目的财务评价必须采用国家行政主管部门发布的行业财务基准收益率；②政府以外的其他各类投资主体投资项目的财务评价，既可使用由投资者自行测定的项目最低可接受的财务收益率，也可选用国家或行业主管部门发布的行业财务基准收益率。根据投资人意图和项目的具体情况，项目最低可接受财务收益率的取值可高于、等于或低于行业财务基准收益率。

在实际应用中，财务内部收益率也可采用一种称为线性插值试算法来求得财务内部收益率的近似值。其基本步骤如下。

第一步：首先选定一个适当的折现率 i_0。

第二步：用选定的折现率 i_0 求出该方案的财务净现值。

1）若财务净现值=0，则该方案的财务内部收益率就是所选定的折现率 i_0。

2）若财务净现值>0，则适当使 i_0 增大，重新计算该方案的财务净现值。

3）若财务净现值<0，则适当使 i_0 减小，重新计算该方案的财务净现值。

重复第二步中的2）或3），直至找到这样两个折现率 i_1 和 i_2，使其对应求出的财务净现值 $FNPV(i_1)>0$，$FNPV(i_2)<0$。

第三步：用线性插值公式求出财务内部收益率的近似值，其公式为

$$FIRR\approx i_1+\frac{FNPV_1}{FNPV_1+|FNPV_2|}(i_2-i_1) \tag{2-29}$$

由式（2-29）求解财务内部收益率的计算误差与（i_2-i_1）的大小有关，i_2 与 i_1 相差越大，财务内部收益率的误差也越大。i_2 与 i_1 之差最好不超过2%，一般不应超过5%。式

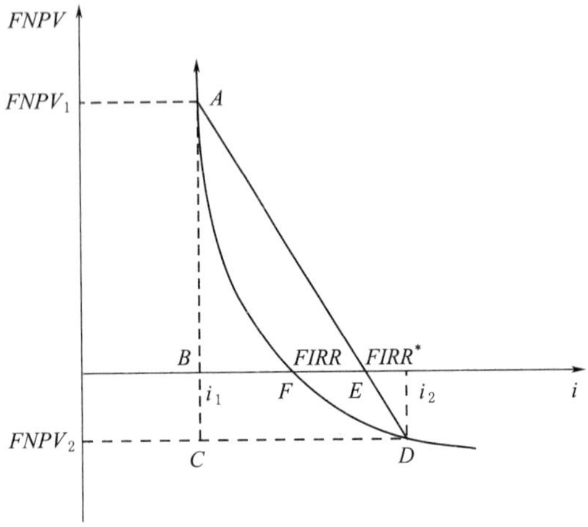

图 2-10 财务内部收益率近似计算图

(2-29) 可结合图 2-10 进行推导。

由图 2-10 可以看出，财务净现值与折现率的关系如图中弧线 AD 所示。财务净现值 $FNPV$ 为折现率 i 的函数，且随着 i 值增大，$FNPV$ 为一单调递减连续函数，财务净现值 $FNPV$ 由正值递减为负值，其间有一个点在 F 处与横轴相交，交点处的折现率就是使 $FNPV=0$ 时的收益率 $FIRR$，即内部收益率。在 i_1 和 i_2 之间，用直线 AD 近似替代弧线段 AD（在 i_2-i_1 很小时，这样做误差不大），然后用几何方法求出直线 AD 与横轴的交点处的折现率 $FIRR'$，用 $FIRR'$ 作为 $FIRR$ 的近似值。求 $FIRR'$ 方法如下。

根据几何相似形原理：

因为
$$\triangle ABS \backsim \triangle ACD$$

所以
$$\frac{AB}{AC}=\frac{BE}{CD}$$

即
$$\frac{PNPV_1}{PNPV_1+|PNPV_2|}=\frac{FIRR'-i_1}{i_2-i_1}$$

从而
$$FIRR'=i_1+\frac{PNPV_1}{PNPV_1+|PNPV_2|}(i_2-i_1)$$

即式 (2-29)。

【例 2-16】 某项目投资方案各年的净现金流量见表 2-3，当基准收益率 $i_c=12\%$ 时，试用财务内部收益率指标判断该方案是否可行。

表 2-3 **项目净现金流量表** 单位：万元

年序	0	1	2	3	4	5	6
净现金流量	−120	−20	50	50	50	50	50

解： 令 $i=12\%$，计算相应的财务净现值：

$$\begin{aligned}FNPV&=-120-20(P/F,12\%,1)+50(P/A,12\%,5)(P/F,12\%,1)\\&=-120-20\times0.893+50\times3.605\times0.893\\&=-120-17.86+160.96\\&=23.1>0\end{aligned}$$

再令 $i=15\%$，计算相应的财务净现值：

$$\begin{aligned}FNPV&=-120-20(P/F,15\%,1)+50(P/A,15\%,5)(P/F,15\%,1)\\&=-120-20\times0.87+50\times3.352\times0.87\\&=-120-17.4+145.81\\&=8.41>0\end{aligned}$$

再令 $i=18\%$，计算相应的财务净现值：

$$\begin{aligned}FNPV&=-120-20(P/F,18\%,1)+50(P/A,18\%,5)(P/F,18\%,1)\\&=-120-20\times0.847+50\times3.127\times0.847\\&=-120-16.94+132.43\\&=-4.51<0\end{aligned}$$

用线性插值式（2-29）算出该方案的财务内部收益率的近似值为

$$\begin{aligned}FIRR&\approx i_1+\frac{FNPV_1}{FNPV_1+|FNPV_2|}(i_2-i_1)\\&\approx15\%+\frac{8.41}{8.41+|-4.51|}(18\%-15\%)\approx17\%\end{aligned}$$

该方案的财务内部收益率约为 $17\%>i_c=12\%$（基准收益率），该项目在财务上可行。

2. 偿债能力分析指标计算与评判标准

对于有借款的项目，通过偿债能力分析，考察项目能否按期偿还借款。通过计算利息备付率、偿债备付率、资产负债率等指标，判断项目的偿债能力。

（1）利息备付率（*ICR*）。利息备付率是指项目在借款偿还期内，各年可用于支付利息的息税前利润与当期应付利息的比值。其计算公式为

$$利息备付率=\frac{息税前利润}{当期应付利息} \tag{2-30}$$

式中　当期应付利息——指计入总成本费用的应付利息。

利息备付率是从付息资金来源的充裕性角度反映项目偿付债务利息的保障程度。利息备付率应分年计算。利息备付率高，表明利息偿付的保障程度高。对于正常运营的企业，利息备付率应当大于1。

（2）偿债备付率（*DSCR*）。偿债备付率是指项目在借款偿还期内，各年可用于还本付息资金与当期应还本付息金额的比值。其计算公式为

$$偿债备付率=\frac{可用于还本付息资金}{当期应还本付息金额} \tag{2-31}$$

其中　可用于还本付息资金＝息税前利润＋折旧＋摊销－企业所得税

当期应还本付息金额＝当期应还本金＋计入总成本费用的全部利息

偿债备付率表示可用于还本付息的资金偿还借款本息的保障程度。偿债备付率应分年计算，偿债备付率高，表明可用于还本付息的资金保障程度高。在正常情况下偿债备付率应当大于1。当偿债备付率指标小于1时，表示当年资金来源不足以偿付当期债务，需要通过短期借款偿付已到期债务。

（3）资产负债率（*LOAR*）。资产负债率是指各期末负债总额同期末资产总额的比率。其计算公式为

$$资产负债率=\frac{期末负债总额}{期末资本总额}\times100\% \tag{2-32}$$

适度的资产负债率，表明企业经营安全、稳健，具有较强的筹资能力，也表明企业和债权人的风险较小。对该指标的分析，应结合国家宏观经济状况、行业发展趋势、企业所处竞争环境等具体条件判定。项目财务分析中，在长期债务还清后，可不再计算资产负债率。

五、国民经济评价

（一）国民经济评价的意义

项目的国民经济评价是将建设项目置于整个国民经济系统之中，从国家经济整体利益的角度出发，按照合理配置社会资源的原则，分析项目的经济效益、经济效果和对社会的影响，评价项目在宏观经济上的合理性。在国民经济评价中，不仅要分析项目本身所产生的直接效果，而且还要分析项目建设所引起的有关行业和企业所产生的经济效果（间接效果）；同时，在评价时不仅要分析项目建设与生产中的投入物的经济费用（直接费用），而且还要分析由于项目的建设所引起的国民经济相关行业或企业增加的投入物的经济费用（间接费用）。所以，国民经济评价能够客观地估算出投资项目对国民经济的贡献和国民经济为其付出的代价。

运用国民经济评价方法对投资项目进行评价能够对资源和投资的合理流向起到导向的作用。在现实经济中，由于市场本身的原因及政府不恰当的干预，都可能导致市场配置资源的失灵，致使有些项目财务价格扭曲，财务成本不能包含项目对资源的全部消耗，财务效益不能包含项目产出的全部经济效果，市场价格难以反映建设项目的真实经济价值，通过国民经济评价可以反映建设项目的真实经济价值。在国民经济评价中采用了影子价格和社会折现率。影子价格是在资源最优分配状态下的边际产出的价值，它不仅能够起市场信号反馈的作用，而且能够对资源合理分配加以引导，达到宏观控制的目的。不论哪一行业，都采用统一的社会折现率，可以使投资最终流向投资效率高、资金回收比率大的行业或生产部门，无疑也会促进资源高效利用，使社会整体效益提高。

（二）国民经济评价的范围

国民经济评价是经济评价方法体系的重要组成部分。国民经济评价是从资源合理配置的角度，分析项目投资的经济效益和对社会福利所作出的贡献，评价项目的经济合理性。国民经济评价是项目投资决策的主要依据。对于财务价格不能真实反映项目产出的经济价值，财务成本不能包含项目对资源的全部消耗，财务效益不能包含项目产出的全部经济效果的项目需要进行国民经济评价。

1. 从社会资源优化配置的角度评价

国家规定下列类型项目需要进行国民经济评价：

（1）具有垄断特征的项目。

（2）产出具有公共产品特征的项目。

（3）外部效果显著的项目。

（4）资源开发项目。

（5）涉及国家经济安全的项目。

（6）受过度行政干预的项目。

2. 从投资管理的角度评价

现阶段需要进行国民经济评价的项目有以下几类：

（1）政府预算内投资（包括国债资金）的用于关系国家安全、国土开发和市场不能有效配置资源的公益性项目和公共基础设施建设项目、保护和改善生态环境项目、重大战略性资源开发项目。

（2）政府各类专题建设基金投资的用于交通运输、农林水利等基础设施、基础产业建设项目。

（3）利用国际金融组织和外国政府贷款，需要政府主权信用担保的建设项目。

（4）法律、法规规定的其他政府性资金投资的建设项目。

（5）企业投资建设的涉及国家经济安全、影响环境资源、公共利益、可能出现垄断、涉及整体布局等公共性问题，需要政府核准的建设项目。

（三）国民经济效益与费用识别

项目的经济效益是指项目对国民经济所作的贡献，分为直接效益和间接效益。项目的经济费用是指国民经济为项目付出的代价，分为直接费用和间接费用。项目经济效益和费用的识别应符合下列要求：①遵循有无对比的原则；②对项目所涉及的所有成员及群体的费用和效益做全面分析；③正确识别正面和负面外部效果，防止误算、漏算或重复计算；④合理确定效益和费用的空间范围和时间跨度；⑤正确识别和调整转移支付，根据不同情况区别对待。

1. 直接费用与直接效益

直接费用是指项目使用投入物所产生并在项目范围内计算的经济费用，一般表现为其他部门为供应本项目投入物而扩大生产规模所耗用的资源费用；减少对其他项目（或最终消费）投入物的供应而放弃的效益；增加进口（或减少出口）所耗用（或减收）的外汇等。

直接效益是指由项目产出物产生的并在项目范围内计算的经济效益，一般表现为增加该产出物数量满足国内需求的效益；替代其他相同或类似企业的产出物，使被替代企业减产以减少国家有用资源耗费（或损失）的效益；增加出口（或减少进口）所增收（或节支）的国家外汇等。

2. 间接费用和间接效益

间接费用和间接效益是指国民经济为项目付出的代价与项目对国民经济作出的贡献在项目的直接费用与直接效益中未得到反映的那部分费用与效益。

3. 转移支付

转移支付代表购买力的转移行为，接受转移支付的一方所获得的效益与付出方所产生的费用相等，转移支付行为本身没有导致新增资源的发生。在项目的建设和生产经营过程中，某些财务收益和支出，从国民经济角度看，并没有造成资源的实际增加或减少，而是国民经济内部的转移支付。在国民经济评价中一般应剔除这些转移支付。转移支付的主要内容有：

（1）国家和地方政府的税收。

（2）国内银行借款利息。

（3）国家和地方政府给予项目的补贴。

（四）国民经济评价参数

国民经济评价参数是国民经济评价的基础。正确理解和使用评价参数，对正确计算经济费用、效益和评价指标，判定项目经济合理性具有重要作用。国民经济评价参数有两类：一类是必须采用参数，如社会折现率和影子汇率换算系数等，这类参数由国家行政主管部门统一测定并发布，在各类建设项目的国民经济评价中必须采用；另一类是供参考选用参数，如影子工资换算系数和土地影子价格等，这类参数也由国家行政主管部门统一测定并发布，但在各类建设项目的国民经济评价中可参考选用。

1. 社会折现率（i_s）

项目的国民经济评价，主要采用动态计算方法，计算经济净现值或经济内部收益率指标。在计算项目的经济净现值指标时，需要使用一个事先确定的折现率。在用经济内部收益率指标判断项目经济效益时，需要用一个事先确定的基准收益率作为判据，进行对比，以判定项目的经济效益是否达到了标准。通常将经济净现值计算中的折现率和经济内部收益率的判据基准收益率统一起来，统称为社会折现率。

社会折现率是社会对资金时间价值的估算，是从整个国民经济角度确定的投资收益率标准，代表着社会投资所要求的最低收益率，作为项目经济效益要求的最低经济收益率水平。项目投资产生的经济内部收益率如果达不到这一最低水平，项目不应当被接受。

作为经济内部收益率的基准收益率，社会折现率的取值高低直接影响项目经济可行性的判断结果。社会折现率如果取值过低，将会使得一些经济效益不好的项目投资得以通过，经济评价不能起到应有的作用；社会折现率取值提高，会使一部分本来可以通过评价的项目因达不到判别标准而被舍弃，从而间接起到调控投资规模的作用。

在项目的优选和方案比选中，社会折现率的取值高低会影响比选的结果。较高的取值，将会使远期收益在折算为现值时发生较大的折减，有利于社会效益产生在近期，远期有较高的社会成本的方案，因折现率大而使折现的成本降低，从而使远期有较大成本的项目入选，而社会效益主要产生在远期的项目被淘汰。这可能会导致对评价结果的误导。因为取值较高，将会使远期收益、费用在折算为现值时发生较大的折减。比如对生态环境造成破坏的项目，高折现率将未来环境污染的成本负担折减计算。因此，国家根据宏观调控意图和现实经济状况，制定发布统一的社会折现率，以利于统一标准，避免参数选择的随意性。项目评价人员应当充分理解社会折现率在项目国民经济评价中的作用，理解社会折现率取值对评价结果的影响，避免对评价结果的误导。

现阶段我国的社会折现率为8%。对于受益期长的建设项目，如果远期效益较大，效益实现的风险较小，社会折现率可以适当降低，但不应低于6%。

发达国家近年来有将社会折现率取值降低的趋势。世界银行、亚洲开发银行等国际组织对发展中国家使用的社会折现率较高，发展中国家制定的社会折现率也较高。部分国家和组织的社会折现率见表2-4。

表2-4　部分国家和组织的社会折现率　%

国家/组织	社会折现率
美国	1.6～3.2（3～30年及以上）； 2～3（3年以下）
英国	6（2003年3月前）； 3.5（2003年4月后）
德国	3
比利时	4
法国	8（自1984年）
瑞典	4
新西兰	10；4（无风险）
亚洲开发银行	10～12
日本	4
欧盟	5
西班牙	交通6；水利4
意大利	5

2. 影子汇率

影子汇率是指能正确反映国家外汇经济价值的汇率。影子汇率通过影子汇率换算系数计算得出。影子汇率换算系数是指影子汇率与外汇牌价之间的比值。影子汇率计算公式为

$$影子汇率=外汇牌价\times影子汇率换算系数 \tag{2-33}$$

建设项目国民经济评价中，项目的进口投入物和出口产出物，应采用影子汇率换算系数调整计算进出口外汇收支的价值。

3. 影子工资

影子工资是指建设项目使用劳动力资源而使社会付出的代价。建设项目国民经济评价中用影子工资计算劳动力费用。影子工资可通过影子工资换算系数得到。影子工资换算系数是指影子工资与项目财务评价中的劳动力工资之间的比值，影子工资可按式（2-34）计算：

$$影子工资=财务工资\times影子工资换算系数 \tag{2-34}$$

（五）国民经济评价中的影子价格

国民经济评价中投入物或产出物使用的计算价格称为影子价格。

建设项目投资和项目运行的效益要用货币作为统一的度量单位，而价值形态的货币表现只能借助价格来实现。但在现实经济生活中，由于社会环境、经济管理体制、经济政策、历史因素等原因，项目中投入物或产出物的现行市场价格并不都能反映它们的实际价值。为了正确计算项目对国民经济所作的净贡献和社会为项目建设付出的代价，在进行国民经济评价时，对现行价格进行调整，以使其能正确反映投入物或产出物的实际价值。这种用于经济分析的调整价格，称为影子价格。若某种投入物或产出物的现行价格能较真实地反映其经济价值，则其现行价格就是其影子价格，即影子价格应是能够真实反映项目投入物和产出物真实经济价值的计算价格。

在国民经济评价中，将项目投入物与产出物区分为外贸货物、非外贸货物和特殊投入物，并采取不同的方式确定其影子价格。

（六）国民经济评价指标

1. 经济净现值（$ENPV$）

经济净现值是用社会折现率将项目计算期内各年的经济净效益流量折现到建设期初的现值之和，其表达式为

$$ENPV=\sum_{t=1}^{n}(B-C)_t(1+i_s)^{-t} \tag{2-35}$$

式中 $ENPV$——经济净现值；

B——经济效益流量；

C——经济费用流量；

i_s——社会折现率；

$(B-C)_t$——第 t 年的经济净效益流量；

n——项目计算期。

评判标准：如果经济净现值等于或大于零时（$ENPV\geqslant0$），表明项目可以达到符合社会折现率的效益水平，认为该项目从经济资源配置的角度可以被接受。

2. 经济内部收益率（EIRR）

经济内部收益率是指项目在计算期内各年经济净效益流量的现值累计等于零时的折现率，其表达式为

$$\sum_{t=1}^{n}(B-C)_t(1+EIRR)^{-t}=0 \tag{2-36}$$

评判标准：如果经济内部收益率等于或大于社会折现率时（$EIRR \geqslant i_s$），表明项目资源配置的经济效益达到了可以接受的水平。

3. 经济效益费用比（R_{BC}）

经济效益费用比是指项目在其计算期内效益流量的现值与费用流量的现值之比，其计算式为

$$R_{BC}=\frac{\sum_{t=1}^{n}B_t(1+i_s)^{-t}}{\sum_{t=1}^{n}C_t(1+i_s)^{-t}} \tag{2-37}$$

式中 R_{BC}——经济效益费用比；

B_t——第 t 年的经济效益；

C_t——第 t 年的经济费用。

如果经济效益费用比大于1，表明项目资源配置的经济效益达到了可以被接受的水平。

第三节 不确定性分析与风险分析

不确定性分析与风险分析是项目经济评价中的一个重要内容。在对项目进行经济评价时，所采用的数据大部分来自估算和测算，所采用的基本变量都是对未来的预测和假设，并假定在项目寿命周期内是不变的，即都是以一些固定的数据为基础的。但实际上，在项目实施的整个过程中，有些因素有可能发生变化，一旦这些因素发生变化，就会对项目经济效果产生影响。如果仅凭以一些固定的数据作出的分析为依据来决策项目，就可能会导致投资决策的失误。因此，为了有效地减少不确定性因素对项目经济效果的影响，提高项目的风险防范能力，进而提高项目投资决策的科学性和可靠性，在对项目进行确定性分析的基础上，还需要对项目进行不确定性分析与风险分析。

一、不确定性分析与风险分析的区别与联系

不确定性分析是通过对拟建项目具有较大影响的不确定性因素进行分析，计算基本变量的增减变化引起项目财务或经济效益指标的影响，找出最敏感的因素及其临界点，预测项目可能承担的风险，分析项目在财务和经济上的可靠性，使项目的投资决策建立在较为稳妥的基础上。

风险是指未来发生的不确定性不利事件对项目的影响或影响的概率或可能性。投资建设项目的经济风险是指由于不确定性事件的存在导致项目实施后偏离预期财务和经济效益目标的可能性。经济风险分析是通过对风险因素的识别，采用定性或定量分析的方法估计

各风险因素发生的可能性及对项目的影响程度，揭示影响项目成败的关键风险因素，提出项目风险的预警、预报和相应的对策，为投资决策服务。

不确定性分析与风险分析既有联系，又有区别。由于人们对未来事物认识的局限性，可获信息的有限性以及未来事物本身的不确定性，使得投资建设项目的实施结果可能偏离预期目标，这就形成了投资建设项目预期目标的不确定性，从而使项目可能得到高于或低于预期的效益，甚至遭受一定的损失，导致投资建设项目有风险。通过不确定性分析可以找出影响项目效益的敏感因素，确定敏感程度，但却不知这种不确定性因素发生的可能性及影响程度。借助于风险分析可以得知不确定性因素发生的可能性，以及给项目带来经济损失的程度。不确定性分析找出的敏感因素又可以作为风险因素识别和风险估计的依据。

二、不确定性分析

不确定性分析主要包括盈亏平衡分析和敏感性分析。

（一）盈亏平衡分析

盈亏平衡分析是指项目在达到设计生产能力的条件下，通过盈亏平衡点分析项目成本与收益的平衡关系，用以考察项目对产出品变化的适应能力和抗风险能力。盈亏平衡分析只适用于项目的财务评价。

盈亏平衡分析分线性盈亏平衡分析和非线性盈亏平衡分析，项目经济评价中一般只进行线性盈亏平衡分析。线性盈亏平衡分析有以下 4 个假定条件：

（1）产量等于销售量，即当年生产的产品当年销售出去。

（2）产量变化，单位可变成本不变，总成本费用是产量的线性函数。

（3）产量变化，单位售价不变，销售收入是销售量的线性函数。

（4）按单一产品计算，当生产多种产品时，应换算为单一产品，不同产品的生产负荷率的变化应保持一致。

盈亏平衡分析实际上是找到项目由盈利到亏损的分界点——盈亏平衡点。盈亏平衡点（也叫保本点），是项目盈利与亏损的转折点，在这一点上，销售（营业、服务）收入等于总成本费用，项目不亏不盈，正好盈亏平衡。盈亏平衡点越低，项目适应产出品变化的能力越大，抗风险能力越强。项目经济评价中，盈亏平衡点常用产量和生产能力利用率表示。

找盈亏平衡点有两种方法，一种是采用公式计算，另一种是图解法。

1. 公式计算法

（1）用产量表示的盈亏平衡点：

$$BEP_{产量}=\frac{年固定总成本}{单位产品价格-单位产品可变成本-单位产品销售税金及附加} \quad (2-38)$$

盈亏平衡点产量表示项目可以接受的最低产量，低于此水平项目就亏损。

（2）用生产能力利用率表示的盈亏平衡点：

$$BEP_{生产能力利用率}=\frac{年固定成本}{年营业收入-年可变成本-年营业税金及附加}\times 100\% \quad (2-39)$$

或

$$BEP_{生产能力利用率}=\frac{BEP_{产量}}{年设计生产能力}\times 100\%$$

生产能力利用率是度量项目生产能力状况的重要指标。盈亏平衡点生产能力利用率越低，项目的风险越小，抗风险能力越强。在项目运营中，只要生产能力利用率高于盈亏平衡点生产能力利用率，项目可盈利，否则项目就有一定的风险。

盈亏平衡点应按项目投产后的正常年份计算，而不能按计算期内的平均值计算。

【例 2-17】 某方案设计年产量为 12 万 t，每吨售价 675 元，每吨销售税金 165 元，单位可变成本为 250 元，年固定成本为 1500 万元。计算该项目的产量盈亏平衡点、盈亏平衡点生产能力利用率，对项目进行盈亏平衡分析。

解： 盈亏平衡点的产量＝1500÷（675－250－165）＝5.77（万 t）

盈亏平衡点的生产能力利用率＝5.77÷12×100％＝48.08％

本项目产量盈亏平衡点为 5.77 万 t，而项目的设计生产能力为 12 万 t，远大于盈亏平衡点产量。

本项目盈亏平衡点生产能力利用率为 48.08％，在项目运营中，只要生产能力利用率高于这个水平，项目就可盈利。

综上所述，可以判断本项目盈亏平衡点较低，该项目盈利和抗风险能力均较强。

2. 图解法

图解法是线性盈亏平衡分析中常用的一种方法。它是在以横轴表示产量、纵轴表示收益与成本的坐标系中画出收益与成本曲线，这两条曲线的交点即为盈亏平衡点。基本步骤如下：

（1）画出坐标图，以横轴表示产量，纵轴表示收益与成本。

（2）以原点为起点，在坐标图上画出收益曲线［收益＝（单位产品价格－单位产品营业税金及附加）×产量］。

（3）画出固定成本线。固定成本线是一条与横轴平行的水平线，因为前面已假定固定成本不随产量的变化而变动。

（4）以固定成本与纵轴的交点为起点，在坐标图上画出成本线（成本＝固定成本＋可变成本；可变成本＝单位产品可变成本×产量）。

（5）收益曲线与成本曲线的交点即为盈亏平衡点（图 2-11）。

从盈亏平衡分析图可见，当产量低于盈亏平衡点产量时，收益曲线在成本曲线下方，项目是亏损的；当产量高于盈亏平衡点产量时，收益曲线在成本曲线上方，项目是盈利的。盈亏平衡点越低，达到此点的盈亏平衡产量、收益或成本也就越少，因而项目的盈利机会就越大，亏损的风险就越小。

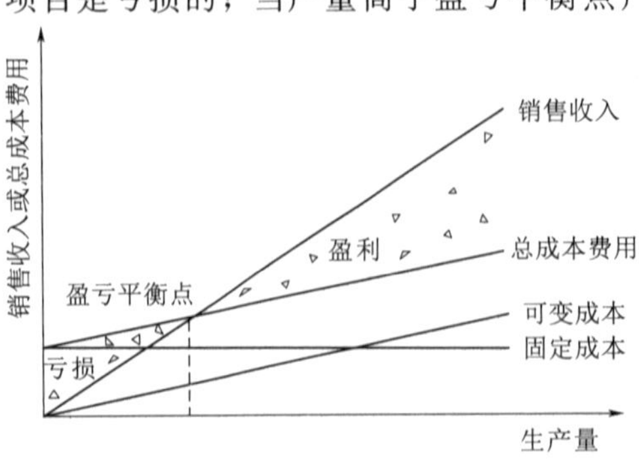

图 2-11 盈亏平衡分析图

（二）敏感性分析

敏感性分析包括单因素敏感性分析和多因素敏感性分析。单因素敏感性分析是指每次只改变一个因素的数值来进行分析，估算单个因素的变化对项目效益产生的影响。多因素敏感性分析则是同时改变两个或两个以上因素进行分析，估算多因素同时发生变化时对项目效益产生的影响。为了找出关键的敏感因素，通常多进行单因素敏感性分析。这里主要介绍单因素敏感性分析。

进行敏感性分析一般可按以下步骤进行。

(1) 选定进行敏感性分析的经济评价指标。建设项目经济评价有一整套指标体系，不可能对每一个指标都进行分析，只对其中的一个或几个主要指标进行分析，如内部收益率、财务净现值、投资回收期等。最主要的指标是内部收益率。

(2) 选择需要分析的不确定性因素。根据项目的特点，选择对项目效益影响较大且重要的不确定性因素进行分析。这些因素主要有产品价格、建设投资、主要投入物价格或可变成本、生产负荷（产品产量)、建设工期、汇率等。

(3) 计算因不确定性因素在可能变动范围内发生不同幅度变动引起的评价指标的变动值。先给选定的不确定性因素设定若干个变化幅度（通常用变化率表示)，不确定性因素的变化率一般为±5%、±10%、±15%、±20%等。对于不便于用百分数表示的因素，如建设工期，可采用延长一段时间表示，如延长一年。

(4) 计算敏感度系数并对敏感因素进行排序。敏感度系数的计算公式为

$$S_{AF}=\frac{\Delta A/A}{\Delta F/F} \tag{2-40}$$

式中 S_{AF}——评价指标 A 对于不确定性因素 F 的敏感度系数；

$\Delta F/F$——不确定性因素 F 的变化率；

$\Delta A/A$——不确定性因素 F 发生 ΔF 变化率时，评价指标 A 的相应变化率。

$S_{AF}>0$，表示评价指标与不确定性因素同方向变化；$S_{AF}<0$，表示评价指标与不确定性因素反方向变化。$|S_{AF}|$ 较大者敏感度系数高。

(5) 求出临界点。临界点是指不确定性因素的变化使项目由可行变为不可行的临界数值。临界点可用不确定性因素相对基本方案的变化率或其对应的具体数值表示。当不确定性因素的变化超过了临界点所表示的不确定性因素的极限变化时，项目将由可行变为不可行。临界点可用专用软件计算，也可由敏感性分析图直接求得近似值。以投资内部收益率作为敏感性分析的评价指标时，其敏感性分析图见图 2-12。图中变动因素主要原料价格、固定资产投资、产品销售价格对投资内部收益率的影响曲线与基准收益率线的交点即为临

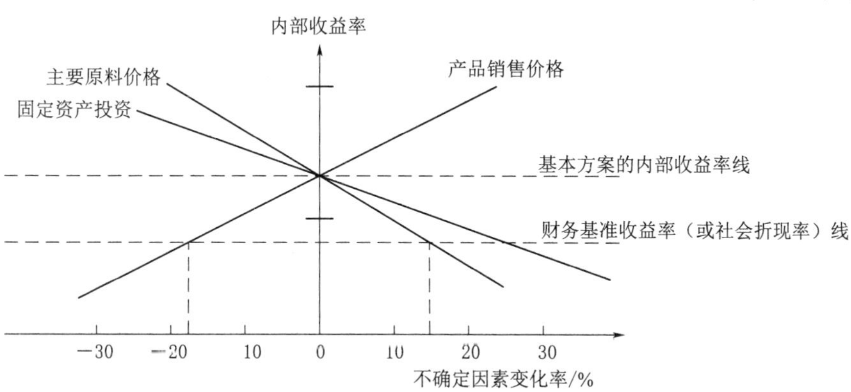

图 2-12 敏感性分析图

界点，表示允许该种因素变化的最大幅度，即极限变化。变化幅度超过这个极限，项目将不可行。

【例 2-18】 某项目设计年生产能力为 10 万件产品。计划总投资 1200 万元，期初一次性投入。预计产品价格为 35 元/件，年经营成本为 140 万元，项目寿命期为 10 年，预计期末残值 80 万元，基准折现率为 10%。试对该项目进行敏感性分析。

解： 1. 选择财务净现值指标为分析对象。

2. 以投资额、单位产品价格、经营成本为不确定性因素。

3. 计算投资额、单位产品价格、经营成本等单因素变化对财务净现值的影响（进行单因素敏感性分析）。

确定条件下项目的财务净现值：

$$FNPV = -1200 + (35 \times 10 - 140)(P/A,10\%,10) + 80(P/F,10\%,10)$$
$$= 121.21(万元)$$

由于 $FNPV > 0$，该项目可行。

下面对项目进行敏感性分析，令选定的 3 个不确定性因素逐一在初始值的基础上按 ±10%、±20% 的变化幅度变动，分别计算相对应的财务净现值，计算结果见表 2-5。

表 2-5 **单因素敏感性分析表** 单位：万元

不确定因素 \ 财务净现值变化幅度	−20%	−10%	0	+10%	+20%	敏感度系数
投资额	361.21	241.21	121.21	1.21	−118.79	9.9
产品价格	−308.91	−93.85	121.21	336.28	551.34	17.74
经营成本	293.26	207.24	121.21	35.19	−50.83	7.1

当投资额变化幅度为 −10% 时：

$$投资额 = 1200 \times (1-10\%) = 1080\ (万元)$$

$$FNPV = -1080 + (35 \times 10 - 140)(P/A,10\%,10) + 80(P/F,10\%,10)$$
$$= 241.21(万元)$$

当投资额变化幅度为 +10% 时：

$$投资额 = 1200 \times (1+10\%) = 1320\ (万元)$$

$$FNPV = -1320 + (35 \times 10 - 140)(P/A,10\%,10) + 80(P/F,10\%,10)$$
$$= 1.21(万元)$$

表中数据 0 对应的一列是确定条件下项目的净现值。

敏感度系数的计算公式为

$$敏感度系数 = \frac{评价指标变化的幅度(\%)}{不确定性因素变化的幅度(\%)} \tag{2-41}$$

对于本例而言：

$$投资额的敏感度系数 = \frac{361-121.21}{121.21} \div 20\% = 9.9$$

$$产品价格的敏感度系数=\frac{551.34-121.21}{121.21}\div 20\%=17.74$$

$$经营成本的敏感度系数=\frac{293.26-121.21}{121.21}\div 20\%=7.10$$

从各因素的敏感度系数排序可知，产品价格是最敏感的因素，其次是投资，最后是经营成本。

由表 2-5 数据绘制敏感性分析图（图 2-13），求各敏感因素变化的临界点的近似值。

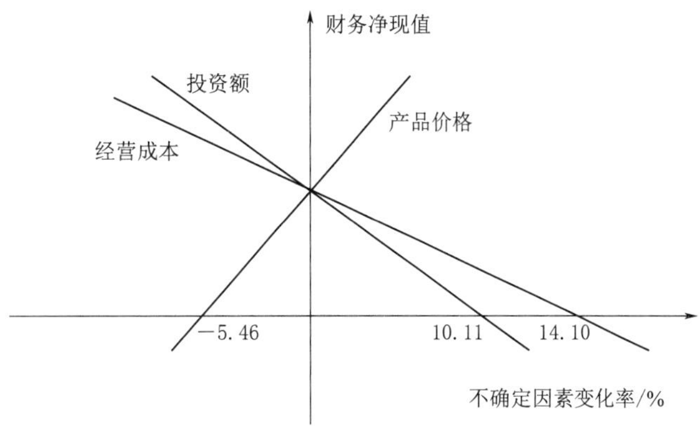

图 2-13　单因素敏感性分析图

从图 2-13 中可知，投资额在横轴上的截距为 10.11%，此点称为投资上升的临界点。当投资增加幅度超过 10.11%时，项目的财务净现值由正变为负，项目由可行变为不可行。产品价格在横轴上的截距为−5.46%，此点称为价格下降的临界点。当产品价格下降幅度超过 5.46%时，项目的财务净现值由正变为负，项目由可行变为不可行。经营成本在横轴上的截距为 14.10%，此点称为经营成本上升的临界点。当经营成本增加幅度超过 14.10%时，项目的财务净现值由正变为负，项目由可行变为不可行。

三、风险分析方法——概率树

概率是度量某一事件发生的可能性大小的量，它是随机事件的函数。必然发生的事件，其概率为 1；不可能事件，其概率为 0；一般的随机事件，其概率在 0 和 1 之间。

某事件的概率可分为主观概率和客观概率两类。通常把以人为预测和估计为基础的概率称为主观概率，如产量、销售单价、建设投资、建设工期等；以客观统计数据为基础的概率称为客观概率，如水位、流量等。经济评价的概率分析主要是主观概率分析。

概率树分析是常用的风险分析方法之一，它是利用概率来研究和预测不确定性因素对项目经济评价指标影响的一种定量分析方法。

概率树分析是假定风险变量之间是相互独立的，在构造概率树的基础上，将每个风险变量的各种状态取值组合计算，分别计算每种组合状态下的评价指标值及相应的概率，得到评价指标的概率分布，并统计出评价指标高于基准值的累计概率，从而判断项目的风险。

简单的概率分析是在根据经验设定各种情况发生的可能性（概率）后，计算项目净现值、项目净现值的期望值及净现值大于等于零时的累计概率。一般的计算步骤如下：

（1）通过敏感性分析，确定项目的主要不确定性因素（风险因素）。

（2）判断各不确定性因素（风险因素）可能发生的情况。

(3) 确定每种情况可能发生的概率，每种情况发生的概率之和必须等于1。

(4) 求出各可能发生事件的净现值、加权净现值，然后求出净现值的期望值。

(5) 求出净现值大于等于零的累计概率。

风险评价的判别标准：财务（经济）净现值大于等于零的累计概率值越大，风险越小。

以下先来介绍项目净现值的期望值，然后举例说明概率树分析法。

期望值是用来描述随机变量的一个主要参数。

所谓随机变量就是这样的一类变量，我们能够知道它的所有可能的取值范围，也知道它取各种值的可能性，但却不能确定它最后的确切取值。例如，有一个变量 X，我们知道它的取值范围是0、1、2，也知道 X 取值0、1、2的可能性分别是0.3、0.5和0.2，但是究竟 X 取什么值却不知道，那么 X 就称为随机变量。从随机变量的概念上来理解，可以说在投资项目经济评价中所遇到的大多数变量因素，如投资额、经营成本、产品价格、项目寿命期等，都属于随机变量的范畴，因而主要根据它们计算出来的经济评价指标也都是随机变量，所以项目净现值也是一个随机变量。

期望值是反映随机变量取值的平均值。但这个平均值绝不是一般意义上的算术平均值，而是以随机变量各种取值的概率为权重的加权平均值。如前面所谈到的随机变量 X，它的期望值就不是1，而是 $0\times0.3+1\times0.5+2\times0.2=0.9$。

一般来讲，期望值的计算公式可表达为

$$E(X)=\sum_{i=1}^{n}x_ip_i \tag{2-42}$$

式中 $E(X)$ ——随机变量 X 的期望值；

x_i ——随机变量 X 的各种取值；

p_i —— X 取值 x_i 时所对应的概率值。

根据期望值的计算式（2-42），可以很容易地推导出项目净现值的期望值的计算公式为

$$E(NPV)=\sum_{i=1}^{n}NPV_iP_i \tag{2-43}$$

式中 $E(NPV)$ ——净现值的期望值；

NPV_i ——每种情况下的净现值；

P_i ——每种情况可能发生的概率值；

NPV_iP_i ——每种情况下的加权净现值。

由式（2-43）可知，将各种情况可能发生的概率分别与其对应的净现值相乘，得出加权净现值；将各种情况下的加权净现值相加，即为期望净现值。期望净现值表示项目净现值以概率为权重的加权平均值，是项目净现值最可能的取值。

【例2-19】 已知某投资方案各种不确定性因素可能出现的数值及对应的概率见表2-6。假定投资发生在期初，各年净现金流量均发生在期末，基准折现率为10%。试用概率法判断项目的可行性及风险情况。

表 2-6　　　　某投资项目数据

投资额		年净收益		计算期	
金额/万元	可能出现的概率	金额/万元	可能出现的概率	数值/年	可能出现的概率
120	0.3	20	0.25	10	1.0
150	0.5	28	0.4	10	1.0
175	0.2	33	0.35	10	1.0

解： 1. 绘出决策树图（图 2-14）。

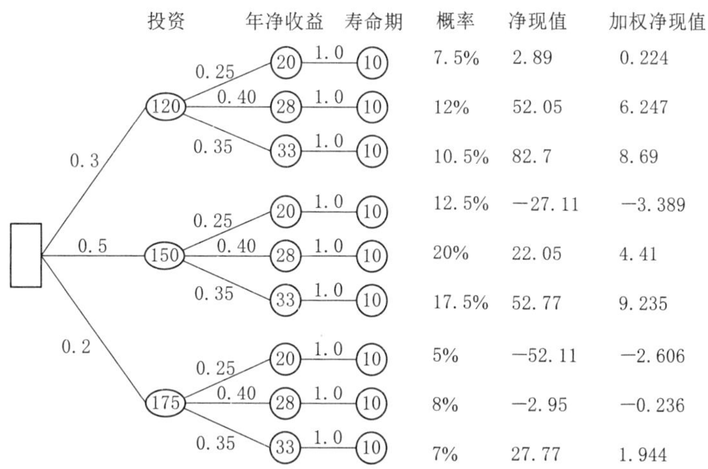

图 2-14　某投资方案决策树图

2. 计算各种可能发生情况下的项目净现值及其概率。

(1) 投资 120 万元，年净收益有三种情况。

第一情况：投资 120 万元，年净收益 20 万元，则此种情况下的净现值为

$$FNPV=-120+20(P/A,10\%,10)=2.89(\text{万元})$$

可能发生的概率为　　$0.3\times0.25=0.075=7.5\%$

加权净现值为　　$2.98\times0.075=0.224$

第二种情况：投资 120 万元，年净收益 28 万元，则此种情况下的净现值为

$$FNPV=-120+28(P/A,10\%,10)=52.06(\text{万元})$$

可能发生的概率为　　$0.3\times0.4=0.12=12\%$

加权净现值为　　$52.06\times0.12=6.247$

第三种情况：投资 120 万元，年净收益 33 万元，则此种情况下的净现值为

$$FNPV=-120+33(P/A,10\%,10)=82.785(\text{万元})$$

可能发生的概率为　　$0.3\times0.35=0.105=10.5\%$

加权净现值为　　$82.785\times0.105=8.69$

(2) 投资 150 万元和投资 175 万元同理分析计算。

3. 计算期望净现值。

将各种情况下的加权净现值相加即得

$$期望净现值=0.224+6.247+8.69-3.389+4.41+9.235-2.606-0.236+1.944=24.52(万元)$$

表 2-7　　净现值累计概率

净现值/万元	累计概率	净现值/万元	累计概率
-52.11	0.050	-2.95	0.255
-27.11	0.175	2.89	0.330

4. 列出净现值小于零的累计概率表（表 2-7），计算净现值大于等于零的累计概率。

由表 2-7 可得净现值小于零的累计概率为

$$P(FNPV<0)=0.255+0.075\times\frac{2.95}{2.95+2.89}=0.293$$

净现值大于等于零的累计概率为

$$P(FNPV\geqslant 0)=1-P(FNPV<0)=1-0.293=0.707$$

由此可知，项目期望净现值为 24.52 万元，各种情况项目净现值大于等于零的累计概率是 70.7%，说明项目风险较小，项目可行。

第四节　方案经济比选

方案经济比选是寻求合理的经济和技术方案的必要手段，也是项目评价的重要内容。建设项目投资决策以及项目可行性研究的过程是方案比选和择优的过程，在可行性研究和投资决策过程中，对一个投资项目一般应有多个待选方案以作比较选优。要比较，就要注意各方案之间应有可比性，即备选方案的整体功能应达到目标要求；备选方案的经济效益应达到可以被接受的水平；备选方案包含的范围和时间一致，效益和费用计算口径一致，如产出、投入、价格、计算期等方面是可比的，否则需通过必要的折算。对一个投资项目的多个备选方案进行比选，要考虑各个方案间的关系，一般备选方案之间存在着三种关系：独立关系、互斥关系、相关关系。

独立关系：是指各个方案的现金流量是独立的，方案间不相关。每个方案采纳与否只取决于自身的经济性，与其他方案无关。

互斥关系：是指各个方案之间存在着互不相容、互相排斥的关系。在多个备选方案中进行比较时，只能选择一个，其余的必须放弃，不能同时存在。

相关关系：是指在各个方案之间，其中某一方案的采用与否会对其他方案的现金流量带来一定的影响，进而影响其他方案的采用或拒绝。

相关关系有正相关和负相关。当一个方案的执行虽然不排斥其他方案，但可以使其效益减少，这时方案之间具有负相关关系，方案之间的比选可以转化为互斥关系。当一个方案的执行使其他方案的效益增加，这时方案之间具有正相关关系，项目之间的比选可以采用独立方案比选方法。

一、效益比选法

效益比选法包括净现值比较法、净年值比较法、差额投资内部收益率比较法。

（1）净现值比较法。比较备选方案的财务净现值或经济净现值，以净现值大的方案为优。此法用于寿命期相同的互斥方案的比选，比较净现值时应采用相同的折现率。

（2）净年值比较法。比较备选方案的净年值，以净年值大的方案为优。此法用于寿命期不相同的互斥方案的比选，比较净年值时应采用相同的折现率。

净年值应按式（2-44）计算：

$$NAV(i)=\left[\sum_{t=0}^{n}(CI-CO)_t(1+i)^{-t}\right]\frac{i(1+i)^n}{(1+i)^n-1} \tag{2-44}$$

式中 $(CI-CO)_t$——第 t 年的净现金流量；

i——折现率；

n——项目计算期。

（3）差额投资财务内部收益率法。用备选方案差额现金流量计算差额投资内部收益率，计算的差额投资财务内部收益率与设定的基准收益率进行对比，当差额投资财务内部收益率大于或等于设定的基准收益率时，以投资大的方案为优，反之投资小的方案为优。此法用于寿命期相同的互斥方案的比选，差额投资财务内部收益率按式（2-45）计算：

$$\sum_{t=1}^{n}[(CI-CO)_{大}-(CI-CO)_{小}]_t(1+\Delta FIRR)^{-t}=0 \tag{2-45}$$

式中 $(CI-CO)_{大}$——投资大的方案的财务净现金流量；

$(CI-CO)_{小}$——投资小的方案的财务净现金流量；

$\Delta FIRR$——差额投资财务内部收益率。

在进行多方案比较时，应先按投资大小，由小到大排序，再依次就相邻方案两两比较，从中选出最优方案。

计算步骤如下：

1）将不同规模的方案按投资大小由小到大顺序排列 1＜2＜3＜…

2）确定基准折现率 i_c（或社会折现率 i_s）。

3）将方案 2 与方案 1 比较，计算这两方案的差额投资财务内部收益率 $\Delta FIRR$。

$$\sum_{t=1}^{n}[(CI-CO)_2-(CI-CO)_1]_t(1+\Delta FIRR)^{-t}=0$$

$\Delta FIRR$ 大于或等于基准收益率，取方案 2（投资大的方案），反之取方案 1。

4）将由方案 1 和方案 2 比选出的方案 1′与方案 3 比较，重复步骤 3)，选出方案 1′与方案 3 两方案的优选方案 2″。

5）依次比选至选出最优方案。

（4）差额投资经济内部收益率法。用经济净现金流量替代差额投资财务内部收益率计算公式中的财务净现金流量，进行比选。

二、费用比选法

费用比选法包括费用现值比较法和费用年值比较法。此比较法适用于寿命期相同、收益相同的多个互斥方案间的比较，其步骤是先计算各个方案的总费用现值或费用年值，然后从中选择总费用现值最低或费用年值最低的方案，即为最优方案。

（1）总费用现值可用式（2-46）计算：

$$T_c=\sum_{t=1}^{n}(1+C-S-W)_t(1+i)^{-t} \tag{2-46}$$

（2）费用年值可用式（2-46）计算：

$$A_c=I\left[\frac{i(1+i)^n}{(1+i)^n-1}\right]-(S+W)\frac{i}{(1+i)^n-1}+C \tag{2-47}$$

以上两式中 I——项目总投资；

S——固定资产残值；

W——流动资金回收；

n——计算期；

i——折现率；

C——年经营成本。

三、计算期不同的互斥方案的比选

计算期不同的互斥方案的比选，需要对各备选方案的计算期进行适当的处理，使各方案在相同的条件下进行比较。常用的有最小公倍数法和研究期法。

（1）最小公倍数法。最小公倍数法又称方案重复法，是以各备选方案计算期的最小公倍数作为各方案的共同计算期，并假设各个方案均在这样一个共同的计算期内重复进行，对各方案计算期内各年的净现金流量进行重复计算，直至与共同的计算期相等。从而计算出在共同的计算期内各个方案的净现值，以净现值较大的方案为最佳方案。

【例2-20】 甲、乙两方案投资、年净现金收益，计算期见表2-8。试用最小公倍数法对两方案进行经济比选。

表2-8　　两方案计算期表

方案	初期投资/万元	年净现值收益/万元	计算期/年	$i=10\%$
甲	100	35	4	
乙	180	45	6	

解： 甲、乙两方案计算期的最小公倍数为12年。

1. 甲方案原计算期为4年，新计算期为12年，将原净现金流量依次重复出现在新的计算期内，见图2-15。

根据图2-15所示现金流量图，计算甲方案在计算期为12年时的财务净现值为

$$\begin{aligned}FNPV_{甲}&=-100-100\times(1+10\%)^{-4}-100\times(1+10\%)^{-8}\\&\quad+35\times\frac{(1+10\%)^{12}-1}{10\%\times(1+10\%)^{12}}\\&=23.53(万元)\end{aligned}$$

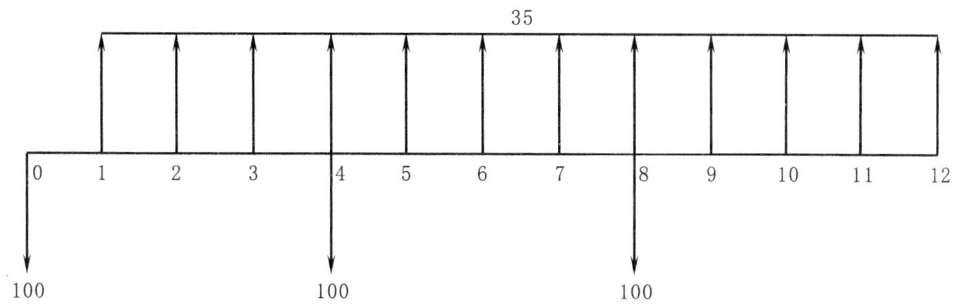

图 2-15　甲方案计算现金流量图（单位：万元）

2. 乙方案原计算期为 6 年，新计算期为 12 年，按甲方案一样计算方法得乙方案在计算期为 12 年时的净现值 $FNPV_{乙}=25.01$ 万元。

通过对两方案在一个共同计算期内财务净现值的计算得知，$FNPV_{乙}>FNPV_{甲}$，所以，乙方案为优。

（2）研究期法。研究期法又称最小计算期法，就是针对计算期不相等的互斥方案，直接选取一个适当的计算期作为各个方案共同的计算期，通过比较各个方案在该计算期内的净现值来比选方案。以净现值最大的方案为最佳方案。其中，计算期的确定要综合考虑各种因素，在实际应用中，为简便起见，往往直接选取诸方案中最短的计算期为各个方案的共同的计算期。

思　考　题

2-1　何谓资金的时间价值？

2-2　某企业向银行贷款，年利率为 9%，复利计息，一个月计息一次，则实际年利率为多少？

2-3　某企业向银行贷款，从第一年到第五年每年贷款 10 万元，贷款年利率为 9%，复利计息，第六年末本利一次偿还，问第六年末应偿还本利和多少？

2-4　某企业拟贷款建设一项目，期初一次性投资，计划在 4 年内（含建设期）收回全部投资。预计该项目从第一年开始每年末能获利 100 万元，银行贷款年利润为 6%，复利计息，则该项目总投资的现值应控制在多少万元以下？

2-5　某工程项目各年的净现金流量见表 2-9，设行业基准收益率 $i_c=8\%$。求该项目静态投资回收期、动态投资回收期、财务净现值和财务内部收益率，并根据财务净现值和财务内部收益率指标判断项目是否可行。

表 2-9　　**某工程项目各年的净现金流量**　　单位：万元

年序	1	2	3	4	5	6	7～16
净现金流量	−1500	−1000	350	500	500	500	500

2-6　何谓项目财务评价与国民经济评价？两者有何异同？

2-7 财务评价的内容有哪些？相应的评价指标有哪些？各指标如何进行计算与分析评价？

2-8 社会折现率的定义、经济含义和作用是什么？

2-9 行业基准收益率的经济含义和作用是什么？

2-10 不确定性分析的方法有哪些？

第三章 项目建议书及可行性研究阶段投资决策

项目实施前的立项工作主要是项目建议书和可行性研究，这两个阶段的工作关系到项目是否有必要实施以及是否可以实施，从投资控制角度是节约投资可能性最大的阶段。因此，要从技术经济和协调发展的角度，对项目的实施作出科学的决策。

第一节 项目建议书和可行性研究

一、项目建议书

（一）项目建议书的作用

项目建议书是国家基本建设程序中的一个重要阶段，是对拟进行建设项目的初步说明，是项目兴建的第一个建设性提议，是对拟建项目的建设轮廓提出的一个初步设想，是项目建设的第一个阶段。项目建议书通常将作为工程立项和开展可行性研究工作的依据。项目建议书通过，才可以进行项目建设的下一个阶段的可行性研究工作。

水利工程项目建议书是根据国家和地区经济社会发展规划，批准的江河流域（河段）、区域综合规划或专业、专项规划，以及水利发展中长期规划，按照国家方针政策、国家有关投资建设方针及有关技术标准，本着轻重缓急的原则，从中选择开发建设项目。对拟选的项目的建设条件进行调查，做些必要的勘测工作，论证建设该工程项目的必要性，提出开发任务，对工程的建设方案和规模进行分析论证，评价项目建设的合理性。重点论证项目建设的必要性、建设规模、投资和投资措施方案。对涉及国民经济发展和规划布局的重大问题应进行专题论证。项目建议书是在江河流域、地区或专业水利规划的基础上编写的，应符合国家和地区的经济发展规划，并提出项目开发的目标和任务。

（二）项目建议书的内容

1. 项目建议书主要内容

（1）论证项目建设的必要性，基本确定工程任务及综合利用工程各项任务的主次顺序。明确本项目开发建设对河流上下游及周边地区其他水工程的影响。

（2）基本确定工程场址的主要水文参数和成果。

（3）基本查明影响工程场址（坝址、闸址、泵站）及输水线路比选的主要工程地质条件，初步查明主要建筑物的工程地质条件。对天然建筑材料进行初查。

（4）基本选定工程规模、工程等级及设计标准和工程总体布局。

（5）基本选定工程场址（坝址及闸、厂、站）和线路，基本选定坝型，初步选定工程总体布置方案及其他主要建筑物型式。

(6) 初步选定机电及金属结构的主要设备型式与布置。

(7) 基本选定对外交通运输方案，初步选定施工导流方式和料场，拟定主体工程主要施工方法和施工总布置及总工期。

(8) 基本确定工程建设征地的范围，基本查明主要淹没实物，拟定移民安置规划。

(9) 分析工程建设对主要环境保护目标的影响，提出环境影响分析结论、环境保护对策措施。

(10) 分析工程建设对水土流失影响，初步确定水土流失防治责任范围、水土流失防治标准和水土保持措施体系及总体布局。

(11) 分析工程能源消耗种类、数量和节能设计的要求，拟定节能措施，对节能措施进行节能效果综合评价。

(12) 基本确定管理单位的类别，拟定工程管理方案，初步确定管理区范围。

(13) 编制投资估算。

(14) 分析工程效益、费用和贷款能力，提出资金筹措方案，评价项目的经济合理性和财务可行性。

(15) 结论与建议。

2. 项目建议书其他附件

(1) 有关规划的审查审批意见及与工程有关的其他重要文件。

(2) 相关专题论证、审查会议纪要和意见。

(3) 水文分析报告。

(4) 工程地质勘察报告。

(5) 工程建设必要性和规模论证专题报告。

(6) 工程建设征地补偿与移民安置专题报告。

(7) 贷款能力测算专题报告。

(8) 其他重要专题报告。

(三) 项目建议书编制依据

(1) 水利工程项目建议书应根据国家和地区经济社会发展规划，批准的江河流域（河段）、区域综合规划或专业、专项规划，以及水利发展中长期规划，按照国家方针政策、国家有关投资建设方针及有关技术标准进行编制。

(2) 水利工程项目建议书应按照《水利水电工程项目建议书编制暂行规定》(水规计〔1996〕608号) 及《水利水电工程项目建议书编制规程》(SL 617—2013) 编制。

(3) 项目建议书编制一般由政府委托有相应资格的勘测设计单位承担，招标条件具备的要按照国家有关规定采取招投标的方式，择优选择设计单位。并按国家现行规定权限向主管部门申报审批。

(四) 项目建议书的评估

项目建议书的评估是建设项目在项目建议书阶段不可缺少的步骤。项目评估是由项目的审批部门委托专门评估机构，从全局出发，依据国民经济的发展规划、国家的有关政策、法律、规程规范，对项目建议书就项目建设的必要性、建设布局的合理性，从技术、环境保护、财务、经济等方面的可行性进行多目标综合分析，提出评估意见，报国家审批部门审批。属于中央投资、中央与地方合资的大中型和限额以上项目的项目建议书的评估工作由中国国际工程咨询公司负责。项目评估的机构及人员必须遵循客观、公正、公平、实事求是的原则。

项目评估为国家决策提供重要依据，通过项目评估使国家对投资估算、资金使用了解更加具体，对宏观控制起到了指导作用，同时，项目评估也是防范信贷等风险的重要手段。

（五）项目建议书的审查和批复

中央大中型水利基本建设项目的项目建议书上报后由水利部组织技术审查，其他中央项目的项目建议书由水利部或委托流域机构等单位组织技术审查。

地方大中型水利基本建设项目，根据《关于下放政府出资水利项目审批事项的通知》（发改农经〔2017〕2296号），主要包括新建库容10亿m^3及以上或坝高大于70m的大型水库、大型引调水、大江大河（大湖）干流重点河段治理、重要蓄滞洪区建设，以及其他涉及跨国界河流、跨省（区、市）水资源配置调整和按规定需报国务院审批的重大项目。项目建议书由省级计划主管部门报送国家发展和改革委员会（简称国家发展改革委），并抄报水利部和流域机构，由水利部或委托流域机构负责组织技术审查。地方其他水利基本建设项目项目建议书完成后由省级水行政主管部门组织技术审查；其中省际边界工程，须由流域机构组织对项目建议书进行技术审查。

大中型水利基本建设项目的项目建议书经技术审查后，由水利部提出审查意见，报国家发展改革委审批；其他中央项目的项目建议书由水利部或委托流域机构审批；其他地方项目，使用中央补助投资的由省有关部门按基本建设程序审批；涉及省际水事矛盾的地方项目，项目建议书应报经流域机构审查、协调后再行审批。

项目建议书批准后，未能在3年内按条件报送下一程序文件的，需重新编报项目建议书。

二、项目可行性研究

项目可行性研究是在项目建议书批准后，对项目有关的技术、经济、社会、环境和节水节能等多方面进行进一步的调查研究，通过多方案比较，对项目在技术上是否可行和经济上是否合理进行科学的分析和论证，为项目投资决策提供依据。

水利水电工程可行性研究是在流域综合规划和项目建议书批准的基础上，对工程项目涉及的范围内进行较详细的调查研究和勘测工作，提出可靠的基础资料，对工程建设项目在技术、经济、社会、环境和节水节能等方面进行全面分析、科学论证，经多方案综合比较，选定最好的方案，编制可行性研究报告。

在可行性研究中要确定或基本确定建设条件、主要规划指标、工程总布置、建筑物基本结构型式，重点论证工程规模、技术方案、征地移民、环境、投资和经济评价，对重大关键技术问题及其解决方法应进行专题论证。

（一）可行性研究内容

1. 可行性研究报告主要内容

（1）在项目建议书分析工程建设必要性的基础上，应进一步论证工程建设的必要性，确定工程的任务及综合利用工程各项任务的主次顺序。

(2) 确定工程的主要水文参数和水文成果，包括多年平均径流量，不同月份的平均径流量，不同频率的洪峰流量及洪量等。

(3) 查明影响方案比选的主要地质条件，基本查明主要建筑物的工程地质条件，对工程场地的构造稳定性和地表危害性作出评价；对水库的主要地质问题如坍岸、浸没、库区渗漏、诱发地震等作出评价；对主要建筑物地质条件如承载力、抗滑稳定、渗透稳定、边坡稳定等作出初步评价；对天然建筑材料如所需种类、数量、质量等要求进行详查并说明，对各料场的产地、地形地貌、地质条件、开采运输条件等进行简述，并对其储量及质量作出评价。

(4) 确定主要工程规模、工程总体布局、主要指标及效益指标（主要水位、流量、水资源用量等）。

(5) 选定工程建设场址（坝址及闸、厂、站及线路）。

(6) 确定工程等级及设计标准，选定基本坝型，基本选定工程总体布置及其他主要建筑物的型式。

(7) 基本选定机电和金属结构及其他主要机电设备的型式和布置。

(8) 初步确定消防设计方案和主要设施。

(9) 选定对外交通运输方案、料场、施工导流方式及导流建筑物的布置，基本选定主体工程主要施工方法和施工总布置，提出控制性工期和分期实施意见，基本确定施工总工期。

(10) 确定工程建设征地的范围，查明淹没实物，基本确定移民安置规划，估算移民征地补偿投资。

(11) 对主要环境要素进行环境影响预测评价，确定环境保护对策措施，估算环境保护投资。

(12) 对主体工程设计进行水土保持评价，确定水土流失防治责任范围、水土保持措施、水土保持监测方案，依据《水土保持工程工程概（估）算编制规定》（水总〔2003〕67号)、《水利工程营业税改征增值税计价依据调整办法》（办水总〔2016〕132号）估算水土保持投资。

(13) 初步确定劳动安全与工业卫生的设计方案，基本确定主要措施。

(14) 明确工程的能源消耗种类和数量、能源消耗指标、设计原则，基本确定节能措施。

(15) 确定管理单位类别及性质、机构设置方案、管理范围和保护范围等。

(16) 编制投资估算。

(17) 分析工程效益、费用和贷款能力，提出资金筹措方案，分析主要经济评价指标，评价工程的经济合理性和财务可行性。

2. 可行性研究报告其他附件

(1) 项目建议书批复文件及与工程有关的其他重要文件。

(2) 相关专题论证、审查会议纪要和意见。

(3) 水文分析报告。

(4) 工程地质勘察报告。

(5) 工程规模论证专题报告。

（6）工程建设征地补偿与移民安置规划报告。

（7）环境影响评价报告书（表）。

（8）水土保持方案报告书。

（9）贷款能力测算专题报告。

（10）其他重大关键技术专题报告。

（二）可行性研究报告编制依据

水利工程可行性研究报告应按照《水利水电工程可行性研究报告编制规程》（SL 618—2013）编制。项目可行性研究报告编制依据有：

（1）国民经济和社会发展的长期规划与计划，部门、行业、地区的发展规划和计划，国家与地方经济方针政策，以及地方法规等。

（2）经批准的项目建议书。

（3）有国家批准的资源报告，国土开发整治规划。

（4）拟建厂址区的自然、经济、文化、社会基础资料。

（5）《水利水电工程可行性研究报告编制规程》（SL 618—2013）及有关的规程规范。

根据2001年6月18日国家计委颁布的《建设项目可行性研究报告增加招标内容以及核准招标事项暂行规定》（国家计委第9号令），可行性研究报告上报应增加招标的内容，主要包括招标范围、招标组织形式、招标方式等。

（三）可行性研究报告的评估

可行性研究报告的评估是建设项目非常重要的程序，同样由项目审批部门委托有资质的工程咨询单位进行评估，但与项目建议书的评估不同，评估内容重点有所侧重。项目建议书主要从项目建设的必要性、初拟的建设规模和总布置、资金筹措方案、初步评价工程建设的合理性。而可行性研究报告的评估，首先对其所提供的基本资料、地质、水文成果、工程涉及地区的经济社会情况的可靠性、真实性进行全面审核；就项目的必要性、技术上的可行性、财务经济的合理性，从国家经济社会发展的角度和相关的法规、规程规范的执行进一步提出评估意见；对其投资估算筹措方式、贷款偿还能力、建设工期以及工程对环境的影响、防范风险措施提出评估意见和建议。此外，对项目招标的组织形式、招标方式等提出参考意见，最后还应对工程建设提出结论性意见和对重大问题的建议。

目前，属于中央投资、中央与地方合资的大中型和限额以上项目的可行性研究报告由中国国际工程咨询公司负责评估。

（四）可行性研究报告的审查与批复

中央大中型水利基本建设项目的可行性研究报告上报后，由水利部组织技术审查；其他中央项目的可行性研究报告，由水利部或委托流域机构等单位组织技术审查。

地方大中型水利基本建设项目的可行性研究报告，由省级计划主管部门报送国家发展改革委，并抄报水利部和流域机构，由水利部或委托流域机构负责组织技术审查。地方其他水利基本建设项目的可行性研究报告完成后由省级水行政主管部门组织技术审查；其中省际边界工程，须由流域机构组织对可行性研究报告进行技术审查。

大中型水利基本建设项目的可行性研究报告，经技术审查后，由水利部提出审查意见，报国家发展改革委审批；其他中央项目的可行性研究报告由水利部或委托流域机构审批；其他地方项目，使用中央补助投资的由省有关部门按基本建设程序审批；涉及省际水事矛盾的地方项目，可行性研究报告应报经流域机构审查、协调后再行审批。

可行性研究报告批准后，未能在3年内按条件报送下一程序文件的，需重新编报项目建议书、可行性研究报告。

在已有的堤防基础上实施的堤防加高加固工程，可直接编写可行性研究报告并申请立项；病险水库除险加固工程立项工作，在流域机构或省（自治区、直辖市）水行政主管部门出具的三类坝鉴定意见和水利部大坝安全管理机构复核意见的基础上进行。总投资2亿元（含2亿元）以上或总库容大于10亿m^3的病险水库除险加固，必须编制可行性研究报告申请立项；总投资2亿元以下的病险水库除险加固，直接编制初步设计报告（水闸除险加固参照执行）；拟列入国家基本建设投资年度计划的大型灌区改造工程、节水示范工程、水土保持、生态建设工程，可在限额之内（3000万元）直接编制应急可行性研究报告并申请立项；小型省际边界工程，可直接编制可行性研究报告并申请立项。

三、项目投资估算

项目投资估算是项目建设所需资金总额的估算。投资估算是编制项目建议书、可行性研究报告的重要组成部分，是项目决策的重要依据之一。

（一）投资估算的依据

（1）经批准的项目建议书投资估算文件。

（2）水利部《水利水电工程可行性研究报告编制规程》（SL 618—2013）。

（3）水利部《水利工程设计概（估）算编制规定》（水总〔2014〕429号）。

（4）水利部《水利建筑工程概算定额》《水利水电设备安装工程概算定额》《水利水电工程施工机械台时费定额》。

（5）可行性研究报告提供的工程规模、工程等级、主要工程项目的工程量等资料。

（6）投资估算指标、概算指标。

（7）建设项目中的有关资金筹措的方式、实施计划、贷款利息、对建设投资的要求等。

（8）工程所在地的人工工资标准、材料供应商价格、运输条件、运费标准及地方性材料储备量等资料。

（9）当地政府有关征地、拆迁、安置、补偿标准等文件或通知。

（10）编制可行性研究报告的委托书、合同或协议。

（二）投资估算的作用

（1）投资估算是项目审批部门审批项目建议书和可行性研究报告的依据之一，对制定项目规划、控制项目规模起参考作用。

（2）投资估算是项目投资决策的重要依据。投资估算是项目建议书和可行性研究报告的重要组成部分，是为选定近期开发项目作出科学决策的重要依据。

（3）投资估算是项目筹资决策的重要依据。投资者可根据批准的投资估算进行资金筹措，确定融资方案。

（4）投资估算对初步设计概算起控制作用。经批准的投资估算是控制初步设计概算静态总投资的最高限额，不得任意突破。初步设计编制的概算静态总投资原则上不得突破已批准的可行性研究报告估算的静态总投资。由于工程项目基本条件发生变化，引起工程规模、工程标准、设计方案、工程量的改变，其静态总投资超过可行性研究报告相应估算静态投资在15%以内时，要对工程变化内容和增加投资提出专题分析报告；超过可行性研究报告估算静态投资15%以上（含15%）时，必须重编可行性研究报告，重新按原程序报批。

（三）投资估算的内容

投资估算应简述投资估算（包括工程部分、建设征地与移民安置、环境保护、水土保持等）的编制原则、依据和成果，以及与上阶段相比投资变化的情况和原因分析。从费用构成来讲应包括项目从筹建、设计、施工直至竣工投产所需的全部费用，分为建设投资和流动资金两部分。项目可行性研究阶段投资估算的编制原则及内容要求如下。

1. 工程部分投资估算内容

工程部分投资估算编制应包括以下内容：

（1）说明采用的编制规定、定额及其他有关规定、编制投资估算的价格水平年，以及主要材料、次要材料、机电和金属结构设备、砂石料等价格的依据。说明其他行业规定及定额颁发的时间、文号与适用条件等。

（2）根据《水利工程设计概（估）算编制规定》（水总〔2014〕429号）和工程类别明确估算项目划分。

（3）分析计算主要材料预算价格，确定次要材料价格，依据施工组织设计计算基础单价和工程单价。

（4）调查分析确定交通、房屋、供电线路等工程造价指标。

（5）调查分析确定机电与金属结构主要设备价格。

（6）利用外资工程的估算，应说明利用外资形式和采用的依据，在全内资估算的基础上结合利用外资形式进行编制。

2. 建设征地移民补偿投资估算内容

建设征地移民补偿投资估算编制应包括以下内容：

（1）说明采用的编制规定、定额及其他有关规定、投资估算价格水平年。

（2）分析确定各类土地补偿、补助标准，确定房屋、附属物等补偿单价。

（3）确定农村居民点、城（集）镇、专业项目、工矿企业、防护工程和库底清理等主要项目的单价和投资。

（4）确定其他费用。

（5）按有关规定计列有关税费。

3. 环境保护工程投资估算内容

环境保护工程投资估算编制应包括以下内容：

（1）说明环境保护工程投资估算编制规定和依据文件。

（2）分别估算环境保护措施投资、环境监测措施投资、仪器设备及安装投资、环境保护临时措施投资等。

4. 水土保持工程投资估算内容

水土保持工程投资估算编制应包括以下内容：

（1）说明水土保持工程投资估算编制规定、定额和相关行业定额。

(2) 根据编制年价格水平，分析计算主要基础单价和工程单价。

(四) 项目可行性研究阶段投资估算编制要点

项目可行性研究阶段投资估算依据《水土保持工程工程概（估）算编制规定》（水总〔2003〕67号)、《水利工程设计概（估）算编制规定》（水总〔2014〕429号)、《水利工程营业税改征增值税计价依据调整办法》（办水总〔2016〕132号)、《水利部办公厅关于调整水利工程计价依据增值税计算标准的通知》（办财务函〔2019〕448号）等文件要求编制工程投资总估算及分年度投资。

可行性研究投资估算组成内容、项目划分和费用构成与设计概算基本相同，但两者设计深度不同。一般依据《水利水电工程可行性研究报告编制规程》（SL 618—2013）对设计概算编制规定进行简化、合并或调整。

设计阶段和设计深度决定了投资估算与设计概算在编制方法和计算标准上有所不同。

1. 编制基础单价

基础单价编制与设计概算相同。

2. 编制建筑、安装工程单价

建筑、安装工程单价编制与设计概算相同，一般采用概算定额，但考虑投资估算工作深度和精度，应乘以扩大系数。其中，砂石备料工程（自采）及混凝土浇筑工程扩大系数为5%，石方工程扩大系数为0，其余建筑、安装工程扩大系数为10%。

3. 编制分部工程估算

(1) 建筑工程。主体建筑工程、交通工程和房屋建筑工程编制方法与设计概算基本相同。其他建筑工程可视工程具体情况和规模按主体建筑工程投资的3%～5%计算。

(2) 机电设备及安装工程。主要机电设备及安装工程基本同概算。其他机电设备及安装工程原则上根据工程项目计算投资，若设计深度不满足要求，可根据装机规模按占主要机电设备费的百分率或单位千瓦指标计算。

(3) 金属结构设备及安装工程，编制方法基本与概算相同。

(4) 施工临时工程，编制方法及计算标准与概算相同。

(5) 独立费用，编制方法及计算标准与概算相同。

4. 分年度投资及资金流量

投资估算由于工作深度仅计算分年度投资而不计算资金流量。

5. 预备费、建设期融资利息、静态总投资、总投资

项目建议书阶段基本预备费率取15%～18%。可行性研究阶段基本预备费率取10%～12%。价差预备费同设计概算。建设期融资利息计算方法同设计概算。投资估算表格基本与设计概算相同。

第二节 项目资金筹措

项目资金筹措指建设项目根据其建设活动和资金结构的需要，通过一定的筹资渠道，采用适当的方式，获取所需资金的各种活动的总成。项目资金主要包括项目资本金和项目债务资金。项目资金筹措渠道和方式见表3-1。

表 3－1　**项目资金筹措渠道和方式**

<table>
<tr><th>资金筹措类别</th><th colspan="3">筹措渠道</th></tr>
<tr><td rowspan="6">项目资本金</td><td>国家预算内投资</td><td colspan="2">包括：国家预算、地方财政、主管部门和国家专业投资拨给或委托银行贷给建设单位的基本建设拨款及中央基本建设基金，拨给企业单位的更新改造拨款以及中央财政安排的专项拨款中用于基本建设的资金</td></tr>
<tr><td>自筹投资</td><td colspan="2">建设项目自筹资金来源必须正当，应上缴财政的各项资金和国家有指定用途的专款以及银行贷款、信托投资、流动资金不可用于自筹投资；自筹投资必须纳入国家计划，并控制在国家确定的投资总规模以内；自筹投资要符合一定时期国家确定的投资使用方向</td></tr>
<tr><td rowspan="2">发行股票</td><td>种类</td><td>优先股和普通股</td></tr>
<tr><td>特点</td><td>是一种有弹性的融资方式；股票无到期日；可降低公司负债比率；资金成本高（股息和红利需在税后利润中支付）；增发普通股需给新股东投票权和控制权</td></tr>
<tr><td>吸收国外资本直接投资</td><td colspan="2">主要包括与外商合资经营、合作经营、合作开发及外商独资经营等形式。其特点是：不发生债权债务关系，但要让出一部分管理权，并且要支付一部分利润</td></tr>
<tr style="display:none"></tr>
<tr><td rowspan="8">债务筹资</td><td rowspan="2">银行贷款</td><td>定义</td><td>项目银行贷款是银行利用信贷资金所发放的投资性贷款</td></tr>
<tr><td>特别注意</td><td>银行资金的发放和使用应当遵循效益性、安全性和流动性的原则。效益性、安全性、流动性，既相互联系、相互依存，又相互制约、相互矛盾。一般来说，流动性越高，安全性越高，贷款的效益性就越低；相反，效益性越高，流动性和安全性就越低，这就是所谓的风险和收益的对称原则</td></tr>
<tr><td rowspan="2">发行债券</td><td>定义与种类</td><td>债券是借款单位为筹集资金而发行的一种信用凭证，它证明持券人有权按期取得固定利息并到期收回本金。我国发行的债券又可分为国家债券、地方政府债券、企业债券和金融债券等</td></tr>
<tr><td>特点</td><td>支出固定；企业控制权不变；少纳所得税（合理的债券利息可计入成本，实际上等于政府为企业负担了部分债券利息）；固定利息支出会使企业承受一定的风险；发行债券会提高企业负债比率；债券合约的条款常常对企业的经营管理有较多的限制</td></tr>
<tr><td rowspan="3">设备租赁（方式）</td><td>融资租赁</td><td>是设备租赁的重要形式，它将贷款、贸易与出租三者有机地结合在一起</td></tr>
<tr><td>经营租赁</td><td>即出租人将自己经营的出租设备进行反复出租，直至设备报销或淘汰为止的租赁业务</td></tr>
<tr><td>服务出租</td><td>主要用于车辆的租赁</td></tr>
<tr><td>借用国外资金（途径）</td><td colspan="2">外国政府贷款；国际金融组织贷款；国外商业银行贷款；在国外金融市场上发行债券；吸收外国银行、企业和私人存款；利用出口信贷</td></tr>
</table>

一、项目资本金的来源渠道和筹措方式

（一）项目资本金

项目资本金是指在建设项目总投资中，由投资者认缴的出资额，对建设项目来说是非债务性资金，项目法人不承担这部分资金的任何利息和债务；投资者可按其出资的比例依法享有所有者权益。经营性项目筹集的资本金，在项目建设期间和生产经营期间，投资者除依法转让外，不得以任何方式抽走。法律、法规另有规定的，从其规定。

为了深化投资体制改革，建立投资风险约束机制，有效地控制投资规模，提高投资效益，促进国民经济持续、快速、健康发展，按照我国有关法规规定，从1996年开始，对国内各种经营性投资项目试行资本金制度，投资项目资本金占总投资的比例，根据不同行业和项目的经济效益等因素确定。非经营性项目筹集建设资金仍按现行制度管理。

（二）资本金筹措的渠道与方式

1. 既有法人项目资本金筹措

既有法人作为项目法人进行项目资本金筹措，不组建新的独立法人，筹资方案与既有法人公司（包括企业、事业单位等）的总体财务安排相协调。既有法人可用于项目资本金的资金来源分为内、外两个方面。

（1）内部资金来源主要包括：企业的现金、未来生产经营中获得的可用于项目的资金、企业资产变现、企业产权转让等。

（2）外部资金来源主要包括：企业增资扩股、优先股、国家预算内投资等。

2. 新设法人项目资本金筹措

新设法人项目资本金的形成分为两种：一种是在新法人设立时由发起人和投资人按项目资本金额度要求提供足额资金；另一种由新设法人在资本市场上进行融资来形成项目资本金。

按照资本金制度的相关规定，应由投资人就项目发起人认缴或筹集足够的资本金提供给新设法人。至于投资或项目发起人如何筹措这笔资本金，是投资人或项目发起人的自身内部事务。投资人和项目发起人的身份不同（如是政府职能部门或控股的国有公司、民营或外资企业等），其用于资本金投资的资金来源也多种多样，可以是各级政府财政预算内资金、预算外资金及各种专项建设基金，国家授权投资机构提供的资金，也可以是国内外企业、事业单位入股的资金，还可以是社会个人入股的资金等。

新设项目法人项目资本金通常以注册资本的方式投入。有限责任公司及股份公司的注册资本由公司的股东按股权比例认缴，合作制公司的注册资本由合作投资方按预先约定金额投入。如果公司注册资本的额度要求低于项目资本金额度的要求，股东按项目资本金额度要求投入企业的资金超过注册资本的部分，通常以资本公积的形式记账。有些情况下投资者还可以以准资本金方式投入资金，包括优先股、股东借款等。

由初期设立的项目法人进行的资本金筹措形式主要有：

（1）在资本市场募集股本资金。在资本市场募集股本资金可以采取两种基本方式，即私募与公开募集。

（2）合资合作。通过在资本投资市场上寻求新的投资者，由初期设立的项目法人与新的投资者以合资合作等多种形式，重新组建新的法人，或者由设立初期项目法人的发起人和投资人与新的投资者进行资本整合，重新设立新的法人，使重新设立的新法人拥有的资本达到或满足项目资本金投资的额度要求。采用这一方式，新法人往往需要重新进行公司注册或变更登记。

不论以何种方式筹措的资本金，都必须符合国家对资本金来源的要求和限制，符合国家资本金制度的规定。有外商投资的应符合国家有关外商投资的相关规定。

二、项目债务资金的来源渠道和筹措方式

（一）项目债务资金

项目债务资金是指项目投资中除项目资本金外，以负债方式取得的资金。债务资金是项目公司一项重要的资金来源。

债务资金具有以下特点：

（1）资金在使用上具有时间性限制，到期必须偿还。

（2）无论项目的融资主体今后经营效果好坏，均需按期还本付息，从而形成企业的财务负担。

（3）资金成本一般比权益资金低，且不会分散投资者对企业的控制权。

（二）项目债务资金的来源渠道和筹措方式

1. 商业银行贷款

商业银行贷款是我国建设项目获得短期、中长期贷款的重要渠道。国内商业银行贷款手续简单、成本较低，适用于有偿债能力的建设项目。

2. 政策性银行贷款

政策性银行贷款是指为了支持一些特殊的生产、贸易、基础设施建设项目，提供政策性银行贷款。政策性银行贷款利率通常比商业银行贷款利率低。我国的政策性银行有中国进出口银行和中国农业发展银行。国家开发银行原来也属于政策性银行，但在2008年年底改制后，成为开发性金融机构，为实现国家中长期发展战略提供投融资服务和开发性金融服务。

3. 外国政府贷款

外国政府贷款是一国政府向另一国政府提供的具有一定的援助或部分赠予性质的低息优惠贷款。

外国政府贷款具有以下特点：

（1）在经济上带有援助性质，期限长，利率低，有的甚至无息，一般年利率为2%～4%，还款平均期限为20～30年，最长可达50年。

（2）贷款一般以混合贷款方式提供，即在贷款总额中，政府贷款一般占1/3，其余2/3为出口信贷。

（3）贷款一般都限定用途，如用于支付从贷款国进口设备，或用于某类项目建设。

4. 国际金融组织贷款

国际金融组织贷款是国际金融组织按照章程向其成员国提供的各种贷款。国际金融组

织一般都有自己的贷款政策，只有这些组织认为应当支持的项目才能得到贷款，使用国际金融组织的贷款需要按照这些组织的要求提供资料，并且需要按照规定的程序和方法来实施项目。

5. 出口信贷

出口信贷是设备出口国政府为促进本国设备出口，鼓励本国银行向本国出口商或外国进口商（或进口方银行）提供的贷款。贷给本国出口商的称“卖方信贷”，贷给外国进口商（或进口方银行）的称“买方信贷”。贷款的使用条件是购买贷款国的设备。出口信贷利率通常要低于国际上商业银行的贷款利率，但需要支付一定的附加费用（管理费、承诺费、信贷保险费）。

6. 银团贷款

银团贷款是指多家银行组成一个集团，由一家或几家银行牵头，采用同一贷款协议，按照共同约定的贷款计划，向借款人提供贷款的贷款方式。

银团贷款除具有一般银行贷款的特点和要求外，由于参加银行较多，需要多方协商，贷款过程周期长。使用银团贷款，除支付利息之外，按照国际惯例，通常还要支付承诺费、管理费、代理费等。银团贷款主要适用于资金需求量大、偿债能力较强的建设项目。

7. 企业债券

企业债券是企业以自身的财务状况和信用条件为基础，依照《中华人民共和国证券法》《中华人民共和国公司法》等法律法规规定的条件和程序发行的、约定在一定期限内还本付息的债券。

企业债券代表着发债券企业和债券投资者之间的一种债权债务关系。债券投资者是企业的债权人，不是所有者，无权参与或干涉企业经营管理，但有权按期收回本息。

企业债券融资具有以下特点：

（1）筹资对象广、市场大，但发债条件严格、手续复杂。

（2）债券筹资的利率虽低于银行贷款利率，但发行费用较高，需要支付承销费、发行手续费、兑付手续费及担保费等费用。

企业债券融资适用于资金需求大，偿债能力较强的建设项目。

8. 国际债券

国际债券是一国政府、金融机构、工商企业或国际组织为筹措和融通资金，在国际金融市场上发行的、以外国货币为面值的债券。国际债券的重要特征是债券发行者和债券投资者属于不同的国家，筹集的资金来源于国际金融市场。

发行国际债券的优点是资金规模巨大、稳定、借款时间较长，可以获得外汇资金；缺点是发债条件严格、信用要求高、筹资成本高、手续复杂。

发行国际债券适用于资金需求大，能吸引外资的建设项目。

9. 融资租赁

融资租赁是资产拥有者在一定期限内将资产租给承租人使用，由承租人分期付给一定的租赁费的融资方式。

融资租赁，一般由出租人按承租人选定的设备，购置后出租给承租人长期使用。在租赁期内，出租人以收取租金的形式收回投资，并取得收益；承租人支付租金，用租赁的设备进行生产经营活动。租赁期满后，出租人一般将设备作价转让给承租人。

融资租赁的优点是企业可以不必预先筹集一笔相当于资产买价的资金就可以获得需要资产的使用权。这种融资方式适用于以购买设备为主的建设项目。

总之，建设项目资金可通过多种渠道多种方式筹集，但融资活动具有风险。融资风险有可能使投资者、项目法人、债权人等各方面蒙受损失。所以项目法人应根据自身的财力，结合项目的特性，选择适宜的融资方式。

三、融资模式

(一) BOT融资模式

BOT (Build - Operate - Transfer，建设-运营-移交）是20世纪80年代中后期发展起来的一种项目融资方式，是一种利用外资和民营资本兴建基础设施的新兴融资模式。BOT融资方式在我国成为“特许经营方式”，其含义是指国家或者地方政府部门通过特许经营协议，授予签约方的外商投资企业或本国其他的经济实体组建项目公司，由该公司承担公共基础设施（基础产业）项目的融资、建造、经营和维护。在协议规定的特许期限内，项目公司拥有投资建造设施的所有权，允许向设施使用者收取适当的费用，由此回收项目投资、经营和维护成本并获得合理的回报。特许期满后，项目公司将设施无偿地移交给签约方的政府部门。

实际上，BOT是一类项目融资方式的总称。通常所说的BOT主要包括典型BOT、BOOT及BOO三种基本模式。

1. 典型BOT模式

该模式是政府将一个基础设施项目的特许权授予承包商。承包商在特许期内负责项目设计、融资、建设和运营，并回收成本、偿还债务、获得盈利，特许期结束后将项目的所有权移交政府（图3-1）。

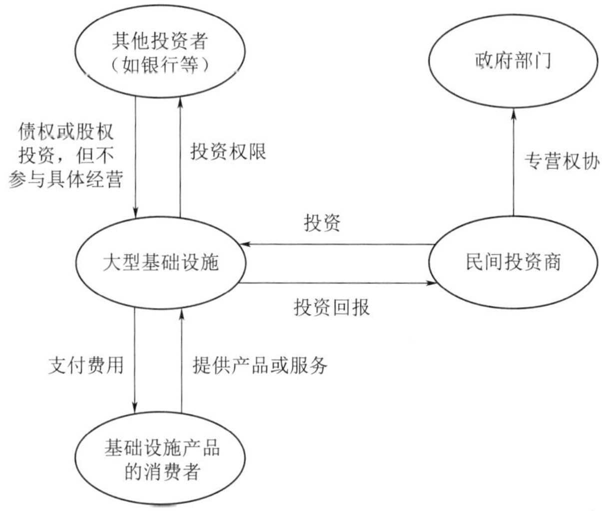

图3-1 BOT运作结构图

2. BOOT 模式

BOOT（Build - Own - Operate - Transfer，建设-拥有-运营-移交）融资模式，项目公司对所建项目设施拥有所有权并负责经营，经过一定期限后，再将该项目移交给政府，是由 BOT 演变的一种投资方式。BOOT 是一种连投资带承包的方式，长线受益，回报高。但同时对于对承包商的要求也高：你是投资人，必须管好、用好资金；你是建设方，必须保证项目进度和质量；你是运营商，必须保证赢利。

3. BOO 模式

BOO（Build - Own - Operate，建设-拥有-运营）融资模式，项目公司不必将项目移交给政府，目的主要是鼓励项目公司从项目全寿命期的角度合理建设和经营设施，提高项目产品或服务质量，追求全寿命期的总成本降低和效率的提高，使项目的产品或服务价格更低。

除上述三种基本模式外，BOT 还有十余种演变模式，如 BT（Build - Transfer，建设-移交）、BTO（Build - Transfer - Operate，建设-移交-运营）等。

（二）TOT 融资模式

TOT 融资模式即移交-经营-移交。TOT 方式是国际上较为流行的一种项目融资方式，通常是指政府部门或国有企业将建设好的项目的一定期限的产权或经营权，有偿转让给投资人，由其进行运营管理；投资人在约定的期限内通过经营收回全部投资并得到合理的回报，双方合约期满之后，投资人再将该项目交还政府部门或原企业的一种融资方式。

（三）ABS 融资模式

ABS 融资模式是以项目所属的资产为支撑的证券化融资方式，即以项目所拥有的资产为基础，以项目资产可以带来的预期收益为保证，通过在资本市场发行债券来募集资金的一种项目融资方式。

（四）PPP 项目融资

PPP（Private - Public Partnership）即公共部门与私人企业合作模式，是指政府、营利性企业和非营利性企业以某个项目为基础而形成的相互合作关系的模式。它是一种新型的建设模式。从金融机构的角度来看，PPP 是一种新型的基础设施投融资模式，也是一种新的工程承包模式，更是中国企业的新型境内外投融资模式，是一种合作共赢的模式。通过这种合作模式，合作各方可以得到比单独行动更有利的结果。合作各方参与某个项目时，政府并不是把项目的责任全部转移给私人企业，而是由参与合作的各方共同承担责任和融资风险，同时实现利益共享，为社会提供公共产品和服务（图 3 - 2）。

1. PPP 模式特点

（1）将私人部门引入公共领域，从而提高了公共设施服务的效率和效益，促进了政府管理的改革。

（2）避免了公共基础设施项目建设超额投资、工期拖延、服务质量差等弊端。

（3）项目建设与经营的部分风险由特殊目标公司承担，实现了政府融资风险的转移。

（4）利用私营合作者所拥有的专业技能，通过 PPP 项目，公众可以得到设计得更好的公共基础设施，可以作为政府解决城市公共基础设施建设中面临的可持续发展问题的有效方式。

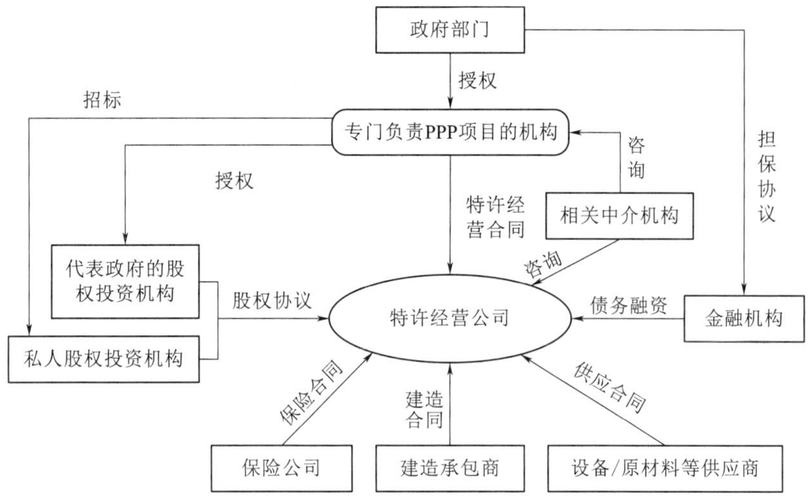

图 3-2　PPP 运作结构图

（5）从宏观的角度看，PPP 通过让私人部门在传统的政府领域发挥比原来更为重要的角色，刺激了经济活动；也使得在一个市场中获得的经验和技巧能够为其他市场所共享，提高了市场的运作效率，为经济的长期发展提供了动力。

2. PPP 项目融资模式的分类

（1）广义 PPP 项目融资模式分类。

1）外包类：项目一般是由政府投资，私人部门承包整个项目中的一项或几项职能，私人部门承担的风险相对较小。

2）特许经营类：项目需要私人参与部分或全部投资，并通过一定的合作机制与公共部门分担项目风险、共享项目收益。项目的资产最终归公共部门保留。

3）私有化类：项目需要私人部门负责项目的全部投资，在政府的监管下，通过向用户收费收回投资实现利润。私人部门在这类 PPP 项目中承担的风险最大。

（2）狭义 PPP 项目融资模式，可以理解为一系列融资模式的总称，包含 BOT、TOT、DBFO 等多种模式。狭义 PPP 更加强调合作过程中的风险分担机制和项目的衡工量值原则。

3. PPP 项目运作模式

PPP 模式的一个典型结构是公共部门与由中标单位组成的特殊目的公司（SPV）签订特许合同，由特殊目的公司负责融资、建设及经营，其实质就是政府通过给予私营公司长期的特许经营权和收益权来换取基础设施建设。PPP 项目运作模式主要有三大步骤：

（1）组建特殊目的公司。针对特定的建设项目，由政府与私营机构组成特殊目的公司。特殊目的公司与政府签订合同后，负责项目设计、融资、建设、运营。特许经营期满后，项目公司移交项目给政府。

（2）政府资金的介入。对于特殊目的公司，政府主要利用专项转移资金作为本金投入，但政府本金仅占总本金的小部分，政府资金的作用主要还是在项目融资阶段发挥增信作用，降低项目融资总成本。

（3）社会资本的介入。社会资金可以入股特殊目的公司，或者特殊目的公司通过银行贷款、发行企业债等方式吸收社会资金参与 PPP 项目建设。

4. 重大水利工程 PPP 项目操作模式

2017 年 12 月国家发展改革委、水利部联合印发《政府和社会资本合作建设重大水利工程操作指南（试行）》，规范社会资本参与重大水利工程建设和运营操作流程，鼓励社会资本优先参与建设运营并明确项目范围。指南指出，除特殊情形外，水利工程建设运营一律向社会资本开放，原则上优先考虑由社会资本参与建设运营。项目范围为政府负有提供责任、需求长期稳定和较适宜市场化运作的重大水利工程项目，包括重点水源工程、重大引调水工程、大型灌区工程、江河湖泊治理骨干工程等。同时，实施框架与国家发展改革委 PPP 工作导则一致，包括项目储备、项目论证、社会资本方选择、项目执行 4 个阶段。

（1）项目储备阶段。水利 PPP 项目需具备相关规划依据。地方各级水行政主管部门汇总整理本地区水利 PPP 项目，并依托投资项目在线审批监管平台（国家重大项目库），建立本地统一、共享的 PPP 项目库，及时向社会发布相关信息，做好项目储备、动态管理、滚动推进、实施监测等工作。

（2）项目论证阶段。对新建项目，其中经济效益较好，能够通过使用者付费方式平衡建设经营成本并获取合理收益的经营性水利工程，一般采用特许经营合作方式。社会效益和生态效益显著，向社会公众提供公共服务为主的公益性水利工程，可通过与经营性较强项目组合开发、授予与项目实施相关的资源开发收益权、按流域或区域统一规划项目实施等方式，提高项目综合盈利能力，吸引社会资本参与工程建设与管护。既有显著的社会效益和生态效益，又具有一定经济效益的准公益性水利工程，一般采用政府特许经营附加部分投资补助、运营补贴或直接投资参股的合作方式，也可按照模块化设计的思路，在保持项目完整性、连续性的前提下，将主体工程、配套工程等不同建设内容划分为单独的模块，根据各模块的主要功能和投资收益水平，相应采用适宜的合作方式。对已建成项目，可通过项目资产转让、改建、委托运营、股权合作等方式将项目资产所有权、股权、经营权、收费权等全部或部分转让给社会资本，规范有序盘活基础设施存量资产，提高项目运营管理效率和效益。对在建项目，也可积极探索引入社会资本负责项目投资、建设、运营和管理。

（3）社会资本方选择阶段。项目实施机构可依法采用公开招标、邀请招标、竞争性谈判等方式，综合考虑投资能力、管理经验、专业水平、融资实力以及信用状况等因素，公开公平公正择优选择社会资本方作为水利 PPP 项目合作伙伴。其中，拟由社会资本方自行承担工程项目勘察、设计、施工、监理以及与工程建设有关的重要设备、材料等采购的，按照《中华人民共和国招标投标法》规定，必须通过招标的方式选择社会资本方。

（4）项目执行阶段。社会资本方与项目实施机构签署水利 PPP 项目合同后，按约定在规定期限内成立项目公司，负责项目建设与运营管理。项目公司可由社会资本方单独出资组建，也可由政府授权单位（不包括项目实施机构）与社会资本方共同出资组建，作为水利 PPP 项目的直接实施主体。

四、水利基本建设资金筹集与管理要求

水利基本建设资金是指纳入国家基本建设投资计划，用于水利基本建设项目的资金。

（一）水利基本建设资金筹集

水利基本建设资金来源包括以下方面：

（1）财政预算内基本建设资金（包括国债专项资金）。

（2）用于水利基本建设的水利建设基金。

（3）国内银行及非银行金融机构贷款。

（4）经国家批准由有关部门发行债券筹集的资金。

（5）经国家批准由有关部门和单位向外国政府或国际金融机构筹集资金。

（6）其他经批准用于水利基本建设项目的资金。

（二）水利基本建设资金管理要求

水利基本建设资金管理要求包括以下方面。

1. 专款专用原则

水利基本建设资金必须按规定用于经批准的水利基本建设项目，不得截留、挤占和挪用。财政预算内水利基本建设资金按规定实行专户存储。

2. 水利基本建设资金按照基本建设程序支付

在项目尚未批准开工以前，经上级主管部门批准，可以支付前期工作费用；计划任务书已经批准，初步设计和概算尚未批准的，可以支付项目建设必需的施工准备费用；已列入年度基本建设支出预算和年度基建投资计划的施工预备项目和规划设计项目，可以按规定内容支付所需费用。在未经批准开工之前，不得支付工程款。

3. 水利前期工作费

水利前期工作费是指水利建设项目开工建设前进行项目规划、可行性研究报告、初步设计等前期工作所发生的费用。项目立项前的前期工作费，由负责此项工作的项目主管部门，按照下达的年度投资计划和基本建设支出预算、批准的前期工作内容、工作进度进行支付；项目立项后的前期工作费，由建设单位（项目法人）负责使用和管理，按勘察设计合同规定的条款支付。水利前期工作费支出，应严格控制在下达的投资计划和批准的工作内容之内，严禁项目主管部门和建设单位截留、挪用和转移前期工作费用。

4. 工程价款

工程价款按照建设工程合同规定条款、实际完成的工作量及工程监理情况结算与支付。设备、材料货款按采购合同规定的条款支付。建设单位与施工、设计、监理或设备材料供应单位签订的合同必须详尽，应包括金额、支付条件、结算方式、支付时间等项内容。

5. 预付款

预付款应在建设工程或设备、材料采购合同已经签订，施工或供货单位提交了经建设单位财务部门认可的银行履约保函和保险公司的担保书后，按照合同规定的条款支付。合同中应详细注明预付款的金额、支付方式、抵扣时间及抵扣方式等项内容。

6. 基本预备费

基本预备费动用，应由建设单位（项目法人）提出申请，报经上级有审批权的部门批准，其使用额度应严格控制在概（预）算所列的金额之内。

7. 国债专项资金

国债专项资金实行“专户管理，部门直接拨付资金”的办法，严格执行专户管理的规定，主管部门应根据项目法人的资金需求计划，向财政部门申请拨付国债专项资金，并根据财政部门核定的拨款，严格按照基本建设支出预算、工程进度以及项目配套资金的到位比例，拨付国债资金。

思 考 题

3-1 简述水利项目建议书和可行性研究报告的主要内容。

3-2 简述投资估算的作用。

3-3 简述项目资本金的来源渠道和筹措方式。

3-4 简述项目债务资金的来源渠道和筹措方式。

3-5 简述水利基建项目资金筹措方式。

3-6 建设项目融资模式有哪几种？分别简述各模式的特点。

第四章　初步设计阶段投资控制

设计阶段的投资控制是项目建设全过程投资控制的重点，其中心思想是预先控制，即在满足质量和功能要求的前提下，使设计概算不超过经批准的项目可行性研究投资估算并尽可能节约投资。通常采用的手段和方法，主要是进行设计方案优选、推行标准设计、推行限额设计，应用价值工程理论对设计进行技术经济比较，从技术和经济两方面来提高项目的经济效益。

第一节　提高设计经济合理性的方法手段

一、设计方案优选

设计方案优选是建设项目设计阶段控制投资的有效方法之一，国内外建设项目建设中已广泛开展使用，对于降低工程费用、缩短项目工期起到了重要作用。

设计方案优选又称设计方案竞赛。设计方案竞赛不存在中标不中标的问题，而是通过竞赛，选取优秀设计方案。设计方案竞赛只宣布竞赛名次。没有名次的适当给予补偿，前几名的方案可加以综合汇总，吸收各方案的优点，做出新的设计方案。作为监理（咨询）工程师，如能在设计方案上为业主作出成绩，使业主得到满意的设计方案，又降低了费用，对后面的施工监理工作是非常有利的。

（一）设计方案优选的广度

设计方案优选涉及的内容是相当广泛的，也就是说设计方案优选的类型比较广泛，某建筑工程设计方案优选的广度见图 4－1。

很多国家对设计方案优选的类型都做了明确的规定，从大的区域规划到小的构件设计都可以采用设计优选。例如构件设计，有些设计人员不一定是构件设计方面的专家，通过构件设计可以评选出优良方案。在设计方案竞赛中，设计方案及建筑模型，一般规定不允许使用颜色，因为人对色彩有偏见，避免因色彩偏见而造成错误的选择。

1. 区域规划
2. 城市建筑规划
3. 风景规划
4. 外围设施规划
5. 建筑物设计
6. 室内空间和设施设计
7. 构件设计

图 4－1　设计方案优选的广度

（二）设计方案优选的深度

设计方案优选的深度，是根据业主的要求决定的，按优选的内容深度可大致划分为以下 3 种：

（1）原则性的方案设想性优选，即对一个规划、设计任务提出基本的设想，提出原则性的方案。

（2）想法（意见）的优选，即对一个规划、设计任务提出一些想法（意见）。

（3）具体实现的优选，即对一个规划、设计任务提出具体的，可以实现的设计方案、可操作性方案。

针对设计目标，可以组织单轮设计方案优选，如进行小区总体规划的设计方案优选或进行单体建筑设计的方案优选，都可组织单轮优选，评选出优秀方案的名次。针对多层次的设计目标，则可以组织多轮设计方案优选。如对一个小区内住房建筑的方案以及住房建筑内部设施的设计方案等不同层次的要求分段组织优选。

设计优选主办单位聘请专家组成评审委员会，对参选方案进行审核，就能否满足设计目的要求，是否符合规划管理的有关规定，以及建造和使用过程的经济性等方面，提出评价意见和候选名单，最后由主办单位的决策者作出评选决策。设计优选的结果是把参赛者分成两类：一类为中奖者，分出一、二、三名；另一类是非中奖者。中奖者得到奖金，非中奖者得到工作的补偿费。如果建设单位利用其设计方案再委托其他单位设计，还应另外给予设计者补偿。

设计优选的第一名往往是设计任务的承担者，但也不是必然的，有时可把前几名中奖方案的优点综合起来，作为确定设计方案的基础，再以一定的方式委托设计，商签设计合同。

二、标准设计

标准设计是指按照国家现行标准规范，对各种建筑、结构和构配件等编制的具有重复作用性质的整套技术文件，经主管部门审查、批准后颁发的全国、部门或地方通用的设计。标准设计是工程建设标准化的一个重要内容，也是国家标准化的一个组成部分。

（一）标准设计的种类

标准设计的种类很多，有一个工厂全厂的标准设计（如火电厂、糖厂、纺织厂和造纸厂等），有一个车间或某个单项工程的标准设计，有公用辅助工程（如供水、供电等）的标准设计，有某些建筑物（如住宅等）、构筑物（如冷水塔等）的标准设计，也有建筑工程某些部位的构配件或零部件（如梁、板等）的标准设计。

标准设计从管理权限和适用范围方面来讲，分为以下3类。

1. 国家标准设计

国家标准设计，简称“国标”，是指对全国工程建设具有重要作用的、跨行业、跨地区的、可在全国范围内统一通用的设计。这种设计由编制部门提出送审文件，报国家发展改革委审批颁发。

2. 部颁标准设计

部颁标准设计，简称“部标”，是指可以在全国各有关行业范围内统一通用的设计。这种设计由各行业主管部门、总局审批颁发。

3. 省、自治区、直辖市标准设计

省、自治区、直辖市标准设计，简称“地方标准”，是指可以在本地区范围内统一通用的标准设计。这种设计由省、自治区、直辖市审批颁发。

（二）标准设计的阶段划分

标准设计一般分为初步设计和施工图设计两个阶段。初步设计阶段，主要是确定设计原则和技术条件，提出在技术经济上合理的设计方案。施工图设计阶段，是根据批准的初步设计，提出符合生产、施工要求的施工图。

（三）标准设计的一般范围

（1）重复建造的建筑类型及生产能力相同的企业、单独的房屋和构筑物，都应采用标准设计或通用设计。

（2）对不同用途和要求的建筑物，按照统一的建筑模数、建筑标准、设计规范、技术规定等进行设计。

（3）当整个房屋或构筑物不能定型化时，应把其中重复出现的部分，如房屋的建筑单元、节间和主要的结构点构造，在配件标准化的基础上定型化。

（4）建筑物和构筑物的柱网、层高及其他构件尺寸的统一化。

（5）建筑物采用的构配件应力求统一化，在基本满足使用要求和修建条件的情况下，尽可能地具有通用互换性。

（四）采用标准设计的意义和作用

标准设计是在经过大量调查研究，反复总结生产、建设实践经验和吸收科研成果的基础上制定出来的，因此在建设项目中积极采用标准设计具有以下意义和作用：

（1）有利于提高设计效率（一般可加快设计速度 1～2 倍），减少重复劳动，缩短设计周期，提高设计质量。

（2）便于采用和推广行之有效的新技术、新成果，能够使工艺定型，容易提高工人的技术水平。

（3）便于贯彻执行各项技术经济政策和各种标准规范及制度。

（4）可以进行机械化、工厂化生产，提高劳动生产率，缩短建设时间，加快建设进度，保证工程质量。

（5）有利于节约建筑材料，降低工程造价，提高经济效益。有人做过统计，标准构件的木材消耗仅为非标准构件的 25%。又据天津市的统计，采用标准构配件，可以降低建筑、安装工程造价 16%。由此可见，推广标准设计，有利于降低工程造价，有效地控制投资。

凡经过批准后颁发的标准设计如无特殊理由，一般不得另编设计。在采用标准设计时，除了为适应施工现场的具体条件对施工图进行某些局部改动外，均不得擅自修改原设计。

（五）水利工程标准设计

由于水利水电建设项目的工程条件非常复杂且多变，如工程地质条件、水文条件等，很少有工程条件完全相同的两个水利水电工程，所以水利水电工程中的大部分建筑物，如大坝、溢洪道，导流洞、厂房等，都无法给出标准设计，只能根据工程的具体情况，依据相应的已颁布的设计规范进行工程设计。即使各有关部门、行业协会和部分地方已经整理汇编过各种中小型水利工程的图集与定型设计，由于存在应用范围狭窄、设计通用性不足、部分设计已落后等问题，难以直接应用于设计工作中。但是，水利水电工程项目建设中的一些单独的房屋建筑和构筑物，具有重复使用性质的构配件等，都应尽可能采用标准设计。实际工程建设中，采用标准设计，对节省设计费用，缩短水利水电工程设计周期，降低水利水电工程造价，具有重大意义。例如，水电站厂房设计中，厂房的楼板、梁、柱、门、窗等，能采用工民建标准设计的，应尽量采用；又如，水利水电工程中的公路、铁路、仓库、办公楼等，都应尽量采用交通运输部、住房和城乡建设部的有关标准设计，这样可以节省设计费用，缩短设计周期。

三、限额设计

建设项目限额设计是按照"按费用设计"的理论和方法进行的，这里首先介绍一下"按费用设计"。

(一) 按费用设计的基本原理

按费用设计（Design To Cost，DTC）的主要目的是要设计出既具有合格的性能，又经济、实用的系统。它强调的是费用应作为与性能、进度同样重要的设计参数。

1. 按费用设计的准则

达到按费用设计目标的关键在于灵活性，要使设计者在达到满足任务目标的配置方面有作出选择与决定的自由。通常应按以下准则来开展这一工作。

(1) 限定所需的性能，但不限定达到预定结果的途径。若有多个性能参数时，应尽量按优先顺序安排，以便给设计单位进行费用目标的权衡中有最大的灵活性。

(2) 限定达到所需使用能力的总时间，但不限定详细的中间阶段。

(3) 在设计过程中应尽早确定费用目标，并在设计过程各阶段中都要把它作为管理目标和设计参数加以评审。

(4) 应当根据给定的生产量和生产率，以不变货币价格限定费用目标值。

(5) 建设项目的进度应留有允许反复的余地，而不应试图一下子就取得全部成功。

2. 按费用设计的程序

按费用设计是一个反复迭代的过程，具体程序见图 4-2。

图 4-2 所示程序的重点如下：

(1) 将费用目标分配到分系统、部件和元件级。

(2) 将分系统费用的估计值与预期值相比较。

(3) 一般不可能一次就使设计方案满足费用指标的要求，因此应当进行费用的重新分配或更改设计，使估计值能满足预期的总费用目标。

上述过程反复迭代并贯穿整个设计与生产过程。费用估计值是指按该设计单位对历史数据和现实情况进行综合分析而估计的费用值。

(二) 限额设计的含义

限额设计就是按批准的可行性研究投资估算控制初步设计，按批准的初步设计总概算控制施工图设计，即将上阶段审定的投资额先行分解到各专业，然后再分解到各单位工程和分部工程。各专业在保证达到使用功能的前提下，按分配的投资限额控制设计，并严格控制设计的不合理变更，保证总投资限额不被突破的工程设计过程。

限额设计是通过合理确定设计标准、设计规模和设计原则，通过合理取定概（预）算

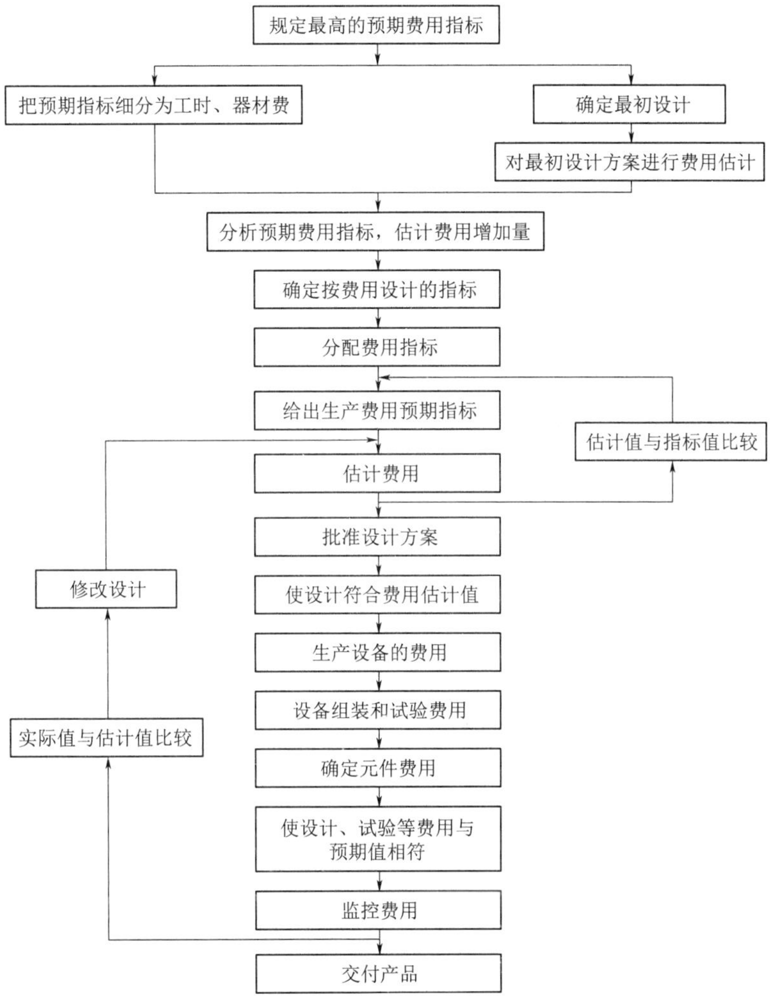

图 4-2　按费用设计的程序图

基础资料，通过层层设计限额，来实现投资限额的控制和管理。限额设计不是一味考虑节约投资，也不是简单的裁减投资，而应该是设计质量的管理目标。

（三）限额设计的控制内容

（1）建设项目从可行性研究开始，便要建立限额设计观念，合理地、准确地确定投资估算，是核定项目总投资额的依据。获得批准后的投资估算，就是下一阶段进行限额设计、控制投资的重要依据。

（2）初步设计应该按核准后的投资估算限额，通过多个方案的设计比较、优选来实现。初步设计应严格按照合同文件要求进行，并要切实、合理地选定费用指标和经济指标，正确地确定设计概算。经审核批准后的设计概算限额，便是下一步施工详图设计控制投资的依据。

（3）施工图设计是设计单位的最终产品，必须严格地按初步设计确定的原则、范围、内容和投资额进行设计，即按设计概算限额，进行施工图设计。但由于初步设计受外部条件，如工程地质、设备、材料供应、价格变化以及横向协作关系的影响，加上人们主观认识的局限性，往往给施工图设计和它以后的实际施工，带来局部变更和修改。合理的修改、变更是正常的，关键是要进行核算和调整，来控制施工图设计不突破设计概算限额。对于涉及建设规模、设计方案等的重大变更，则必须重新编制或修改初步设计文件和初步设计概算，并以批准的修改初步设计概算作为施工图设计的投资控制额。

(4) 加强设计变更的管理工作，对于确实可能发生的变更，应尽量提前实现，以减小损失。对影响工程造价的重大设计变更，更要用先算账后变更的办法解决，这样才能保证设计不突破限额。

(5) 对设计单位实行限额设计，若因设计单位的设计导致投资超支的，应给予处罚，若节约投资，应给予奖励。这方面，国家计委（现为国家发展改革委）有规定，从1991年起，凡因设计单位的错误、漏项或扩大规模和提高标准而导致工程投资超支的，要扣减设计费。

目前，我国大多数设计单位收费，是按照工程总投资的百分比计取的，工程投资越大，设计单位的营业收入也越高，很显然这是不利于设计者主动、能动地考虑投资的节约，故设计者应按建设单位下达的投资限额，进行工程设计。

为保证限额设计的工作能顺利发展，彻底扭转设计概算本身的失控现象，在设计单位内部，首先要使设计与概算形成有机的整体，克服相互脱节的状态。设计人员必须加强经济观念。在整个设计过程中，设计人员要经常检查本专业的工程费用，切实做好控制造价工作。把技术和经济统一起来，在积极推行限额设计的同时，还应清醒地认识到它的不足。

(6) 限额设计中的限额包括投资估算、设计概算、设计预算等，均是指建设项目的一次性投资，而对项目建成后的维护使用费、项目使用期满后的报废拆除费用则考虑较少，这样就可能出现限额设计效果较好，但项目的全寿命费用不一定很经济的现象。

(7) 限额设计由于突出地强调了设计费用限额的重要性，使价值工程中关于提高价值的途径在限额设计中不能得到充分运用，即：造价不变，功能提高；造价稍微提高，功能有更大程度的提高。所以，限额设计的理论和可操作技术应在推行过程中加以完善和改进。

(四) 水利工程限额设计

过去我国水利水电建设，由于主、客观方面的各种原因，有些项目的投资严重失控，工程造价得不到有效控制。早在1988年国家计委就发文要求要控制工程造价，颁发了《关于控制建设工程造价的若干规定》(计委计标〔1988〕30号)。

水利水电工程为了控制项目投资，自1991年1月1日起根据《水利水电工程控制投资开展限额设计的规定》(能源水规〔1990〕677号）试行限额设计。现行水利水电工程限额设计的主要内容有以下几方面。

1. 初步设计总概算

国家批准的水利水电工程初步设计总概算（利用外资项目为批准的内外资总概算，下同）是能源部、水利部、国家能源投资公司及水利水电工程集资各方据以控制工程总投资的最高限额，是投资方和建设单位进行结算工程价款的主要依据。

（1）为控制工程投资，设计单位要对审查批准的工程静态总投资（不包括建设单位、地方承担的项目，下同）超过相应限额承担经济责任，其责任范围包括以下内容：

1）永久建筑工程、永久机电设备及安装工程和金属结构设备及安装工程的工程项目、工程量、设备数量、未计价装置性材料数量的增减、型号、规格变动造成的投资增加（包括设计单位外委的设计项目）。

2）施工导流围堰工程和场内施工交通工程发生的量差造成的投资增加。

3）根据国家规定的现行政策、制度、定额、费用标准确定的投资额度，设计单位未经审批单位同意，违反规定，擅自提高建设和永久机电设备及金属结构标准，增列初步设计范围以外的工程项目等原因造成的投资增加。

4）由于设计单位初步设计工作深度不够，或设计标准选用不当，设计单位提出的主要设计方案与工程量虽经上级主管部门审查原则同意，在技施设计阶段工程量、机电金属结构设备数量及型号规格仍有较大变动且未经原审查部门同意导致的投资增加。

5）未经原审批部门同意，其他部门要求设计单位提高工程建设标准、增加建设项目，并经设计单位出图增加的投资。

6）因水库淹没实物指标调增造成的费用增加。

7）工程科研试验费用超出。

（2）设计单位对以下情况造成的工程投资增加不承担责任：

1）国家政策变动和计划调整。

2）工资物价调整后的价差。

3）与工程无关的不合理摊派。

4）水库淹没处理补偿费、土地征用费标准改变。

5）建设单位和地方承包项目超出国家规定及初步设计审批意见多开支的费用。

6）经原审批部门同意，超出已审批的初步设计范围以外的重大设计变动和建设项目增加。

7）其他单位强行干预设计，而设计单位又提出了不同意的书面意见，并报送了上级主管部门和投资方，仍然发生的工程投资增加。

8）经原审批部门批准补充增加的勘测设计工作量而相应增加的勘测设计科研费。

9）审查单位改变设计单位报审的初步设计中推荐的主要设计方案不当，致使设计方案审定后在技施设计阶段又有较大修改而增加的投资。

10）按勘测设计收费标准规定，不属水利水电设计收费标准范围内的外委设计建设项目，如对外交通、供电线路、通信线路工程等增加的投资。

11）其他特殊情况，如施工过程中发生超标准洪水和地震等所增加的投资。

2. 设计限额

各设计单位要把贯彻执行限额设计的几项规定作为提高设计质量、抵制任意提高建设标准和增加设计项目的依据。

3. 设计最高限额

设计单位应根据国家批准的设计概算静态总投资，作为建设项目设计的最高限额。

（1）节约投资的奖励。在保证工程安全和不降低功能的前提下，通过采用新方案，经鉴定在有效期内的新工艺、新设计、新材料，节约了工程投资，则应根据节约投资额度的大小（以承担责任的工程静态总投资节超相抵计算），对设计单位实行奖励。

1）节约建筑工程投资，按节约投资额度的5%～12%提成。

2）节约永久设备及安装工程投资，按节约投资额度的2%～5%提成。

建筑工程和永久设备的具体提成比例，由建设单位和设计单位在签订设计合同时商定。

设计单位节约工程投资的提成资金，由建设单位会同建设银行对节约工程投资的项目、工程量等按照《水利水电工程设计工程量计算规定》（SL 328—2005）及有关规定进行审查，核定提成额度，提出节约投资报告，由建设单位报经项目投资部门审查同意后，从节约的工程投资中拨付。

（2）如由于设计单位的责任，增加了工程静态投资4%以上时，应根据超过相应概算静态投资的大小实行惩罚。

1）超过限额10%以内者，扣相应比例的设计费，如超过限额5%，扣设计费5%。

2）超过限额10%～20%者，扣相应比例1.5倍的设计费。

3）超过限额20%以上者，扣相应比例2倍的设计费。

4）超过限额30%以上者，如无特殊原因，建议设计证书批准部门降低设计单位的设计等级。

5）设计单位应严格按照《水利水电工程设计工程量计算规定》（SL 328—2005）计算工程量，作为编制设计概算的计量依据。如发现高估冒算，其高估的投资按超过限额计算，情节严重者要通报批评。

4. 限额设计投资计算

限额设计投资的计算，应统一按国家批准的初步设计总概算中采用的工程单价、定额、费用标准、材料设备价格等为依据，在技施设计阶段，每完成一项单位工程或扩大单位工程图纸后，均由设计单位编制相应的限额投资、工程量对照表若干份，连同设计图纸提交建设单位和投资方各两份，并抄送建设银行和概算审查部门各一份核备。经建设单位会同建设银行对工程量、投资对照表及其依据审查同意后，除报投资主管部门审批外，还要退回设计单位一份，作为建设单位与设计单位核算工程投资超过或节约的依据。

5. 设计节奖超罚

（1）国家批准项目立项开工建设以后，建设单位要同设计单位签订设计合同，在合同中应明确规定设计单位应对工程静态总投资负责，实行限额设计和节奖超罚办法，以保证赏罚兑现。在工程总投资节约已基本实现的前提下，设计单位经建设单位主管部门或投资方同意，可按单位工程或扩大单位工程投资总节约额的提成额预分成20%～40%。

（2）设计单独节约或建设、施工单位共同形成的节约投资中属设计节约提成的部分，原则上应全部支付给设计单位，同时在整个工程投资节约中不得重复计算。

（3）设计单位为节约工程投资而增加的勘测、设计、科研、试验费用。可从相应项目节约的工程投资中支付，一般不得超过节约投资额度的5%。

(4) 一个建设项目由两个设计单位共同承担设计任务开展限额设计工作时，应由承担任务较多的设计单位与建设单位签订设计承包合同。工程静态投资节奖超罚应按各自承担的设计项目分别计算。

四、价值工程

价值工程（Value Engineering，VE），又称价值分析，是运用集体智慧和有组织的活动，着重对产品进行功能分析，使之以最低的总成本，可靠地实现产品的必要功能，从而提高产品价值的一套科学的技术经济分析方法。从价值工程的概念来说，价值工程是研究产品功能和成本之间关系问题的管理技术。功能属于技术指标，成本则属于经济指标，它要求从技术和经济两方面来提高产品的经济效益。

（一）价值工程的基本概念

1. 价值

价值工程中所说的价值，是指产品功能与成本之间的比值，即

$$价值(V)=\frac{功能(F)}{成本(C)} \tag{4-1}$$

简写为

$$V=\frac{F}{C}$$

从式（4-1）看出，价值是产品功能与成本的综合反映。价值的高低是评价产品好坏的一种标准。

2. 功能

所谓功能，是指产品所具有的特定用途，即产品所满足人们某种需要的属性。由于产品的功能只有在使用过程中才能最终体现出来，所以某一产品功能的大小、高低，是由用户所承认、决定的。价值工程所说的功能，是指用户所承认、接受的产品的必要功能。

3. 成本

所谓成本，指产品寿命周期的成本，即一个产品使用价值从设计、制造、使用，最后到报废的全部过程。产品寿命周期成本构成见表4-1。

从表4-1看出，产品寿命周期成本包括两部分，即企业付出的制造成本和用户付出的使用成本。用户在购买一个产品时，既要考虑产品的售价（即制造成本），也要考虑使用成本。

表4-1　产品寿命周期成本构成

设计	制造	使用
制造成本 C_1		使用成本 C_2
产品寿命周期成本 $C=C_1+C_2$		

（二）价值工程的主要特征

(1) 价值工程的目标是以实现最低的总成本，使某产品或作业具有它所必须具备的功能。总成本是指寿命周期成本，包括制造成本和使用成本。在价值工程里，强调的是总成

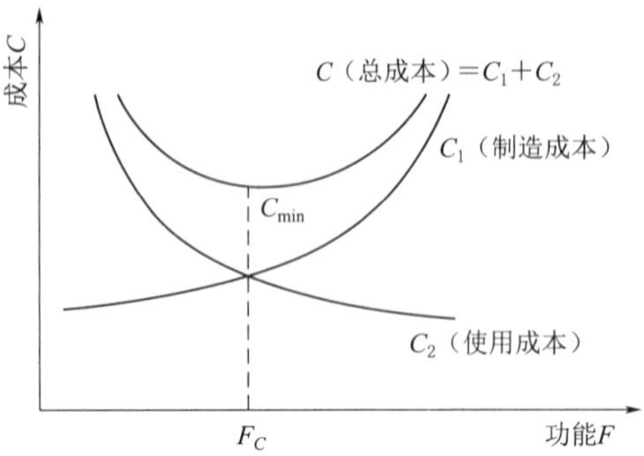

图 4-3 功能与成本的关系

本的降低，即整个系统的经济效果，见图 4-3。从图 4-3 看出，对应于功能 F，产品寿命周期总成本有一个最低点，从价值工程的角度来看，功能 F 和寿命周期成本最小值 C_{min} 是一种技术与经济的最佳结合。

（2）价值工程的核心是对产品或作业进行功能分析，在保证产品或作业质量的前提下，对产品的结构和零部件的功能进行分析研究，排除那些与质量无关的多余功能，从而达到降低成本，提高经济效益的目的。

（3）价值工程是利用有组织的集体智慧来实现其总目标。一种产品从设计到产成出厂，要通过企业内部的许多部门。一个改进方案，从方案提出到进行试验，到最后付诸实现，是依靠集体智慧和力量，通过许多部门的配合，才能体现到产品上，达到提高产品功能和降低成本的目的。

（4）价值工程侧重在产品或作业研制（或设计）阶段开展工作。实践证明，无论新产品开发或老产品改造，设计研制阶段的工作对生产阶段产品的质量和成本影响最大。

（三）提高产品价值的基本途径

全面正确地认识价值工程的特征，有助于把握其本质，发挥其优势，在设计阶段有效地控制投资。从价值与功能、费用的关系式中可以看出有 5 条基本途径可以提高产品的价值。

（1）功能不变，成本降低。在保证产品原有功能不变的情况下，通过降低产品成本来提高产品的价值。

（2）成本不变，功能提高。在不增加产品成本的前提下，通过提高产品功能来提高产品的价值。

（3）成本小增加，功能大提高。通过增加少量的成本，使产品功能有较大幅度的提高，从而来提高产品的价值。

（4）功能小降低，成本大降低。根据用户的需要，通过适当降低产品的某些功能，以使产品成本有较大幅度的降低，从而提高产品的价值。

（5）功能提高，成本降低。运用新技术、新工艺、新材料，在提高产品功能的同时，又降低了产品的成本，使产品的价格有大幅度的提高。

显然，上述 5 条途径，都是从用户角度来考虑的，体现了开展价值工程用户第一原则，因为一项产品的价值最终要由用户作出评价，企业必须从用户角度出发去提高产品的价值。

（四）价值工程的工作程序

设计一个系统或设计一种产品，一般可以是对产品或系统作出决策。对一种产品开展价值工程，其目的是用最低的寿命周期成本实现产品的必要功能。价值工程的实施程序可分为 3 个基本步骤和 12 个具体步骤，详见表 4-2。

表 4-2　　价值工程活动的基本程序

决策的一般程序	价值工程的实施程序		价值工程的提问
	基本步骤	具体步骤	
分析问题	（一）功能定义	1. 选择对象 2. 收集情报 3. 功能定义 4. 功能整理	1. VE 的对象是什么？ 2. 这是什么？ 3. 它的定义是什么？
	（二）功能评价	5. 功能成本分析 6. 功能评价 7. 选择对象范围	4. 它的成本是多少？ 5. 它的价值如何？
综合研究	（三）制定改进方案	8. 创造	6. 还有其他方法实现这一功能吗？
方案评价		9. 概略评价 10. 具体调查 11. 详细评价 12. 提案	7. 新方案的成本是多少？ 8. 新方案能可靠地实现必要功能吗？

我国开发价值工程活动的程序一般定为以下 8 个步骤：

（1）选择 VE 的对象。选择合适的对象，然后进一步确定产品中哪些零件作为重点对象，回答“这是什么？”的提问。

（2）收集情报资料。价值工程活动对象确定以后，就要围绕着活动对象，收集一切对开展 VE 活动有用的技术与经济的情报资料。VE 的目标是提高价值，一般来说情报越多，价值提高的可能性也就越大。因此，在一定意义上可以说，VE 成果的大小取决于情报收集的质量、数量与适宜的时间，即需要注意目的性、可靠性和计划性等原则。

（3）功能分析。功能分析是价值工程的核心。功能分析的目的就是研究产品各组成部分及其之间的相互关系，对零件的功能进行技术和经济两方面的分析，回答“它的作用是什么？”的提问，为功能数量化、进行功能评价、创造方案和实现方案的最优化提供依据。功能分析是通过给选定的对象下功能定义，进行功能分类和整理，根据用户要求的功能，寻求实现功能的最低费用，以便与功能的现实费用进行比较，回答“它的成本是多少？”“它的价值如何？”的提问，从而找出提高价值的对象，并估计改善的可能性。

（4）方案创造。依靠集体的智慧，针对提高价值的对象，提出各种各样的改进设想方案，回答“还有其他方法实现这一功能吗？”的提问。

（5）方案评价。对于在功能分析基础上提出的各种改进设想方案，要运用科学的方法，进行技术可行性和经济可行性的概略评价。通过评选出有价值的改进方案，在此基础上进一步具体化，回答“新方案的成本是多少？”的提问。

（6）试验研究。对具体方案进行技术上的试验和论证，对方案的优缺点作全面的分析研究，以检验方案能否满足预定要求，回答“新方案能可靠地实现必要功能吗？”的提问。

（7）详细评价与实施。对经过上述步骤选出的改进方案，进一步从技术、经济、社会等方面进行详细评价，最后确定最优方案，并将此方案作为正式方案提交有关领导审批，批准后即可组织实施。

(8) VE活动成果评价。方案实施后，必须对成果进行全面评价，以便明确经济效益，不断提高VE活动水平。

(五) 功能评价

1. 功能评价的概念

从VE的工作程序来看，当功能分析明确了用户所要求的功能之后，就要进一步找出实现这一功能的最低费用（也称功能评价值），以功能评价值为基准，通过与实现功能的现实成本相互比较，求出两者的比值（称作功能价值）和两者的差（又称改善期望值）。然后选择功能价值低、改善期望大的功能，作为VE进一步开展活动的重点对象。这一评价功能价值的工作叫作功能评价，它的工作程序如下：

(1) 求算功能的现实成本。

(2) 求功能评价值。

(3) 算出功能价值，选择价值低的功能作为改善对象。

功能评价的公式为

$$V=\frac{F}{C} \tag{4-2}$$

式中 V——功能价值；

F——功能评价值；

C——功能现实成本。

在进行功能评价时，功能的现实费用 C 是用货币表示的。为了使功能评价值 F 与功能现实费用 C 能够可比，我们希望 F 也能够用货币来表示。但是，功能评价值有时是可以求解的，即功能可以用货币来表示，有时却找不到相应的金额来表示。这时功能 F 可以用功能重要性系数来表示，为统一 F 与 C 的定量方法，此时 C 则用费用系数来表示，即

$$V_c=\frac{F_c}{C_c}$$

式中 F_c——功能的重要性系数；

C_c——功能现实费用系数；

V_c——功能价值系数。

在式（4-2）中，一般情况下 $C>F$。功能评价值 F 常常用做功能成本的降低目标（叫做目标成本），而 $C-F$ 即成本降低幅度或改善期望值。按照公式 $V=\frac{F}{C}$ 对功能价值进行评价，结果会出现3种情况：

1) $V=1$，说明 $C=F$，即实现功能的现实成本与实现功能的最低费用相符合，这种情况可认为比较理想。

2) $V<1$，说明 $C>F$，即实现功能的现实成本高于最低成本，应该设法降低现实成本，以提高功能价值。

3) $V>1$，即 $F>C$。遇到这种情况首先应检查一下功能评价值 F 是否确定得当，如果 F 值定得太高，则应降低 F 值。如果 F 值定得合理，还要检查现实成本较低的原因是否由于现实功能不足，如果功能不足就应提高功能适应用户需要。为了提高功能，在必要时也可以提高成本。

2. 功能评价的方法

价值工程作为一种思想，从产生发展至今，仍保持了价值系数的基本特征，而作为一种方法，已由零星的、定性的分析发展为系统的、定量的分析研究，尤其是在功能评价方面形成了几种具有代表性的方法。

（1）价值标准评价方法。这种方法是找出实现某一功能的功能评价值（也称最低成本或目标成本）并与实现功能的目前成本相比较，根据其比值（即功能价值），对这一功能进行评价。这里，把功能转变为货币形式表示，如实际价值标准法、理论价值标准法。

1）实际价值标准法，是一种对现有产品或零件的实际技术经济资料进行广泛调查统计，从中选出功能相同而成本最低的作为功能评价值的方法。其主要步骤如下：

a. 全面收集有关同种功能产品或零件的技术经济资料、功能实现程度及其成本。

b. 统一对比标准，将收集的资料按功能实现程度分级，把功能实现程度基本相同的产品或零件归为一等级。

c. 以横坐标表示功能实现程度，纵坐标表示成本，绘制坐标图，根据功能或实现程度的成本状况，把每个零件或产品标入坐标图内，见图 4－4，每个×代表一个产品零件。

d. 寻找每级功能的最低成本，并把各最低成本点连续起来，以此为基础画出的最低成本线。

e. 按照功能实现程度和最低成本线确定产品或零件的功能评价值（即目标成本），求出降低成本的期望值，见图 4－4。若产品 A 功能实现程度为 F，现实成本点为 C_A，而功能评价值为 C_F，$C_A - C_F$ 为 A 产品降低成本期望值。

2）理论价值标准法，是运用自然科学的某些计算公式，求得实现某产品或零件功能所需的材料数值，进而从理论上计算出所需材料的最低成本，把它作为功能评价值（成本目标）。其主要步骤如下：

a. 分析某产品或零件功能评价值能否用某一自然科学公式进行定量计算，如果可以，就列出有关计算公式。

b. 根据公式，先计算出实现该功能所需材料量，再计算出所需材料的最低成本。

c. 以材料成本为纵轴，以功能实现程度为横轴，画出坐标图。按照功能实现程度和理论成本，把各种材料分别表示在坐标图上，见图 4－5。

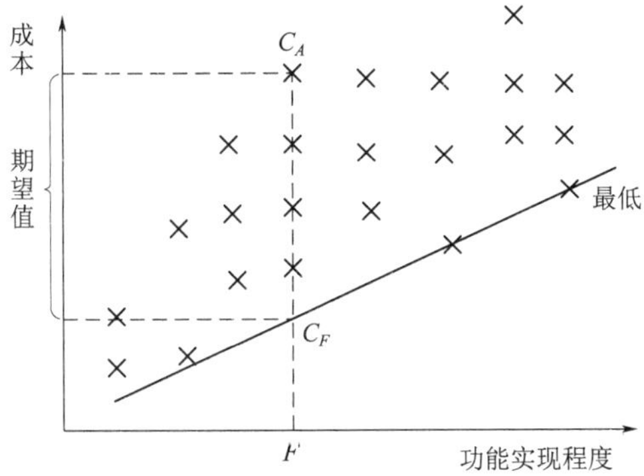

图 4－4　目标成本评价图

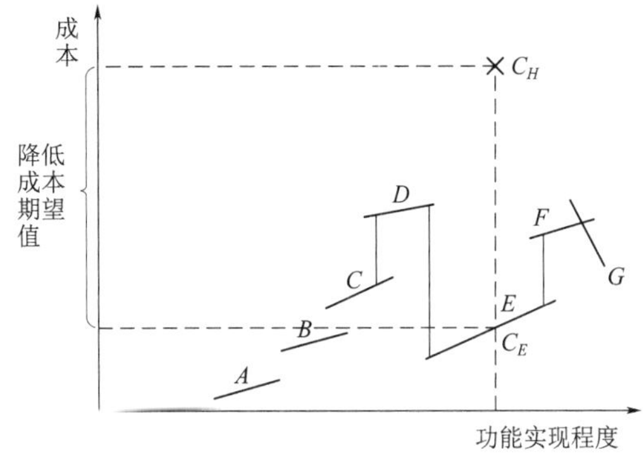

图 4－5　降低成本期望值评价图

d. 求出功能评价值（即目标成本）和期望值，见图 4-5。若某产品功能实现程度为 F，现实材料 H 成本为 C_H，而功能评价值为 C_E，C_H-C_E 为某产品降低成本的期望值。

（2）功能重要性系数评价方法。这种方法是对功能进行对比，依其重要程度评分，得出功能评价系数，并与其成本系数相比较，确定功能评价系数。

（3）“最合适区域”法。这种方法实际上仍是利用价值系数大小来选择改进对象，只是在考虑价值系数相同或相近的零件时，应根据零件功能系数与成本系数绝对值的大小，区别对待。绝对值大的从严控制（允许的“区域小”），绝对值小的可适当放宽（允许的“区域大”）。

（六）价值工程在设计阶段的应用

了解了价值工程的意义、方法和特点，便很容易看出，进行建设的大、小工程项目，都需要投入资金，也都要求获得项目功能。进行项目建设管理的目的就是要以最低的项目总成本，来实现项目所必要的功能，从而获得较高的经济效益。所以，建设项目都可以应用价值工程。在许多经济发达的国家，在进行工程建设中，价值工程已成为一种比较成熟的管理方法，并取得了较大经济效果。目前，价值工程已在世界各国的工程建设中广泛采用。

通过各国在工程建设上应用价值工程，进行功能与成本分析、功能与投资之间的关系分析，获得较好投资效果的实践来看，价值工程在设计阶段的应用具有以下重大的现实意义：

（1）应用价值工程，既可以提高工程功能，又可以降低项目投资。

（2）应用价值工程，可在保证工程功能不变的情况下，降低项目投资。

（3）应用价值工程，可在保证工程主要功能不变、次要功能略有下降的情况下，使项目投资大幅度降低。

（4）应用价值工程，可在项目投资不变的情况下，提高工程功能。

（5）应用价值工程，可在项目投资略有上升的情况下，大幅度提高工程功能。

【例 4-1】 美国 1972 年在进行俄亥俄河大坝枢纽设计中，应用了价值工程，从功能和成本两个方面，对大坝、溢洪道等进行了综合分析。采取增加溢洪道闸门高度的方法，使闸门数量由 17 孔减少到 12 孔，并且改进闸门施工工艺，但大坝的功能和稳定性不受影响，保证具有必需的功能。仅此，大坝建筑投资就节约了 1930 万美元；用在聘请专家等进行价值工程分析的费用，只花费了 1.29 万美元，取得了 1 美元收益接近于 1500 美元的投资效果。

【例 4-2】 上海华东电力设计院承担宝钢自备电厂储灰场长江边围堤筑坝设计任务，原设计为土石堤坝，造价在 1500 万元以上。设计院通过对钢渣物理性能和化学成分分析试验，在取得可靠数据以后，设计人员反复计算，细致推敲，证明用钢渣代替抛石在技术上是可行的。为保险起见，他们先进行了 200m 试验坝（全坝长 2353m），取得成功经验后，再大面积施工。经过设计、施工及生产三方共同努力，长江边国内首座钢渣黏土夹心坝提前一个月建成。建成的大坝稳定而坚固，经受了强台风和长江特高潮位同时袭击而巍然屹立，比原设计方案节省投资 700 多万元，取得了降低投资、保证功能的效果。

由此可见，在设计阶段应用价值工程，对项目的工程设计进行功能与成本的分析，进行功能与费用的分析和评价，可以起到节约投资、提高项目投资的具体收益，今后应大力推广价值工程。

第二节　水利工程设计概算编制及审查

水利工程设计概算是项目初步设计的重要文件，是项目竣工决算的主要依据。概算的编制应依据有关的规定并结合项目的具体条件进行，这里依据《水利工程设计概（估）算编制规定》（水总〔2014〕429号），仅对大中型水利项目的概算编制办法予以介绍，中小型水利项目，或参照或依据省（自治区、直辖市）的有关概（估）算编制办法或规定进行编制。

一、设计概算的作用

设计概算是根据初步设计图纸和有关规定计算出来的工程建设的预期费用，是初步设计的重要文件，用于衡量建设投资是否超过估算并控制下一阶段费用支出。设计概算的主要作用是控制以后各阶段的投资，具体表现为：

（1）设计概算是编制固定资产投资计划、确定和控制建设项目投资的依据。设计概算投资应包括建设项目从立项、可行性研究、设计、施工、试运行到竣工验收等的全部建设资金。按照国家有关规定，编制年度固定资产投资计划，确定计划投资总额及其构成数额，要以批准的初步设计概算为依据，没有批准的初步设计文件及其概算，建设工程不能列入年度固定资产投资计划。

（2）设计概算是控制施工图设计和施工图预算的依据。经批准的设计概算是建设工程项目投资的最高限额。设计单位必须按批准的初步设计和总概算进行施工图设计，施工图预算不得突破设计概算，设计概算批准后不得任意修改和调整；如需修改或调整，必须经原批准部门重新审批。竣工决算不能突破施工图预算，施工图预算不能突破设计概算。

（3）设计概算是衡量设计方案技术经济合理性和选择最佳设计方案的依据。设计部门在初步设计阶段要选择最佳设计方案，设计概算是从经济角度衡量设计方案经济合理性的重要依据。因此，设计概算是衡量设计方案技术经济合理性和选择最佳设计方案的依据。

（4）设计概算是编制招标控制价（招标标底）和投标报价的依据。以设计概算进行招投标的工程，招标单位以设计概算作为编制招标控制价（标底）及评标定标的依据。

（5）设计概算是考核建设项目投资效果的依据。通过设计概算与竣工决算对比，可以分析和考核建设工程项目投资效果的好坏，同时还可以验证设计概算的准确性，有利于加强设计概算管理和建设项目的造价管理工作。

二、设计概算的编制依据

（1）国家及省（自治区、直辖市）颁发的有关法令法规、制度、规程。

（2）《水利工程设计概（估）算编制规定》（水总〔2014〕429号）。

(3) 水利行业项目法人管理部门颁发的概算定额和有关行业项目法人管理部门颁发的定额。

(4)《水利水电工程设计工程量计算规定》(SL 328—2005)。

(5) 初步设计文件及图纸。

(6) 有关合同协议及资金筹措方案。

(7) 其他。

三、设计概算的编制方法及步骤

水利工程设计概算一般用概算定额法编制,其具体步骤如下:

(1) 计算概算工程量。

(2) 编制基础单价。

(3) 编制建筑、安装工程单价。

(4) 编制各分部工程概算。

(5) 计算工程各年度预计完成的投资额。

(6) 计算预备费、建设期融资利息、静态总投资、总投资。

四、设计概算编制的项目划分

(一) 水利工程按工程性质划分为三大类

1. 枢纽工程

包括水库、水电站、大型泵站、大型拦河水闸以及其他大型独立建筑物。

2. 引水工程

包括供水工程和设计流量$\geqslant 5m^3/s$的灌溉工程。

3. 河道工程

包括堤防工程、河湖整治工程以及设计流量$<5m^3/s$的灌溉工程和田间工程。

枢纽工程一般为多目标开发项目,建筑物种类比较多,布置相对集中,施工条件较复杂。引水工程和河道工程建筑物种类相对较少,一般呈线性布置,施工条件相对简单。以上三大类工程由于性质不同,在编制概算时,应按水利部现行规定、人工预算单价和有关计费标准加以区别。

(二) 水利工程概算项目划分

水利工程概算项目划分为工程部分、建设征地移民补偿、环境保护工程、水土保持工程 4 部分。具体划分见图 4-6。

各部分概算下设一级项目、二级项目、三级项目。编制概算时,二级、三级项目可根据初步设计阶段的工作深度和工程情况进行增减。

五、水利工程概算内容

水利工程概算由工程部分概算、建设征地移民补偿概算、环境保护工程概算以及水土保持工程概算 4 部分构成。水利工程概算总表见表 4-3。

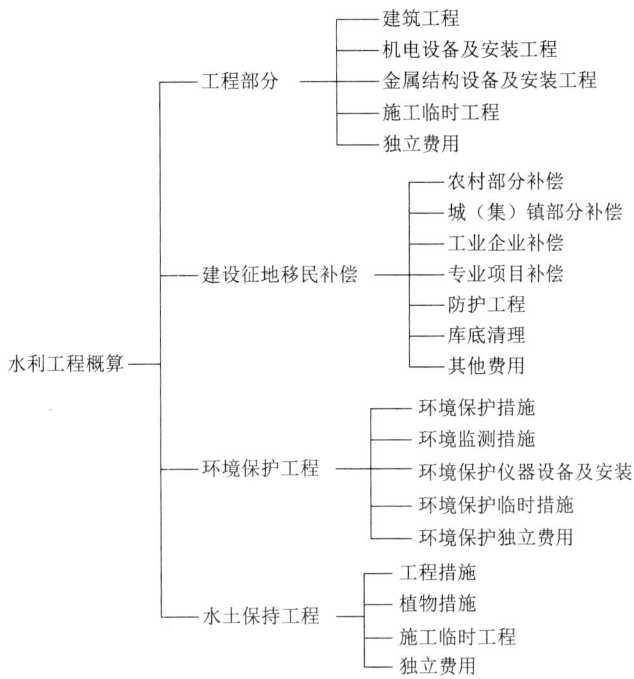

图 4-6 水利工程概算项目划分

表 4-3 **水利工程概算总表** 单位：万元

序号	工程或费用名称	建安工程费	设备购置费	独立费用	合计
Ⅰ	工程部分概算				
一	建筑工程				
二	机电设备及安装工程				
三	金属结构设备及安装工程				
四	施工临时工程				
五	独立费用				
	一至五项小计				
	基本预备费				
	静态投资				
	价差预备费				
	建设期融资利息				
Ⅱ	建设征地移民补偿概算				
一	农村部分补偿费				
二	城（集）镇部分补偿费				
三	工业企业补偿费				
四	专业项目补偿费				
五	防护工程费				

续表

序号	工程或费用名称	建安工程费	设备购置费	独立费用	合计
六	库底清理费				
七	其他费用				
	一至七项小计				
	基本预备费				
	静态投资				
	价差预备费				
	建设期融资利息				
Ⅲ	环境保护工程概算				
一	环境保护措施				
二	环境监测措施				
三	环境保护仪器设备及安装				
四	环境保护临时措施				
五	环境保护独立费用				
	一至五项小计				
	基本预备费				
	静态投资				
	价差预备费				
	建设期融资利息				
Ⅳ	水土保持工程概算				
一	工程措施				
二	植物措施				
三	施工临时工程				
四	独立费用				
	一至四项小计				
	基本预备费				
	静态投资				
	价差预备费				
	建设期融资利息				
	水土保持设施补偿费				
Ⅴ	工程投资总计（Ⅰ+Ⅱ+Ⅲ+Ⅳ）				
	静态总投资				
	价差预备费				
	建设期融资利息				
	总投资				

（一）工程部分概算

工程部分概算划分为5个部分。

（1）建筑工程。

（2）机电设备及安装工程。

（3）金属结构设备及安装工程。

（4）施工临时工程。

（5）独立费用。

第一至第三部分属永久工程，竣工投入运行后承担设计所确定的功能并发挥效益，构成生产运行单位的固定资产。凡永久与临时工程相结合的项目，均列入相应永久工程项目内。

第四部分施工临时工程是指在工程筹备和建设阶段，为辅助永久建筑和安装工程正常施工而修建的临时性工程或采取的临时措施，临时工程的全部投资扣除回收价值后，以适当的比例摊入各永久工程中，构成固定资产的一部分。

第五部分独立费用是应在工程总投资中支出但又不宜列入建筑工程费、安装工程费、设备费，而需要独立列项的费用。

（二）建设征地移民补偿概算

建设征地移民补偿概算划分为7个部分。

1. 农村部分补偿

农村部分补偿包括征地补偿补助，房屋及附属建筑物补偿，居民点新址征地及基础设施建设，农副业设施补偿，小型水利水电设施补偿，农村工商企业补偿，文化、教育、医疗卫生等单位迁建补偿，搬迁补助，其他补偿补助，过渡期补助。

2. 城（集）镇部分补偿

城（集）镇部分补偿包括房屋及附属建筑物补偿，新址征地及基础设施建设、搬迁补助，工商企业补偿，机关事业单位迁建补偿，其他补偿补助等。

3. 工业企业补偿

工业企业补偿包括用地补偿和场地平整、房屋及附属建筑物补偿，基础设施和生产设施补偿，设备搬迁补偿，搬迁补助，停产损失，零星林（果）木补偿等。

4. 专业项目补偿

专业项目补偿包括铁路工程、公路工程、库周交通工程、航运工程、输变电工程、电信工程、广播电视工程、水利水电工程、国有农（林、牧、渔）场、文物古迹和其他项目等。

5. 防护工程

防护工程包括建筑工程、机电设备及安装工程、金属结构设备及安装工程、临时工程，相关费用还包括独立费用和基本预备费等。

6. 库底清理

库底清理包括建（构）筑物清理、林木清理、易漂浮物清理、卫生清理、固体废物清理等。

7. 其他费用

其他费用包括前期工作费、综合勘测设计科研费、实施管理费、实施机构开办费、技术培训费、监督评估费等。

（三）环境保护工程概算

环境保护工程概算划分为5个部分。

1. 环境保护措施

环境保护措施为防止、减免或减缓工程对环境不利影响和满足工程环境功能要求而兴建的环境保护措施，主要有水环境（水质、水温）保护、土壤环境保护、陆生植物保护、陆生动物保护、水生生物保护、景观保护及绿化、人群健康保护、生态需水以及其他（如移民安置环境保护）措施等。

2. 环境监测措施

环境监测措施包括水质监测、大气监测、噪声监测、卫生防疫监测、生态监测等。

3. 环境保护仪器设备及安装

环境保护仪器设备及安装包括为了保护环境和开展监测工作所需的仪器设备及安装，主要有环境保护设备、环境监测仪器设备。

4. 环境保护临时措施

环境保护临时措施包括工程施工过程中为保护施工区及其周围环境和人群健康所采取的临时措施，主要有废（污）水处理、噪声防治、固体废物处置、环境空气质量控制、人群健康保护等临时措施。

5. 环境保护独立费用

环境保护独立费用包括建设管理费、环境监理费、科研勘测设计咨询费和工程质量监督费等。

（四）水土保持工程概算

水土保持工程概算划分为4个部分。

1. 工程措施

工程措施包括为减轻或避免因开发建设造成植被破坏和水土流失而兴建的永久性水土保持工程。主要有拦渣工程、护坡工程、土地整治工程、防洪工程、机械固沙工程、泥石流防治工程、设备及安装工程等。

2. 植物措施

植物措施包括为防治水土流失而采取的植物防护工程、植物恢复工程及绿化美化工程等。

3. 施工临时工程

施工临时工程包括临时防护工程和其他临时工程。临时防护工程指为防止施工期水土流失而采取的各项临时防护措施。其他临时工程指施工期的临时仓库、生活用房、架设输电线路、施工道路等。

4. 独立费用

独立费用包括建设管理费、工程建设监理费、科研勘测设计费、水土流失监测费、工程质量监督费等。

水土保持工程概算除了以上四个部分、预备费和建设期融资利息外，有的还包括水土保持设施补偿费，它是指开发建设项目由于占用、损坏现有水土保持设施而必须缴纳的起补偿作用的费用，属行政性收费项目，计算办法按有关规定执行。

六、基础价格计算

（一）人工预算单价

人工预算单价是指生产工人在单位时间（工时）的费用。根据《水利工程设计概（估）算编制规定》（水总〔2014〕429号文）有关规定，结合水利水电工程特点，分别确定了枢纽工程、引水工程及河道工程人工预算单价标准，划分为工长、高级工、中级工、初级工4个档次，与定额中的劳动力等级相对应。人工预算单价按表4-4标准计算。

表4-4　人工预算单价计算标准　　单位：元/工时

类别与等级	一般地区	一类区	二类区	三类区	四类区	五类区 西藏二类区	六类区 西藏三类区	西藏四类区
枢纽工程								
工长	11.55	11.80	11.98	12.26	12.76	13.61	14.63	15.40
高级工	10.67	10.92	11.09	11.38	11.88	12.73	13.74	14.51
中级工	8.90	9.15	9.33	9.62	10.12	10.96	11.98	12.75
初级工	6.13	6.38	6.55	6.84	7.34	8.19	9.21	9.98
引水工程								
工长	9.27	9.47	9.61	9.84	10.24	10.92	11.73	12.11
高级工	8.57	8.77	8.91	9.14	9.54	10.21	11.03	11.40
中级工	6.62	6.82	6.96	7.19	7.59	8.26	9.08	9.45
初级工	4.64	4.84	4.98	5.21	5.61	6.29	7.10	7.47
河道工程								
工长	8.02	8.19	8.31	8.52	8.86	9.46	10.17	10.49
高级工	7.40	7.57	7.70	7.90	8.25	8.84	9.55	9.88
中级工	6.16	6.33	6.46	6.66	7.01	7.60	8.31	8.63
初级工	4.26	4.43	4.55	4.76	5.10	5.70	6.41	6.73

注　1. 艰苦边远地区划分执行人事部、财政部《关于印发〈完善艰苦边远地区津贴制度实施方案〉的通知》（国人部发〔2006〕61号）及各省（自治区、直辖市）于艰苦边远地区津贴制度实施意见。
2. 西藏地区的类别执行西藏特殊津贴制度相关文件规定。
3. 跨地区建设项目的人工预算单价可按主要建筑物所在地确定，可按工程规模或投资比例进行综合确定。

（二）材料预算价格

材料费是建筑安装投资的重要组成部分。对大中型项目，材料费在建筑安装工程投资中所占比重一般在30%以上，尤其是那些用量多、对总投资影响大的主要材料，如钢材、水泥、木材、粉煤灰、油料、火工产品、电缆及母线等，一般需编制材料预算价格。

材料预算价格是指材料从供应地运到工地分仓库（或堆放场地）的出库价格。材料预算价格一般包括材料原价、运杂费、运输保险费、采购及保管费4项。

1. 主要材料预算价格

材料预算价格＝（材料原价＋运杂费）×（1＋采购及保管费率）＋运输保险费

从工地的材料总库运到分仓库所发生的场内运杂费应计入材料预算价格；而从工地分仓库到各施工点的运杂费用已计入定额内，在材料预算价格中不予计算。

运输保险费＝材料原价×材料运输保险费率

采购及保管费＝（材料原价＋运杂费）×采购及保管费率

采购及保管费按材料运到工地仓库的价格为计算基数，不包括运输保险费。采购及保管费率见表4－5。

表4－5　　采购及保管费率表

序号	材料名称	费率/%	序号	材料名称	费率/%
1	水泥、碎（砾）石、砂、块石	3	3	油料	2
2	钢材	2	4	其他材料	2.5

2. 其他材料预算价格

其他材料预算价格可参考工程所在地区的工业与民用建筑安装工程材料预算价格或信息价，加上材料运送至工地的运杂费。

材料预算价格采用信息价时，实际计算是否增加运杂费，要结合项目的建设地点和信息价的发布地点和覆盖范围，以及项目的实际施工方案确定。

3. 材料补差

主要材料预算价格超过表4－6规定的材料基价时，应按基价计入工程单价参与取费，预算价与基价的差值以材料补差形式计算，材料补差列入单价表中并计取税金。

主要材料预算价格低于基价时，按预算价计入工程单价。

表4－6　　主要材料基价表

序号	材料名称	单位	基价/元	序号	材料名称	单位	基价/元
1	柴油	t	2990	4	水泥	t	255
2	汽油	t	3075	5	炸药	t	5150
3	钢筋	t	2560				

注　按《水利工程营业税改征增值税计价依据调整办法》（办水总〔2016〕132号）。

（三）施工用电、水、风预算价格

施工用电、水、风的价格是编制水利工程投资的基础价格，其价格组成大致相同，由基本价、能量损耗摊销费、设施维修摊销费3部分组成。

1. 施工用电价格

施工用电按用途可分为生产用电和生活用电两部分。生产用电直接进入工程成本，包括施工机械用电、施工照明用电和其他机械用电，构成工程直接费。生活用电是指生活文化福利建筑的室内外照明和其他生活用电。水利工程概（估）算中的电价计算范围仅指生产用电，生活用电因不直接用于生产，应在现场经费内开支或由职工负担，不在施工用电电价计算范围内。

水利工程施工用电一般有两种供电方式，即外购电和自发电。外购电也称电网供电，是指由国家或地方电网和其他电厂供电，是水利工程施工的主要电源；“营改增”后，电网供电价格中的基本电价应不含增值税进项税额。自发电是指由建设单位或施工单位自建柴油发电厂、水力或燃煤发电厂发电，通常用自备柴油发电机组供电，作为自备电源或在用电高峰或紧急情况下使用。“营改增”后，柴油发电机供电价格中的柴油发电机组（台）时总费用应按调整后的施工机械台时费定额和不含增值税进项税额的基础价格计算。

施工用电价格由基本电价、电能损耗摊销费和供电设施维修摊销费组成。

(1) 基本电价，是施工用电电价的主要部分。外购电的基本电价，是指供电部门按国家或地方规定收取的单位供电价格，包括电网电价及各种规定的加价（如电力建设基金、三峡工程建设基金、燃料附加费等加价）。自发电的基本电价，是指发电厂的单位发电成本。

(2) 电能损耗摊销费。外购电的电能损耗摊销费，是指施工单位与供电部门从产权分界处（供电单位收费计量点）起，到现场各施工点最后一级降压变压器低压侧止，在所有输配电线路和变配电设备上所发生的电能损耗摊销费。

自发电的电能损耗摊销费，是指从施工单位自建发电厂的出线侧（或电厂变电站出线侧）至现场各施工点最后一级降压变压器低压侧止，所有变配电设备和输配电线路所发生的电能损耗费用。

(3) 供电设施维修摊销费，指摊入电价的变配电设备的基本折旧费、修理费、安装拆除费、设备及配电线路的运行维护费。规定电压等级（枢纽工程 35kV，引水工程及河道工程 10kV）及以上的变配电设备除外。

电价计算公式为

电网供电价格＝基本电价÷(1－高压输电线路损耗率)
÷(1－35kV 以下变配电设备及配电线路损耗率)
＋供电设施维修摊销费

柴油发电机供电采用自设水泵供冷却水，电价计算公式为

柴油发电机供电价格＝[柴油发电机组(台)时总费用＋水泵组(台)时总费用]
÷(柴油发电机额定容量之和×K)÷(1－厂用电率)
÷(1－变配电设备及配电线路损耗率)＋供电设施维修摊销费

柴油发电机供电如采用循环冷却水，不用水泵，电价计算公式为

柴油发电机供电价格＝柴油发电机组(台)时总费用÷(柴油发电机额定容量之和×K)
÷(1－厂用电率)÷(1－变配电设备及配电线路损耗率)
＋单位循环冷却水费＋供电设施维修摊销费

式中 K——发电机出力系数，一般取 0.8～0.85；
厂用电率——取 3%～5%；
高压输电线路损耗率——取 3%～5%；
变配电设备及配电线路损耗率——取 4%～7%；
供电设施维修摊销费——取 0.04～0.05 元/(kW·h)；
单位循环冷却水费——取 0.05～0.07 元/(kW·h)。

2. 施工用水价格

施工用水价格由基本水价、供水损耗摊销费和供水设施维修摊销费组成。施工用水价格计算的关键是确定各种供水方式的台时总费用及台时总出水量。“营改增”后，施工用水价格中的机械组（台）时总费用应按调整后的施工机械台时费定额和不含增值税进项税额的基础价格计算。

(1) 基本水价。基本水价是根据施工组织设计确定的高峰用水量所配备的供水系统设备，按台时产量分析计算的单位水量的价格。

(2) 供水损耗摊销费。供水损耗是指施工用水在储存、输送、处理过程中的水量损失。在计算水价时，损耗通常以损耗率的形式表示。

$$水量损耗率(\%)=损失水量\div水泵总流量\times100\%$$

(3) 供水设施维修摊销费。供水设施维修摊销费是指摊入单位水价的水池、供水管道等供水设施的维修费用（注：水池、供水管道等供水设施的建安费已计入施工临时工程中的其他临时工程内，不能直接摊入水价成本）。由于该项费用难以准确计算，编制设计概（估）算时，一般可按经验指标 0.02～0.03 元/m^3 摊入水价（原 0.01～0.02 元/m^3）。

$$施工用水价格=水泵组(台)时总费用\div(水泵额定容量之和\times K)\div(1-供水损耗率)+供水设施维修摊销费$$

式中 K——水泵出力系数，又称能量利用系数，可取 0.75～0.85；

供水损耗率——取 6%～8%；

供水设施维修摊销费——取 0.04～0.05 元/m^3。

注：1. 施工用水为多级提水并中间有分流时，要逐级计算水价。

2. 施工用水有循环用水时，水价要根据施工组织设计的供水工艺流程计算。

3. 施工用风价格

水利工程施工用风主要用于石方、混凝土、金属结构和机电设备安装等工程施工时，施工机械（如风钻、潜孔钻、凿岩台车、混凝土喷射机、风水枪等）所需的压缩空气。一般由自建供风系统供给。

压缩空气可由固定式空压机或移动式空压机供给。前者供风量大、风源可靠、成本低，并可根据用风负荷调节风量；后者机动灵活、管路短、损耗少、临时设施简单，但成本较高、风量调节困难。为保证风压，减少管路损耗，顾及施工初期及零星工程用风需要，一般多采用分区布置供风系统，以由多台固定式空压机组成的供风厂为主，并辅以适量的移动式空压机供风。编制设计概（估）算的风价计算时，对分别设置几个供风系统的，应按各系统供风量的比例加权平均计算综合风价。“营改增”后，施工用风价格中的机械组（台）时总费用应按调整后的施工机械台时费定额和不含增值税进项税额的基础价格计算。

施工用风价格由基本风价、供风损耗摊销费和供风设施维修摊销费组成。风价计算公式为

$$施工用风价格=[空气压缩机组(台)时总费用+水泵组(台)时总费用]\div(空气压缩机额定容量之和\times60分钟\times K)\div(1-供风损耗率)+供风设施维修摊销费$$

空气压缩机如采用循环冷却水，不用水泵，则风价计算公式为

施工用风价格＝空气压缩机组（台）时总费用
÷（空气压缩机额定容量之和×60分钟×K）÷（1－供风损耗率）
＋单位循环冷却水费＋供风设施维修摊销费

式中 K——能量利用系数，取0.70～0.85；

供风损耗率——取6%～10%；

单位循环冷却水费——取0.007元/m^3；

供风设施维修摊销费——取0.004～0.005元/m^3。

（四）施工机械使用费

施工机械台时费是指一台施工机械正常工作1小时所支出和分摊的各项费用之和。施工机械使用费根据施工组织设计确定的机械种类和《水利水电施工机械台时费定额》及有关规定计算。

“营改增”及增值税税率调整后，按调整后的施工机械台时费定额和不含增值税进项税额的基础价格计算。施工机械台时费定额的折旧费除以1.13调整系数，修理及替换设备费除以1.09调整系数，安装拆卸费不变。掘进机及其他由建设单位采购、设备费单独列项的施工机械，台时费中不计折旧费，设备费除以1.17调整系数。

1. 施工机械台时费

施工机械台时费定额就是计算建筑安装工程单价中机械使用费的基础价格。现行水利部颁布的施工机械台时费由两类费用组成。

（1）一类费用：分为折旧费、修理及替换设备费（含大修理费、经常性修理费）和安装拆卸费，在定额中以货币金额表示。折旧费是指施工机械在规定寿命期内回收原值的台时折旧摊销费用。修理费指机械使用一定台时，为使机械保持正常功能而进行修理、维护保养、保管等所需的费用。替换设备费指机械正常运转时耗用的替换设备用品及随机使用的工具、附件等费用。安装拆卸费指机械进出入工地的安装、拆卸、试运转和场内转移及辅助设施的摊销费用。部分大型机械的安装拆卸费不在台时费中计列，按现行规定已包括在其他施工临时工程项内。

（2）二类费用：分为人工、动力、燃料及消耗材料，以实物量表示。在施工机械台时费定额中，以台时实物消耗量指标表示。编制台时费时，其数量指标一般不允许调整。该项费用取决于每台时机械的使用情况，只有在机械运转时才发生。人工指机械运转时应配备的机上操作人员；动力、燃料指保持机械正常运转时所需的风、水、电、油、煤及木柴等。

2. 施工机械台时费计算方法

（1）根据施工机械型号、性能等参数，查阅定额可得第一类费用。

（2）根据定额中的人工工时、燃料、动力消耗量及相应工程项目的人工工资单价、材料预算价格计算出第二类费用，即

$$第二类费用=\sum(人工及动力、燃料消耗量\times相应单价)$$

（3）施工机械台时费为第一类费用与第二类费用之和。

（五）砂石料单价

砂石料是砂砾料、砂、碎石、砾石、块石、条石等骨料的统称，是基本建设工程中混凝土和砌石等构筑物的主要建筑材料。砂又称细骨料，粒径小于或等于5mm。卵石、碎石又称粗骨料，粒径大于5mm，卵石由天然砂石料中筛取，碎石用开采岩石或大卵石经人工或机械加工而成。将各级粒径粗骨料颗粒按适当比例配合，使骨料的空隙率及总面积都较小，以减少水泥用量，达到混凝土要求的和易性。混凝土粗骨料级配分为4级，见表4-7。

表4-7　　混凝土粗骨料级配表

级配	最大粒径/mm	粒径组成/mm			
一级配	20	5～20			
二级配	40	5～20	20～40		
三级配	80	5～20	20～40	40～80	
四级配	150（120）	5～20	20～40	40～80	80～150

常用的骨料单价计算方法有两种：一是系统单价法，二是工序单价法。

1. 系统单价法

系统单价法是以整个砂石料生产系统［从原料开采运输起到骨料运至搅拌楼（场）骨料料仓（堆）止的生产全过程］为计算单元，用系统单位时间的生产总费用除以系统单位时间的骨料产量求得骨料单价。系统生产费用中的人工费按施工组织设计确定的劳动组合计算的人工数量，乘以相应的人工单价求得。机械使用费按施工组织设计确定的机械组合所需机械型号、数量分别乘以相应的机械台时单价确定。

2. 工序单价法

工序单价法按骨料生产流程，分解成若干个工序，以工序为计算单元，按现行概算相应定额计算各工序单价，再累计计算成品骨料单价。

骨料生产由覆盖层清除、毛（原）料开采运输、筛洗加工、成品骨料运输、弃料处理等工序组成，天然骨料的工序包括覆盖层清除、毛料开采运输（陆上开采运输、水上开采运输）、预筛分、筛分冲洗、成品骨料运输、弃料处理等。人工骨料的工序包括覆盖层清除、碎石原料开采运输、碎石粉碎、碎石筛分、制砂、成品骨料运输、弃料处理等。

骨料单价的计算步骤如下：

（1）收集料场、工程量、混凝土配合比有关基础资料。

（2）了解生产流程和施工方法（加工工艺流程示意图、主要设备型号、数量）。

（3）确定单价计算的基本参数（覆盖层清除摊销率、弃料摊销率）。

（4）选用现行定额计算各工序单价。

（5）计算成品骨料单价。

块（片）石、条（拱）石、料石单价是指将符合要求的石料运至施工现场堆料点的价格。一般包括料场覆盖（风化层、无用夹层）清除，石料开采、加工（修凿），石料运输、堆存，以及石料在开采、加工、运输、堆存过程中的损耗等。

块（片）石、条（拱）石、料石单价应根据地质报告有关资料和施工组织设计确定的工艺流程、施工方法，选用概算定额中的相应子目计算综合单价。

“营改增”后，自采砂石料单价根据料源情况、开采条件和工艺流程按相应定额和不含增值税进项税额的基础价格进行计算，并计取间接费、利润及税金。对于地方兴建的中小型水利工程，或因当地砂石料缺乏或料场储量不能满足工程需要，或者因砂石料用量较少，不宜自采砂石料时，可从附近砂石料市场采购。外购砂石料单价计算方法与水泥、钢材等主要材料相同。外购砂石料预算价格（不包含增值税进项税额）超过 70 元/m^3 时，应按基价 70 元/m^3 计入工程单价参加取费，预算价格与基价的差额以材料补差的形式进行计算，材料补差列入单价表中并计取税金。

（六）混凝土及砂浆材料单价

混凝土及砂浆材料单价指按混凝土及砂浆设计强度等级、级配及施工配合比配制每立方米混凝土、砂浆所需要的水泥、砂、石、水、掺合料及外加剂等各种材料的费用之和。它不包括拌制、运输、浇筑等工序的人工、材料和机械费用，也不包含搅拌损耗外的施工操作损耗及超填量等。

1. 混凝土材料用量确定

混凝土材料单价在混凝土工程单价中占有较大的比重，各类混凝土施工配合比，是计算混凝土材料单价（或混凝土基价）的基础。初步设计阶段编制设计概算单价时，掺粉煤灰混凝土、碾压混凝土的混凝土材料用量，应按各工程的混凝土级配及施工配合比试验资料计算。初步设计阶段的纯混凝土、掺外加剂混凝土，或可行性研究阶段的掺粉煤灰混凝土、碾压混凝土、纯混凝土、掺外加剂混凝土等，如无试验资料，可参照《水利建筑工程概算定额》附录中“混凝土配合比表”的各种材料用量计算混凝土材料单价。

2. 混凝土及砂浆材料单价计算

混凝土及砂浆材料单价指拌制每立方米混凝土、砂浆所需要的水泥、砂、石、水、掺和料及外加剂等各种材料的费用之和（包括了至搅拌楼进料仓止的材料场内运输及操作损耗费）。“营改增”后，混凝土材料单价按混凝土配合比中各项材料的数量和不含增值税进项税额的材料价格进行计算。

$$混凝土材料单价 = \sum(某材料用量 \times 某材料预算价)$$

当采用商品混凝土时，其材料单价（不含增值税进项税额）应按基价 200 元/m^3 计入工程单价参加取费，预算价格与基价的差额以材料补差形式进行计算，材料补差列入单价表中并计取税金。

七、工程单价

（一）工程单价的概念

工程单价，是指以价格形式表示的完成单位工程量（如 1m^3、1t、1 套等）所耗用的全部费用，包括直接费、间接费、企业利润、材料补差、未计价材料费和税金等 6 部分内容。水利工程概（估）算单价分为建筑和安装工程单价两类，它是编制水利水电工程建安工程投资的基础。

（二）工程单价组成的三要素

建筑安装工程单价由“量、价、费”三要素组成。

量：指完成单位工程量所需的人工、材料和施工机械台时数量。必须根据设计图纸及施工组织设计等资料，正确选用定额相应子目的规定量。

价：指人工预算单价、材料预算价格和机械台时费等基础单价。

费：指按规定计入工程单价的其他直接费、间接费、利润、材料补差和税金等。必须按规定的取费标准计算。

（三）建筑工程单价编制

水利部现行规定的建筑工程单价计算程序见表4-8。

表4-8 建筑工程单价计算程序表

1	直接费	(1)+(2)
(1)	基本直接费	1)+2)+3)
1)	人工费	Σ定额人工工时数×人工预算单价
2)	材料费	Σ定额材料用量×材料预算价格
3)	机械使用费	Σ定额机械台时用量×机械台时费
(2)	其他直接费	(1)×Σ其他直接费率
2	间接费	1×间接费率
3	企业利润	(1+2)×企业利润率
4	材料补差	Σ(材料预算价格－材料基价)×材料消耗量
5	税金	(1+2+3+4)×税率
6	工程单价	1+2+3+4+5

注 建筑工程单价含有未计价材料（如输水管道）时，其单价参照安装工程单价计算。

（四）安装工程单价编制

1. 实物量形式的安装单价

（1）直接费。直接费包括基本直接费和其他直接费两项。

1）基本直接费，包括人工费、材料费和机械使用费三项。

人工费＝定额劳动量(工时)×人工预算单价(元/工时)

材料费＝定额材料用量×材料预算单价

机械使用费＝定额机械使用量(台时)×施工机械台时费(元/台时)

2）其他直接费。

其他直接费＝基本直接费×其他直接费率之和

（2）间接费。

间接费＝人工费×间接费率

（3）企业利润。

企业利润＝（直接费＋间接费）×企业利润率

（4）材料补差。

材料补差＝（材料预算价格－材料基价）×材料消耗量

（5）未计价装置性材料费。主要装置性材料本身的价值在安装定额内并未包括，需要另外计价。所以，主要装置性材料又称为未计价装置性材料。在水利部《水利水电设备安装工程概算定额》（水建管〔1999〕523号文）中，未计价装置性材料的安装费均以实物量形式表示，共有84个子目。

未计价装置性材料费＝未计价装置性材料用量×材料预算单价

（6）税金。

税金＝（直接费＋间接费＋企业利润＋材料补差＋未计价装置性材料费）×税率

（7）安装工程单价。

安装工程单价＝直接费＋间接费＋企业利润＋材料补差＋未计价装置性材料费＋税金

2. 费率形式的安装工程单价编制

（1）直接工程费。

1）基本直接费。

人工费＝定额人工费(%)×地区人工费率调整系数×设备原价

材料费＝定额材料费(%)×设备原价

计价装置性材料费＝定额装置性材料费(%)×设备原价

机械使用费＝定额机械使用费(%)×设备原价

2）其他直接费。

其他直接费＝基本直接费×其他直接费率之和(%)

（2）间接费。

间接费＝人工费×间接费率(%)

（3）企业利润。

企业利润＝(直接工程费＋间接费)×企业利润率(%)

（4）税金。

税金＝(直接费＋间接费＋企业利润)×税率(%)

（5）安装工程单价。

安装工程单价＝直接工程费＋间接费＋企业利润＋税金

八、建筑安装工程概算编制

（一）建筑工程概算编制

建筑工程分为主体建筑工程和非主体建筑工程（包括交通工程、房屋建筑工程、供电设施工程和其他建筑工程），根据不同的设计深度，分别采用不同的方法编制概（估）算。

1. 主体建筑工程

主体建筑工程概算按设计工程量乘以单价进行编制。采用单价法进行编制需注意下列问题。

（1）工程量计算。

1）应遵照《水利水电工程设计工程量计算规定》（SL 328—2005），按项目划分要求，按建筑物的几何轮廓尺寸计算到三级项目。不构成建筑物实体的超挖超填量、施工附加量和各种操作损耗等，均已按现行施工规范和有关规定计入了概算定额，设计工程量中不再另行计算。

2）预算定额中没有考虑超挖超填量、施工附加量和各种操作损耗，在使用预算定额预测造价时，工程量计算应分为两部分：第一部分是按建筑物的几何轮廓尺寸计算的工程量；第二部分是超挖超填量、施工附加量和各种操作损耗。计算第二部分时，既要符合设计规范的允许值，还要充分考虑市场因素和施工企业管理水平，严格控制超挖量。例如，计算隧洞石方开挖工程预算单价时，设计断面的工程量、设计考虑的施工附加量应套用隧洞石方开挖定额计价，施工规范允许范围以内的超挖量应套用隧洞超挖石方定额计价。

（2）混凝土温控。当设计对建筑物混凝土施工有温控要求时，可根据温控措施设计计算其费用，也可以经过分析确定指标，按建筑物混凝土方量进行计算。

（3）其他工程（细部结构）。可按坝型或其他工程型式，参考类似工程分析确定，也可参照水工建筑工程细部结构经验指标计算。概算定额附有参考表，但要结合具体工程的情况，对指标中的子项和指标高低进行增删或调整。

2. 非主体建筑工程

非主体工程可按单价法、指标法或百分率法计算概算投资。

（1）交通工程，交通工程概算投资可按设计工程量乘以单价计算，也可根据工程所在地区造价指标或有关实际资料，采用扩大单位指标计算。其主要内容包括以下几个方面。

1）公路工程，指水利工程的公路工程，其投资按设计提供的里程（km）乘以工程所在地的造价指标估算，或根据设计提供的三级项目工程量，进行单价分析作出概算。也可以按经审核的委托单位专项概算数列入。

2）铁路工程，指水利工程的铁路工程，其投资应按设计提供的里程（km）乘以工程所在地的造价指标估算，或根据设计提供的三级项目工程量，进行单价分析作出概算。同样，也可以按经审核的委托单位专项概算数列入。

3）桥梁工程，指水利工程的桥梁工程，其投资应按设计提供的特征性（延米或座）工程量，乘以工程所在地的造价指标估算，或根据设计提供的三级项目工程量，进行单价分析作出概算。同样，也可以按经审核的委托单位专项概算数列入。

4）码头工程，指水利工程的码头工程，其投资应按设计提供的码头数量，乘以工程所在地的造价指标估算，或根据设计提供的三级项目工程量，进行单价分析作出概算。同样，也可以按经审核的委托单位专项概算数列入。

（2）房屋建筑工程。房屋建筑工程指水利枢纽、水电站、水库等基本建设工程的永久辅助生产厂房、仓库、办公室、宿舍、住宅等生活及文化福利建筑，办公室、生活区内的道路和室外给排水、照明、挡土墙等室外工程，以及未包括在附属辅助设备安装工程内的基础工程等。

辅助生产厂房、仓库、办公室、生活及文化福利建筑的投资均按设计提供的建筑面积和工程所在省（自治区、直辖市）的单位建筑面积造价指标计算。

室外工程指办公室、宿舍、住宅和生活及文化福利建筑等区域内的道路、室外给排水、照明、挡土墙等室外工程，以及未包括在附属辅助设备安装工程内的基础工程等，按房屋建筑工程投资的15％～20％计算。

（3）供电设施工程，根据设计的电压等级、线路架设长度和所需配备的变配电设施要求，采用工程所在地区造价指标或有关实际资料计算。

（4）其他建筑工程，指内外部观测、动力线路（厂坝区），照明线路，通信线路，厂坝区和生活区的供水、供热、排水等公用设施工程，厂坝区的环境建设工程，水情自动测报系统工程及其他。其他建筑工程投资计算可采用主体建筑工程的编制方法，也可采用单位指标法或百分率法编制。编制投资估算时，其他建筑工程一般根据坝型，按主体工程建筑工作量的3.0%～5.0%计算。初步设计则需分项计算。

（二）机电设备及安装工程

1. 枢纽工程机电设备及安装工程

枢纽工程机电设备及安装工程，指构成枢纽工程固定资产的全部机电设备及安装工程。由发电设备及安装工程、升压变电设备及安装工程、公用设备及安装工程3项组成。

（1）发电设备及安装工程。包括水轮机、发电机、主阀、起重机、水力机械辅助设备、电气设备等设备及安装工程。

（2）升压变电设备及安装工程。包括主变压器、高压电气设备、一次接线等设备及安装工程。

（3）公用设备及安装工程。包括通信设备，通风采暖设备，机修设备，计算机监控系统，工业电视系统，管理自动化系统，全厂接地及保护网，电梯，坝区馈电设备，厂坝区供水、排水、供热设备，水文、泥沙监测设备，水情自动测报系统设备，视频安防监控设备，安全监测设备，消防设备，劳动安全与工业卫生设备，交通设备等设备及安装工程。

2. 引水工程及河道工程机电设备及安装工程

引水工程及河道工程机电设备及安装工程，指构成该工程固定资产的全部机电设备及安装工程。一般包括泵站设备及安装工程、水闸设备及安装工程、电站设备及安装工程、供变电设备及安装工程、公用设备及安装工程5项组成。

（1）泵站设备及安装工程，包括水泵、电动机、主阀、起重设备、水力机械辅助设备、电气设备等设备及安装工程。

（2）水闸设备及安装工程，包括电气一次设备及电气二次设备及安装工程。

（3）电站设备及安装工程，其组成内容可参照枢纽工程的发电设备及安装工程和升压变电设备及安装工程。

（4）供变电设备及安装工程，包括供电、变配电设备及安装工程。

（5）公用设备及安装工程，包括通信设备，通风采暖设备，机修设备，计算机监控系统，工业电视系统，管理自动化系统，全厂接地及保护网，厂坝（闸、泵站）区供水、排水、供热设备，水文、泥沙监测设备，水情自动测报系统设备，视频安防监控设备，安全监测设备，消防设备，劳动安全与工业卫生设备，交通设备等设备及安装工程。

3. 灌溉田间工程

灌溉田间工程还包括首部设备及安装工程、田间灌水设施及安装工程等。

（1）首部设备及安装工程，包括过滤、施肥、控制调节、计量等设备及安装工程等。

（2）田间灌水设施及安装工程，包括田间喷灌、微灌等全部灌水设施及安装工程。

（三）金属结构设备及安装工程

金属结构设备及安装工程，指构成枢纽工程、引水上程和河道工程固定资产的全部金属结构设备及安装工程。包括闸门、启闭机、拦污设备、升船机等设备及安装工程，水电站（泵站等）压力钢管制作及安装工程，以及其他金属结构设备及安装工程。

金属结构设备及安装工程的一级项目要与建筑工程的一级项目相对应。

依据投资构成性质，设备及安装工程概算需要编制设备费概算（设备购置费概算）和安装工程费概算。

1. 设备费概算编制

设备费概算是按设计单位选定的设备型号、规格、数量，出厂价、运杂费等来编制的。设备购置费包括设备原价、运杂费、运输保险费和采购及保管费 4 项组成。

（1）设备原价按国产设备和进口设备分别确定。国产设备以出厂价为原价。国产非定型和非标准产品，采用与厂家签订的合同价或询价，经设计单位分析、论证、研究后定价。进口设备以到岸价和进口征收的税金（关税、增值税等）、手续费、商检费及港口费等各项费用之和为进口设备的原价。到岸价采用与厂家签订的合同价或询价，设计单位应该按照概算编制时的具体时间，经分析、研讨后计算。税金、手续费等按现行规定计算。可行性研究和初步设计阶段，非定型和非标准产品一般不可能与厂家签订价格合同。设计单位可按向厂家索取的报价资料、最近国内外有关类似工程的设备采购招投标资料和当年的价格水平经认真论证后确定设备价格。由于设备运输条件的限制及其他原因需在现场从事属于制造厂内的组装工作，如水轮机分瓣转轮组焊、定子硅钢片现场叠装、定子线圈现场整体下线及铁损试验工作等。其费用应包括在设备原价内，属于设备制造的延伸工作，并在订货合同中注明。

（2）运杂费指设备由厂家运至工地安装现场所发生的一切运杂费用。主要包括运输费、调车费、装卸费、包装绑扎费、大型变压器的充氮费，以及可能发生的杂费。国产设备运杂费分为主要设备和其他设备，均按照设备原价的百分率来计算设备的运杂费。

（3）运输保险费计算分国产设备运输保险费和进口设备运输保险费。国产设备的运输保险费率可按工程所在省（自治区、直辖市）的规定计算；省（自治区、直辖市）无规定的，可按中国人民保险公司的有关规定计算。进口设备的运输保险费按相应规定计算。

（4）采购及保管费指建设单位和施工企业在负责设备的采购、保管过程中发生的各项费用。采购及保管费按设备原价与运杂费之和的 0.7%计算。

对国产设备可采用运杂综合费率来计算运杂费。

运杂综合费率＝运杂费率＋(1＋运杂费率)×采购及保管费率＋运输保险费率

进口设备的国内段运杂综合费可以按相应国产设备运杂综合费率，乘以相应国产设备原价水平占进口设备原价的比例系数，调整为进口设备国内段运杂综合费率。

设备与材料的划分如下：

1）制造厂成套供货范围的部件、备品备件、设备体腔内定量填充物（如透平油、变压器油、六氟化硫气体等）均作为设备。

2）成套供货、现场加工或零星购买的储气罐、储油罐、闸门、盘用仪表、机组本体上的梯子、平台和栏杆等均为设备，不能因供货来源不同而改变其作为设备的性质。

3）管道和阀门如构成设备本体部件时，应作为设备，否则应作为材料。

4）随设备供应的保护罩、网门等，凡已计入相应设备出厂价格内的，应作为设备，否则应作为材料。

5）电缆，电缆头，电缆和管道用的支吊架，母线，金具，滑触线和支架，屏、盘、柜的基础型钢，钢轨，石棉板，穿墙隔板，绝缘子，一般用保护网、罩、门、梯子、平台、栏杆和蓄电池木支架等，均作为材料。

2. 安装工程费概算编制

安装工程费概算按设计提供的设备（主要装置性材料）数量乘以安装工程单价进行编制。

金属结构设备及安装工程的编制方法与机电设备及安装工程相同。

(四) 施工临时工程

施工临时工程包括施工导流工程、施工交通工程、施工场外供电工程、施工房屋建筑工程和其他施工临时工程。

1. 施工导流工程

施工导流工程包括导流明渠、导流洞、施工围堰、蓄水期下游断流补偿设施及与之相关的金属结构制作及安装工程等按设计工程量乘以工程单价计算投资。

2. 施工交通工程

施工交通工程包括施工现场内外为工程建设服务的临时性交通工程，如公路、铁路、桥梁、施工支洞、码头和转运站等，其投资按设计工程量乘以工程单价计算，也可根据工程所在地区同类工程的造价指标或者有关的实际资料，采用扩大单位指标编制。

3. 施工场外供电工程

施工场外供电工程包括从现有电网向施工现场供电的高压输电线路，即高压电网到施工主变压器高压侧之间的高压输电线路（枢纽工程 35kV 及以上等级，引水及河道工程 10kV 及以上等级），也包括施工现场降压变（配）电设备（场内除外）出线端之间，即由主变压器高压侧至现场各施工点最后一级降压变压器低压侧之间的配电线路和变配电设施工程。根据设计的电压等级、线路架设的长度及所配备的变配电设施要求，采用工程所在地区造价指标或实际资料计算投资。

从最后一级降压变压器低压侧至施工现场内各用电点的施工设备和低压配电线路，不属于施工场外供电工程，它已包括在施工场内各用电施工设备的台时耗电定额内。

4. 施工房屋建筑工程

施工房屋建筑工程是指在施工过程中建造的临时房屋，包括施工仓库和办公、生活及文化福利建筑两部分。

施工仓库是指为工程施工而临时兴建的设备、材料、工器具等仓库。其建筑面积由施工组织设计确定，根据当地生活福利建筑的相应造价水平确定单位造价指标，用指标法计算投资。

办公、生活及文化福利建筑指施工单位、建设单位（含监理）、设计代表在工程建设期间所需的办公室、宿舍、招待所和其他文化福利设施等房屋建筑工程。

5. 其他施工临时工程

其他施工临时工程指除施工导流、施工交通、施工场外供电、施工房屋建筑以外的施工临时工程，主要包括施工供水系统（大型泵房及干管）、砂石料系统、混凝土拌和浇筑系统、大型机械安装拆卸、防汛、防冰、施工排水、施工通信、施工临时支护设施（含隧洞临时钢木支撑）等工程。需要注意，其他施工临时工程不包括照明线路工程费用，照明线路工程费用包括在现场经费的“临时设施费”中。其他施工临时工程按一至四部分建筑安装工作量（不包括其他施工临时工程本身）之和的百分率计算。

（五）独立费用

独立费用由建设管理费、工程建设监理费、联合试运转费、生产准备费、科研勘测设计费和其他费用6项组成。

1. 建设管理费

（1）枢纽工程。枢纽工程建设管理费以一至四部分建安工作量为计算基数，按表4-9所列费率，以超额累进方法计算。

表4-9　　枢纽工程建设管理费费率表

一至四部分建安工作量/万元	费率/%	辅助参数/万元	一至四部分建安工作量/万元	费率/%	辅助参数/万元
50000及以内	4.5	0	200000～500000	1.8	2900
50000～100000	3.5	500	500000以上	0.6	8900
100000～200000	2.5	1500			

简化计算公式为

$$一至四部分建安工作量\times该档费率+辅助参数$$

（2）引水工程。引水工程建设管理费以一至四部分建安工作量为计算基数，按表4-10所列费率，以超额累进方法计算。原则上应按整体工程投资统一计算，工程规模较大时可分段计算。

表4-10　　引水工程建设管理费费率表

一至四部分建安工作量/万元	费率/%	辅助参数/万元	一至四部分建安工作量/万元	费率/%	辅助参数/万元
50000及以内	4.2	0	200000～500000	1.6	2650
50000～100000	3.1	550	500000以上	0.5	8150
100000～200000	2.2	14500			

（3）河道工程。河道工程建设管理费以一至四部分建安工作量为计算基数，按表4-11所列费率，以超额累进方法计算。原则上应按整体工程投资统一计算，工程规模较大时可分段计算。

表4-11　　河道工程建设管理费费率表

一至四部分建安工作量/万元	费率/%	辅助参数/万元	一至四部分建安工作量/万元	费率/%	辅助参数/万元
10000及以内	3.5	0	100000～200000	0.9	1260
10000～50000	2.4	110	200000～500000	0.4	2260
50000～100000	1.7	460	500000以上	0.2	3260

2. 工程建设监理费

工程建设监理费实行市场调节价。工程监理取费可参照监理服务的项目投资额、工程复杂情况、工程所在地的环境因素等，结合监理实际服务的内容及市场行情计取。

(1) 施工阶段监理服务取费宜参照工程概算的投资额采用直线内插法计算施工期基本监理服务报酬，施工期基本监理服务收费可参考表 4-12。

表 4-12　　施工监理服务收费基价表　　单位：万元

序号	计费额	收费基价	序号	计费额	收费基价
1	500	16.5	9	60000	991.4
2	1000	30.1	10	80000	1255.8
3	3000	78.1	11	100000	1507.0
4	5000	120.8	12	200000	2712.5
5	8000	181.0	13	400000	4882.6
6	10000	218.6	14	600000	6835.6
7	20000	393.4	15	800000	8658.4
8	40000	708.2	16	1000000	10390.1

(2) 根据工程复杂情况对施工期基本监理服务报酬进行调整，工程复杂情况调整系数可取 0.75～1.4。

1) 大型水库水电工程，如最大坝高≥100m 或库容≥1 亿 m^3 的水库水电工程，总装机容量≥1000MW 的水库水电工程，长度≥4km 的水工隧洞等，工程复杂系数可取 1.38。

2) 中型水库水电工程，如 70m≤最大坝高<100m 或 1000 万 m^3≤库容<1 亿 m^3 的水库水电工程，20m≤基础处理深度<40m 的水库水电工程等，工程复杂系数可取 1.2。

3) 小型水库水电工程，如最大坝高<70m、边坡高度<50m、基础处理深度<20m 的水库水电工程，总装机容量<50MW 的水电工程，单洞长度<1km 的隧洞等，工程复杂系数可取 0.85。

4) 大型其他水利工程，如堤防等级Ⅰ、Ⅱ级的河道治理建（构）筑物及河道堤防工程，流量≥25m^3/s 的引调水渠道管线工程，护岸、防波堤、围堰、人工岛、围垦工程，城镇防洪、河口整治工程等，工程复杂系数可取 1.0。

5) 中型其他水利工程，如堤防等级Ⅲ、Ⅳ级的河道治理建（构）筑物及河道堤防工程，引调水工程中的建筑物工程，丘陵、山区、沙漠地区的引调水渠道管线工程等，工程复杂系数可取 0.9。

6) 小型其他水利工程，如堤防等级Ⅴ级的河道治理建（构）筑物及河道堤防工程，灌区田间工程，水土保持工程等，工程复杂系数可取 0.75。

(3) 根据工程所在地的环境因素对施工期基本监理服务报酬进行调整。环境因素调整系数可取 1.0～1.3。如某水利枢纽工程建于平均海拔 2300m 的河上，占地区基本为无人区，环境相对较复杂，其环境调整系数可取 1.1。

【例 4-3】 上海某河道生态修复工程，堤防等级为Ⅱ级。该工程计费额 41285.13 万元，采用直线内插法确定施工监理服务收费基价为 726.40 万元。该工程属于其他水利工程专业，工程复杂程度中等，调整系数为1.0；上海属于平原地区，环境调整系数为1.0。因此，该项目工程监理费＝726.40×1.0×1.0＝726.40（万元）。

（4）工程建设监理费也可按实际需要的监理人员的数量、不同监理人员的日服务报酬（监理人员的日服务报酬可参考表4－13）、服务期限、服务所需的差旅费等综合计算项目的监理服务报酬。

表4－13　　监理人员的日服务报酬表　　单位：元

序号	建设工程监理与相关服务人员职级	工日服务报酬
1	高级专家	1500～2000
2	高级专业技术职称的监理与相关服务人员	1000～1500
3	中级专业技术职称的监理与相关服务人员	600～1000
4	初级及以下专业技术职称监理与相关服务人员	300～600

3．联合试运转费

按照规定的联合试运转费用指标计算，费用指标见表4－14。

表4－14　　联合试运转费用指标表

水电站工程	单机容量/万kW	≤1	≤2	≤3	≤4	≤5	≤6	≤10	≤20	≤30	≤40	＞40
	费用/(万元/台)	6	8	10	12	14	16	18	22	24	32	44
泵站工程	电力泵站	每千瓦50～60元										

4．生产准备费

生产准备费包括生产及管理单位提前进厂费、生产职工培训费、管理用具购置费、备品备件购置费和工器具及生产家具购置费5项。

（1）生产及管理单位提前进厂费。枢纽工程按建筑工程、机电设备及安装工程、金属结构设备及安装工程、施工临时工程四部分建安工作量的0.15%～0.35%计算，大（1）型工程取小值，大（2）型工程取大值。

引水工程视工程规模参照枢纽工程计算。

河道工程、除险加固工程、田间工程原则上不计此项费用，若工程中含有新建大型泵站、泄洪闸、船闸等建筑物，可按其建安工作量参照枢纽工程费率适当计列。

（2）生产职工培训费。枢纽工程按建筑工程、机电设备及安装工程、金属结构设备及安装工程、施工临时工程四部分建安工作量的0.35%～0.55%计算。枢纽工程、引水工程取中、上限，河道工程取下限。

（3）管理用具购置费。枢纽工程按建筑工程、机电设备及安装工程、金属结构设备及安装工程、施工临时工程四部分建安工作量的0.04%～0.06%计算，大（1）型工程取小值，大（2）型工程取大值。引水工程按建安工作量的0.03%计算。河道工程按建安工作量的0.02%计算。

（4）备品备件购置费，按占设备费的0.4%～0.6%计算。大（1）型工程取下限，其他工程取中、上限。

注：1. 设备费应包括机电设备、金属结构设备以及运杂费等全部设备费。

2. 电站、泵站同容量、同型号机组超过一台时，只计算一台的设备费。

(5) 工器具及生产家具购置费，按占设备费的0.1%～0.2%计算。枢纽工程取下限，其他工程取中、上限。

5. 科研勘测设计费

科研勘测设计费指工程建设所需要的规划、科研、勘测和设计等费用。包括工程科学研究试验费和工程勘测设计费两项。

(1) 工程科学研究试验费，按工程建安工作量的百分率计算。其中枢纽和引水工程取0.7%，河道工程取0.3%。灌溉田间工程一般不计此项费用。

(2) 工程勘测设计费，执行国家颁发的收费标准。

6. 其他费用

其他费用主要包括工程保险费和其他税费。

(1) 工程保险费，按建筑工程、机电设备及安装工程、金属结构设备及安装工程、施工临时工程四部分投资合计的4.5‰～5.0‰计算。灌溉田间工程原则上不计此项费用。

(2) 其他税费，按国家有关规定计算。

九、编制工程总概算

（一）编制工程概算

水利工程概算的编制按工程部分、建设征地移民补偿、环境保护工程以及水土保持工程4部分别编制，各部分概算应分别执行相应编制规定。

（二）编制工程总概算

以工程部分概算编制为例，按照建筑工程、机电设备及安装工程、金属结构设备及安装工程、施工临时工程、独立费用五部分分别填列。上述五部分之后，按照下列顺序编制工程部分概算表。

(1) 一至五部分合计。

(2) 基本预备费，主要为解决工程施工过程中的设计变更和为预防意外事故而采取的措施所增加的工程项日和费用。根据上程规模、施工工期和地质条件等不同情况，按照工程概算一至五部分合计数的百分率计算。初步设计阶段为5%～8%。

(3) 静态投资，为一至五部分合计投资与基本预备费之和。

(4) 价差预备费，主要为解决工程施工过程中，因人工工资、材料和设备价格上涨以及费用标准调整而增加的投资。需根据施工工期、不分设计阶段，以资金流量表的静态投资作为计算基数。计算公式为

$$E=\sum_{n=1}^{N}F_n[(1+P)^n-1] \tag{4-3}$$

式中 E——价差预备费；

N——合理建设工期，价差预备费应按从上程筹建至工程竣工的建设工期计算；

n——施工年度；

F_n——建设期资金流量表第 n 年的投资；

P——年物价（物价上涨）指数。

（5）建设期融资利息。根据国家财政金融政策规定，工程在建设期内需偿还并应计入工程总投资的融资利息。其公式为

$$S=\sum_{n=1}^{N}\left[\left(\sum_{m=1}^{n}F_m b_m-\frac{1}{2}F_n b_n\right)+\sum_{m=0}^{n-1}S_m\right]\cdot i \qquad (4-4)$$

式中 S——建设期融资利息；

N——合理建设工期；

n——施工年度；

m——还息年度；

F_n、F_m——建设期资金流量表内第 n 年和第 m 年的投资；

b_n、b_m——各施工年份融资额占当年投资比例；

i——建设期融资利率；

S_m——第 m 年的付息额度。

建设征地移民补偿、环境保护工程以及水土保持工程概算依据相应编制规定按上述5个步骤完成各自部分的概算编制，并汇总到工程总概算中。

（6）静态总投资，工程部分、建设征地移民补偿、环境保护工程以及水土保持工程的静态投资之和构成静态总投资。

（7）总投资，为静态总投资、价差预备费和建设期融资利息之和。

十、概算的审查和审批

（一）概算审查的意义

（1）有利于合理分配投资资金，加强投资计划管理。

（2）有助于促进概算编制人员严格执行国家有关概算的编制规定和费用标准，提高概算的编制质量。

（3）有助于促进设计的技术先进性与经济合理性的统一。

（4）合理、准确的设计概算可使下阶段投资控制目标更加科学合理，堵住了投资缺口或突破投资的漏洞，缩小了概算与预算之间的差距，可提高项目投资的经济效益。

（二）概算审查方法

（1）对比分析法。对比分析法主要是建筑规模、标准与立项批文对比，工程数量与设计图纸对比，综合范围、内容与编制方法、规定对比，各项取费与规定标准对比，材料、人工单价与统一信息对比，引进设备、技术经济指标与同类工程对比等。

（2）查询核实法。查询核实法是对一些关键设备和设施、重要装置、引进工程图纸不全、难以核算的较大投资进行多方查询核对、逐项落实的方法。

（3）联合会审法。组成由业主、审批单位、专家等参加的联合审查组，组织召开联合审查会。审前可先采取多种形式分头审查，包括业主预审、工程造价咨询公司评审、邀请同行专家预审等。在会审大会上，各有关单位、专家汇报初审、预审意见，然后进行认真分析、讨论，结合对各专业技术方案的审查意见所产生的投资增减，逐一核实原概算投资增减额。对审查中发现的问题和偏差，按照单位工程概算、综合概算、总概算的顺序，按

设备费、安装费、建筑费和工程建设其他费用分类整理，汇总核增或核减的项目及其投资额。最后将具体审核数据按照“原编概算”“审核结果”“增减投资”“增减幅度”“调整原因”五栏列表，并按照原总概算表汇总顺序，将增减项目逐一列出，相应调整所属项目投资合计，再依次汇总审核后的总投资及增减投资额。

（三）概算审查重点

（1）审查概算的编制依据。

（2）审查概算编制深度。审查设计概算编制深度是否符合初步设计阶段要求。

（3）审查设计概算的内容。

1）审查是否符合国家方针、政策，是否根据工程所在地的自然条件编制。

2）审查建设规模、标准等是否符合原批准的可行性研究报告或立项的标准。

3）审查编制方法、计价依据和程序是否符合现行规定。

4）审查工程量是否正确，审查材料用量和价格。

5）审查设备规格、数量和配置是否符合设计要求，设备预算价格是否真实，计算是否正确。

6）审查建筑安装工程各项费用的计取是否符合国家或地方有关部门的现行规定，计算程序和取费标准是否正确。

7）审查分部分项工程概算、总概算的编制内容、方法是否符合现行规定和设计文件的要求。

8）审查总概算文件的组成内容是否完整地包括了建设项目从筹建到竣工投产为止的全部费用组成。

9）审查工程建设其他费用项目。

10）审查技术经济指标和投资经济效果。

（四）概算审查步骤

（1）概算审查的准备。

（2）进行概算审查。

（3）进行技术经济对比分析。

（4）调查研究。

（5）积累资料。

（五）概算审批

中央项目的初步设计由流域机构报送水利部，其中大中型项目由水利部组织技术审查，一般项目由流域机构组织技术审查。地方大中型项目初步设计，由省级水行政主管部门报送水利部，由水利部或委托流域机构组织技术审查。地方其他项目初步设计由省级水行政主管部门组织技术审查，其中地方省际边界工程的初步设计须报送流域机构组织技术审查。

地方大中型水利基本建设项目，根据《关于下放政府出资水利项目审批事项的通知》（发改农经〔2017〕2296号），主要包括新建库容10亿m^3及以上或坝高大于70m的大型水库、大型引调水、大江大河（大湖）干流重点河段治理、重要蓄滞洪区建设，以及其他涉及跨国界河流、跨省（区、市）水资源配置调整和按规定需报国务院审批的重大项目，初步设计由省级计划主管部门报送国家发展改革委，并抄报水利部和流域机构，由水利部或委托流域机构负责组织技术审查。地方其他水利基本建设项目初步设计完成后由省级水行政主管部门组织技术审查，其中省际边界工程须由流域机构组织对项目建议书进行技术审查。

大中型水利基本建设项目的初步设计经技术审查后，由水利部提出审查意见，报国家发展改革委审批；其他中央项目的初步设计由水利部或委托流域机构审批；其他地方项目，使用中央补助投资的由省有关部门按基本建设程序审批；涉及省际水事矛盾的地方项目，初步设计应报经流域机构审查、协调后再行审批。

思 考 题

4-1 提高设计经济合理性的途径有哪些？

4-2 什么是价值工程？价值工程的特点是什么？

4-3 简述水利工程设计概算的作用。

4-4 简述水利工程概算的内容。

4-5 简述概算审查重点内容。

第五章　施工招标阶段投资控制

招标和投标是一种商品交易行为，是交易过程的两个方面。招标投标是一种国际惯例，是商品经济高度发展的产物，是应用技术、经济的方法和市场经济竞争机制的作用，有组织开展的一种择优成交的方式。这种方式在建设工程、货物和服务的采购行为中广泛应用。按照《中华人民共和国招标投标法》《中华人民共和国招标投标法实施条例》《水利工程建设项目招标投标管理规定》（水利部令第 14 号）等有关规定，由招标投标形成承发包合同关系，是水利工程建设最常见的方式。

第一节　施工合同的类型

在工程招标过程中，经过投标和评标，根据各个投标人报送的投标文件，针对标价、工期、相关承诺等条件综合评价分析，最后选中承包人。通常情况下，招标阶段形成的中标价，签订合同后，即为合同价。

经过招标投标阶段，在合同价问题上，发包人与中标人在对合同条款达成充分一致的基础上，签订合同协议书。至此，双方建立起了具有法律效力的合同关系。发承包双方在投资控制上形成了一致的项目合同价。

合同的形式和类别非常多，本章按合同计价方式来分类介绍。

一、按合同计价方式分类

按合同计价方式，合同价形式分为总价合同、单价合同和成本加酬金合同。

（一）总价合同

总价合同是指支付给承包人的款项在合同中是一个“规定的金额”，即总价。它是以图纸以及工程量清单和说明书为依据，由承包人与发包人经过商定或承包人依据招标文件进行报价确定。

1．总价合同的特点

（1）合同价格是根据事先确定的由承包人实施的全部任务，按承包人在投标报价中提出的总价或合同双方协商的价格确定。

（2）需要实施的工程性质和工程量在事先已明确商定。

（3）总价合同对承包人来说具有一定的风险，如物价波动、气候条件恶劣、水文地质条件恶劣以及其他意外情况等，因此承包人在投标报价时要仔细分析各类风险因素，在报价中考虑并计入一定的风险费；此外，发包人也必须考虑到承包人承担的风险是可以承受的，而不应该把一个有经验的承包人所不可能预见的风险也转移给承包人，只有这样才能招来有竞争力且合格的投标者。

（4）在固定工程量总价合同中，承包人不需测算工程量，只需计算在实际施工中工程量的变更。因此，只要实际工程量变动不大，这种形式的合同较易于管理。

（5）总价合同在招标前要计算各分部分项工程量，因此，要求设计要达到一定的深度。

2. 总价合同的种类

（1）固定总价合同。这种合同的价格计算是以设计图纸、工程量及现行规范等为依据，发承包双方就承包工程协商一个固定的总价，即承包方按投标时发包方接受的合同价格实施工程，并一笔包死，无特定情况不作变化。

采用这种合同，合同总价只在设计和工程范围内有所变更且变更超过了合同规定的情况下才能随之作相应的变更，除此之外，合同总价是不能变动的。因此，作为合同价格计算依据的图纸及规定、规范，应对工程作出详尽的描述。这就意味着承包人要承担实物工程量、工程单价、地质条件、气候和其他一切客观因素造成亏损的风险。在合同执行过程中，发承包双方均不能因为工程量、设备、材料价格、工资等变动和地质条件恶劣、气候恶劣等理由，提出对合同总价调值的要求，因此承包人要在投标时对一切费用的上升因素作出估计并包含在投标报价之中。因为承包人将要为许多不可预见的因素付出代价，所以承包人往往加大不可预见费用，致使这种合同一般报价都较高，不利于降低工程造价。

这种形式的合同适用于工期较短（一般不超过 1 年）、对最终产品的要求又非常明确的建设项目，这就要求项目设计图纸完整齐全，项目工作范围及工程量计算依据确切。

（2）可调值总价合同。这种合同的总价一般也是以图纸及规定、规范为计算基础，但它是按“时价”进行计算的。这是一种相对固定的价格，在合同执行过程中，由于物价上涨而使所用的工料成本增加，因而要对合同总价进行相应的调值。

可调值总价合同均明确列出有关调值的特定条款，往往是在合同特别说明书（亦称特别条款）中列明。调值工作必须按照这些特定的调值条款进行。

这种合同与固定总价合同的不同之处在于，它对合同实施中出现的风险做了分摊，发包人承担了物价上涨这一不可预测费用因素的风险，而承包人只承担了实施中实物工程量、管理成本和工期等因素的风险。

可调值总价合同适用于工程内容和技术经济指标规定很明确的项目，由于合同中列明调值条款，所以工期在 1 年以上的项目较适于采用这种合同形式。

（3）固定工程量总价合同。即发包人要求投标者在投标时按单价合同办法分别填报分项工程单价，从而计算出工程总价，据之签订合同。原定工程项目全部完成后，根据合同总价付款给承包人。

如果改变设计或增加类似项目，则用合同中已确定的单价来计算新的工程量和调整总价，这种方式适用于工程量变化不大的项目。

这种方式对发包人有利：一是可以了解承包人投标时的总价是如何计算得来的，便于发包人审查标价，特别是对投标者过度的不平衡报价，可以在评标时发现，避免实施过程中不必要的变更给发包人造成费用增加；二是在物价上涨情况下，增加的类似项目可利用合同中已确定的单价，由承包人承担物价上涨的风险。

总之，总价合同可以使发包人对工程总开支做到大体上心中有数，评标时易于确定报价最低单位，在施工过程中可以更集中精力控制施工进度和工程质量。

（二）单价合同

单价合同是指工程量变化幅度在合同规定范围之内，合同双方按认可的工程单价和实际完成且经质量认证合格的工程量，进行工程价款结算的承包合同。

在施工图不完整或当准备发包的建设项目内容、技术经济指标尚不能明确、具体地予以规定时，往往要采用单价合同形式。单价合同是以工程量清单为基础，以工程项目单价表为依据来计算合同项目价格。在支付时则以实际完成的且符合合同规定的工程量为准结算工程款，这样，在不能较精确地计算工程量的情况下，可以避免凭运气而使发包人或承包人任何一方承担过大的风险。这种合同形式在国际大型工程中使用最为普遍。水利水电工程通常规模大、施工期长、涉及面广，施工招标时工程的具体内容还不够详尽，故多采用单价合同。世界银行贷款的水利水电工程承包合同也多采用单价合同。这种合同，合同双方依据合同承担合同规定的风险，诸如实际工程量的改变、物价的波动等。为明确工程量改变对合同价款结算的影响，一般在合同中规定，当实际工程量与合同工程量相差较大（如达到±15%～±25%）时，可以根据合同中规定的或双方协商的调价方式来调整单价和总价。对发包人而言，这种合同形式的优点是可以减少招标准备工作；能鼓励承包人节约成本；发包人按工程量清单规定和合同条款的规定支付工程款，减少了意外开支，在合同执行中，只需对少量在工程量清单和计日工项目中未预见的项目再协商价格，结算较简单。但是，对于某些不易计算工程量的项目或工程费应分摊在许多工程的复杂工程项目，单价合同易引起争议。

单价合同又分为以下 3 种形式。

1. 估算工程量单价合同

这种合同是以工程量表和工程单价表为基础和依据来计算合同价格的，亦可称为计量估价合同。通常是由发包人委托设计单位或专业机构提出总工程量估算表，即“工程量概算表”或“暂估工程量清单”，列出分部分项工程量，由承包人以此为基础填报单价。最后工程的总价应按照实际完成且符合合同规定的工程量计算支付工程量，由合同中分部分项工程单价乘以支付工程量得出该项工程结算的总价。

采用这种合同时，要求实际完成的工程量与原估计的工程量不能有实质性的变更，因为承包人给出的单价是以相应的工程量为基础的，如果工程量大幅度增减可能影响工程成本。不过在实践中往往很难确定工程量究竟在多大范围内的变更才算是实质性变更，这就使这种合同形式在实际管理中对工程量变化后的单价确定容易产生分歧，增加了监理人协调的难度。为方便管理，有些估计工程量的单价合同规定，如果实际工程量与工程量清单中的工程量相差超过±20%时，允许合同双方依据合同中关于价格变更的规定，协商确定调整合同变更项目的单价。此外，当材料价格变动较大时允许承包人调整相应的单价。

采用估计工程量单价合同可以使承包人对其投标的工程范围有一个明确的估计。这种合同一般适用于工程性质比较清楚，但任务、范围及其要求标准不能完全确定的情况。

采用这种合同时，工程量是按统一的标准计算出来的，承包人只要经过复核并填上适当的单价就可以了，承担风险较小；发包人也只要审核单价是否合理即可。采用这种合同形式对双方都方便，目前在国际上采用较多。

实施这种合同时要求建立施工日志，监理人要建立监理日志，施工过程中及时测量并建立各个分部分项工程项目的计量明细账目，对合同规定的计量方式要严格遵守，变更工程量要按合同规定或合同双方协商的方式计量。

2. 纯单价合同

采用这种形式的合同时，发包人只向承包人给出发包工程的有关分部分项工程以及工程范围，不需对工程量作出具体的规定和准确的计算。承包人在投标时只需要对这种给定范围的分部分项工程作出报价即可，而工程量则按实际完成且符合合同规定的数量结算。这种合同形式主要适用于没有施工图或图纸不详细、工程量不明但却急需开工的紧迫工程。当然，对于纯单价合同来说，发包人必须对工程的计量方式作出明确的规定，以使承包人能够合理地确定工程量，以确定单价。

对于项目的工作内容极其复杂、工程费分摊在许多工种中的复杂工程，或有一些不易计算工程量的项目，采用纯单价合同时，每一个项目的工作范围一定要描述清楚，否则容易引起一些合同理解上的分歧。

3. 单价与总价包干混合式合同

这种合同也称单价与总价项目混合合同，主要项目以单价合同为基础，对其中某些不易计算工程量的分项工程（如施工导流，小型设备购置与安装调试）采用总价包干的办法，对可以相对精确地计算工程量的项目均采用单价方式承包，按实际完成的且符合合同规定的工程量及合同工程量清单上的单价结算。

对于采用总价包干报价的项目，一般在合同条件中规定，在开工后数周内，由承包人向监理人递交一份包干项目分析表（Breakdown of Lump Sum Items），在分析表中将总价包干项目分解为若干子项，列出每个子项的合理价格。该分析表经监理人批准后即可作为总价包干项目实施时支付的依据。

由此可见，单价合同的优点是可以减少招标准备工作，缩短招标准备时间，能鼓励承包人通过提高工效等手段从成本节约中提高利润，发包人只按工程量表的项目开支，可减少意外开支，只需对少量遗漏的项目在执行合同过程中依据合同规定确定其单价，结算程序比较清晰。

（三）成本加酬金合同

成本加酬金合同也称成本补偿合同，即发包人向承包人支付实际工程成本中的直接费，按事先协议好的某一种方式支付管理费以及利润的一种合同方式。这种合同形式主要适用于工程内容及其技术经济指标尚未全面确定、投标报价的依据尚不充分的情况下，或发包人因工期要求紧迫（诸如应急抢险项目）、在没有完成设计的情况下必须发包的工程；或者发包人与承包人之间具有高度的信任，或承包人在某些方面具有独特的技术、特长和经验的工程。

以这种形式签订的承包合同，有两个明显的缺点：一是发包人对工程总价不能实施实际的控制；二是承包人对降低成本也不太感兴趣。因此，采用这种合同形式，其条款必须非常严格。

成本加酬金合同有多种类型，现仅介绍如下 4 种。

1. 成本加固定百分比酬金合同

采用这种合同，发包人对承包人支付的人工、材料和施工机械使用费、其他直接费、施工管理费等按实际直接成本全部据实补偿，同时按照实际直接成本的固定百分比付给承包人一笔酬金，作为承包人的利润。

采用这种合同，建筑安装工程总造价及付给承包人的酬金随工程成本而水涨船高，不利于鼓励承包人降低成本。这也是此种合同形式的弊病所在，因而很少被采用。

2. 成本加固定酬金合同

这种合同与成本加固定百分比酬金合同相似，其不同之处仅在于所增加费用是一笔固定金额的酬金。酬金一般是按估算的工程成本的一定百分比确定，数额是固定不变的。

如果设计变更或增加新项目，即直接费用超过原定估算成本的10%左右时，固定的报酬也要增加。

在工程总成本一开始估计不准、可能变化较大的情况下，可采用此合同形式，有时可分几个费用阶段，通过谈判确定支付的固定报酬。

这种方式虽不能鼓励承包人关心降低成本，但为了尽快得到酬金，承包人会关心缩短工期。有时也可在固定费用之外根据工程质量、工期和节约成本等因素，给承包人另加奖金，以鼓励承包人节约资金，降低成本。

3. 成本加奖罚合同

采用这种形式的合同，首先要确定一个目标成本，这个目标成本是根据粗略估算的工程量和单价表编制出来的。在此基础上，根据目标成本来确定酬金的数额，可以是百分数的形式，也可以是一笔固定酬金。然后，根据工程实际成本支出情况，另外确定一笔奖金，当实际成本低于目标成本时，承包人除从发包人处获得实际成本、酬金补偿外，还可根据成本降低额得到一笔奖金。当实际成本高于目标成本时，承包人仅能从发包人处得到成本和酬金的补偿；此外，根据实际成本高出目标成本情况，若超过合同规定的限额，还要处以一笔罚金，最大罚款限额不超过原先议定的最高酬金值。除此之外，还可设工期奖罚。

采用成本加奖罚合同，在合同签订时双方事先约定该工程的预期成本和固定酬金，以及实际发生的成本与预期成本比较后的奖罚计算办法。在合同实施后，根据工程实际成本的发生情况，承包商得到的金额分以下几种情况：

（1）实际成本＝预期成本：承包商得到实际发生的工程成本，同时获得酬金。

（2）实际成本＜预期成本：承包商得到实际发生的工程成本，获得酬金，并根据成本节约额的多少，得到预先约定的奖金。

（3）实际成本＞预期成本：承包方可得到实际成本和酬金，但根据实际成本高出预期成本的情况，被处以一笔罚金。

成本加奖罚合同形式可以促使承包方关心降低成本和缩短工期，而且预期成本可以随着设计的进展加以调整，所以发承包双方都不会承担太大的风险，故这种合同形式在本类型合同中应用较多。

4. 最高限额成本加固定最大酬金合同

在这种形式的合同中，首先要确定最高限额成本、报价成本和最低成本。当实际成本没有超过最低成本时，承包人花费的成本费用及应得酬金等都可得到发包人的支付，并与发包人分享节约额；如果实际工程成本在最低成本和报价成本之间，承包人实际成本和合同规定的酬金都可以得到支付；如果实际工程成本在报价成本与最高限额成本之间，则只有全部成本可以得到支付，报酬部分不能得到支付；实际工程成本超过最高限额成本，则超过部分的成本发包人不予支付，且没有报酬。

这种合同形式有利于控制工程造价，并能鼓励承包人最大限度地降低工程成本，但最高限额成本、报价成本和最低成本的确定对内容和技术成熟的项目可以预测，对内容和技术复杂的项目较难预测，实际应用不易控制。

对于以上各种合同形式，从承担风险的角度考虑，总价合同主要是由承包人承担风险，报价总体水平比较高；单价合同是由发包人和承包人分别承担风险；成本加酬金合同则主要是由发包人承担风险。

大中型水利水电工程一般采用单价合同，可以降低报价的总体水平，也便于进行监督和管理。但对于设计很成熟，能预知将来风险的工程，如一般的房屋建筑工程，可以采用总价合同。如果项目的设计深度不够，风险也难以估计，以及工程的特殊性等，则可以采用成本加酬金合同的形式。

在一项合同中各项工作的计价方式一定要明确，应注意尽量避免某一项工作内容、范围和计价方式含糊、矛盾，造成支付结算的分歧。但当一项工程仓促上马，准备工作不够充分时，发包人经充分考虑各方面的情况后，很可能在不同建设阶段发包不同建设项目，有的采取总价合同方式，有的采取单价合同或成本加酬金合同方式。

一般地说，发承包双方签订的工程承包合同，从法律上讲，生效之时，建筑安装工程承包合同的价格就算确定下来了。确定的建筑安装工程承包合同价就是通过合同中有关价格条款按合同计价方式具体表现出来的。

二、按合同计价阶段分类

按合同的计价阶段分类，有招投标时形成的合同签约价、结算时的合同结算价。合同签约价是指在招投标时合同双方按有关规定形成的合同项目造价的预测，一般在合同协议书中明确的暂列金额，只是发包人的一个预测费用，是否动用，需在项目实施过程中依据实际情况确定。合同结算价是指在合同工作完成结算时合同双方依据合同规定对完成各项工作进行清算所需的费用，这时的费用应是按合同规定已经发生或承包人应该得到的金额。

(1) 对固定总价合同，合同签约价与合同结算价一般是一致的。因此，这种合同在评标时采用合理的低报价中标对发包人是有利的。但报价必须是合理最低，如果低于合理成本，对发包人也是有较大风险的。

(2) 对可调值总价和固定工程量的总价合同，因其结算价有可能由于物价因素或工程量改变而改变，合同结算价不一定是合同签约价。但由于只有物价和工程量改变才可以调价，评标时采用合理低价中标，对发包人也是有利的。但要注意合同中报价单价的合理性，特别是有可能要变更的工作项目的单价，防止因变更项目的报价单价不合理而造成合同实施困难。

（3）对单价合同、单价总价混合合同，合同结算价与合同签约价一般是不一致的。因此，这类合同在评标时采用最低报价中标就不尽合理，特别是项目实施过程中存在大量的合同变更内容、投标报价中有不平衡报价时，要对不平衡报价项目的报价水平进行必要的测算；在其他技术标准一致的情况下，采用合理低价中标才合理。

（4）对成本加酬金合同，一般无合同签约价，合同结算价按完成工作来确定。这种合同一般不需招标，直接委托有良好资信的承包人实施。

将合同的计价方式与计价阶段联系，分析合同价，就会发现不同的计价发式在合同实施的不同阶段，其价格是不同的，造价管理工作必须结合合同的计价方式，在合同实施的不同阶段采用相应的管理手段和措施，以实现合同投资目标。此外，合同技术和其他商务条款的严密性以及合同双方的诚信也是合同投资目标实现的关键。

三、合同类型选择

合同类型的选择主要是依据项目的设计深度、难易程度、风险分担等因素，选择是采用总价合同、单价合同还是成本加酬金合同。合同类型的选择在编制招标文件时由发包人在工程量清单和相应的技术条款中明确，实际的合同价并非单一的总价或单价合同，往往是混合型合同，且水利工程通常是采用以单价为主、总价为辅的混合型合同。

合同类型的选择，应考虑下列因素：①发包人的意愿；②工程设计深度；③项目的规模及其复杂程度；④工程项目的技术复杂性；⑤承包人的意愿和能力；⑥建设工程工期情况；⑦市场情况；⑧发包人的管理能力；⑨外部因素或风险，如政治局势、物价、恶劣气候等。

采用何种类型合同不是固定不变的，有时一个项目中的各个不同工程部分或不同阶段可能采取不同类型的合同，必须根据实际情况，全面、反复地权衡利弊，选定有利于项目顺利实施又方便管理的合同类型。

第二节　工程量清单

一、工程量清单计价

不同的经济阶段适用不同的计价模式。在计划经济背景下，我国采用的是定额计价模式，在此期间，最重要的是控制消耗量，所以要确定统一的资源消耗量标准。完成单位合格建设产品所需消耗的人工、材料、机械台班的数量标准即为定额。定额计价模式带有很强的指令性计价的特征，这种模式有两个基本特征：首先，从本质内容上看，是“量价合一”；其次，从表现形式上看，是以定额子项目构成直接费，并以直接费为基础，乘以各种费用项目的费率。随着经济快速发展，定额计价模式的弊端突显，主要表现为：不能充分发挥市场竞争机制的作用；不能体现企业个别成本，市场缺乏竞争力；约束了企业自主报价，达不到合理低价中标，形不成投标人与招标人的双赢结果；不能充分反映参与竞争企业的实际消耗和技术管理水平，在一定程度上限制着企业的技术进步和管理水平的发挥，体现不出招投标活动中“公开、公平、公正、诚实信用”的竞争原则。

因此，工程量清单计价应运而生，这是在我国经济建设快速发展时期为适应经济建设而推行的一种工程计价模式。工程量清单计价模式具有如下优势：

（1）工程量清单是公开的，能有效避免工程招标中的弄虚作假、暗箱操作等不规范行为；有利于节约投资和规范建设市场，使招标活动透明度增加，有利于发挥企业的自主报价的能力，有效地改变了招标单位在招标中盲目压价的行为；体现了“公开、公平、公正、诚实信用”的原则，正确反映了市场经济的活动规律。

（2）这种计价方式和计价过程体现了企业对工程价格的自主性，有利于市场竞争机制的形成，投标者集中力量评估、分析、测算自身各项费用单价高低和具有竞争性的施工组织和措施方案，从而促进企业抓管理，节省投标单位的时间、精力和投标费用，有利于实现风险的合理分担。

（3）实现了“在国家宏观控制下，以市场形成价格为主的价格机制”的工程造价改革目标，从而为建筑市场步入国际化、标准化、规范化奠定了坚实的基础。

（4）实行工程量清单计价，有利于建筑市场公平竞争。

（5）实行工程量清单计价，有利于促进社会生产力发展。采用工程量清单招投标，是经过充分竞争形成的中标价，中标价应是采用先进、合理、可靠且最佳的施工方案计算出的价格，利于建设单位控制投资风险，降低工程造价。

（6）工程量清单计价反映的是工程的个别成本，而不是按定额的社会平均成本计价。工程量清单将实体消耗量费用和措施费分离，使施工企业在投标中技术水平的竞争能够分别表现出来，可以充分发挥施工企业自主定价的能力。

二、工程量清单的概念

工程量清单是一份由招标人提供的文件，它是招标工程项目名称和相应数量的明细清单。它将招标工程的全部项目，按一定的方式进行分解，采用表格形式详细列出包括具体的施工项目及其计量单位、数量、单价、合价等项内容的一份清单，由招标人填写项目及工程量栏，投标人填入单价和合价栏。投标人未填写的单价和合价，视为此项费用已包含在工程量清单的其他单价和合价中。因此，工程量清单是建设项目招标文件的重要组成部分，也是施工承包合同的重要组成部分。

三、工程量清单的适用范围

（1）工程量清单适用于水利工程承发包及实施阶段的计价活动，包括工程量清单的编制、招标控制价的编制、投标报价的编制、工程合同价款的约定、工程施工过程中计量与合同价款的支付、索赔与现场签证、竣工结算的办理和合同价款争议的解决以及工程造价。

（2）《水利工程工程量清单计价规范》（GB 50501—2007）适用于水利枢纽、水力发电、引（调）水、供水、灌溉、河湖整治、堤防等新建、扩建、改建、加固工程的招标投标工程量清单编制和计价活动。全部使用国有资金投资或以国有资金投资为主的水利工程应执行本规范。

（3）工程量清单的项目编码采用十二位阿拉伯数字表示（由左至右计位），见图 5－1。一～九位为统一编码，其中，一、二位为水利工程顺序码 50；三、四位为专业工程顺序编码，建筑工程为01，安装工程为02；五、六位为分类工程顺序编码，如石方开挖工程为02；七～九位为分项工程顺序编码，如一般石方开挖为001；十～十二位为清单项目名称顺序编码，如大坝基础一般石方开挖为001。因此大坝基础一般石方开挖完整的工程量清单项目编码为500102001001。

项目编码：	5 0	0 1	0 2	0 0 1	0 0 1
编码位数：	（一、二）	（三、四）	（五、六）	（七～九）	（十～十二）
编码含义：	水利工程顺序编码	专业工程顺序编码	分类工程顺序编码	分项工程顺序编码	清单项目名称顺序编码

图5-1　工程量清单项目编码含义图

四、工程量清单的作用

(1) 工程量清单是招标人编制工程标底或招标控制价的依据。招标人利用工程量清单编制标底价格，供评标时参考。

(2) 工程量清单是投标人投标报价的依据。它为投标人提供一个公开、公平、公正的竞争环境。工程量清单由招标人统一提出，避免了由于计算不准确、项目不齐全等人为因素造成的不公正影响，使投标人站在同一起跑线上，创造了一个公平的竞争环境。

(3) 工程量清单是计算工程价款和合同结算的依据。因此，填制此表的各方都应认真对待。投标人在编制投标文件时，对工程量清单中的每一项目的工作内容、标准、要求要认证研究，对填写的单价应加以仔细分析，确定一个既合理又具有竞争性的单价和合价，以期达到中标并增加盈利的目的。

(4) 工程量清单是调整工程量、进行工程索赔的依据。在发生工程变更、索赔、增加新的工程项目等情况时，可以选用或者参照工程量清单中的分部分项工程或计价项目与合同单价来确定变更项目或索赔项目的单价和相关费用。

实行工程量清单计价招标投标的水利工程，其招标标底或招标控制价、投标报价的编制，合同价款的确定与调整，以及合同价款的结算均要依据清单的说明、内容、工作范围和技术条款的计量支付规定进行。

五、工程量清单的内容

工程量清单包括封面、填表须知、工程量清单总说明、分类分项工程量清单、措施项目清单、其他项目清单、零星工作项目清单及其他辅助表格。其中，其他辅助表格包括：招标人供应材料价格表、招标人提供施工设备表、招标人提供施工设施表。

（一）工程量清单总说明

工程量清单总说明简要叙述本合同工程量清单中工程量的计算原则，应摊入单价内费用项目的名称，对工程量清单中未予列入漏报项目的处理原则，以及使用工程量清单应注意的问题等。工程量清单中每一个项目的计量规则必须与技术条款中的计量支付条款协调一致。

工程量清单总说明的内容包括：

(1) 合同编号。

(2) 工程名称。

(3) 工程概况，概述项目的基本情况。

(4) 招标范围，概述招标合同项目的基本情况。

(5) 发包人提供的条件，简述招标人在合同期间提供的相关材料、设施和设备等条件，一般在招标文件相关章节详细表示。

(6) 计划工期，合同项目计划开、竣工时间。

(7) 工程量清单编制依据。工程量清单是根据招标文件中包括的、有合同约束力的图纸，以及有关工程量清单的国家标准、行业标准、合同条款中约定的工程量计算规则编制的。约定计量规则中没有的子目，其工程量应按照有合同约束力的图纸所标示尺寸的理论净量计算。计量采用中华人民共和国法定计量单位。

(8) 对工程量清单的理解。工程量应与投标须知、合同条件、技术条款和图纸等招标文件一起参照阅读。工程量清单中的工程量是用作投标报价的估算工程量，不作为最终结算的工程量。用于结算的工程量是承包人实际完成并按合同有关计量规定计量的工程量。

(二) 分类分项工程量清单

分类分项工程量清单应包括序号、项目编码、项目名称、计量单位、工程数量、主要技术条款编码和备注。

工程量应根据项目特征、计量单位、工程量计算规则、主要工作内容和工作范围进行计算。计量单位以 m^3、m^2、m、kg、个、项、根、块、台、组、面、只、相、站、孔、束为单位的，应取整数；以 t、km 为单位的，应保留小数点后两位数字，第三位数字四舍五入。分类分项工程量清单示例见表 5-1。

表 5-1　　分类分项工程量清单示例

合同编号：(投标项目合同号)

工程名称：(投标项目名称)　　　　第　页、共　页

序号	项目编码	项目名称	计量单位	工程数量	备注
1		建筑工程			
1.1		渠道建筑工程			
1.1.1		渠道开挖与填筑			
1.1.1.1	500101001001	表土清理	m^3		
1.1.1.2	500101002001	土方开挖	m^3		
1.1.1.3	500103001001	土方填筑	m^3		
2		金属结构设备及安装			
2.1		二级××项目			
2.1.1		三级××项目			
2.1.1.1	500202005001	钢闸门	t		发包人提供
		合计			

（三）措施项目清单

措施项目为完成工程项目施工，发生于该工程施工前和施工过程中不能或不宜用实物量表示，一般用总价表示的施工措施工程项目。措施项目清单见表 5-2。

表 5-2 **措施项目清单**

合同编号：（投标项目合同号）

工程名称：（投标项目名称） 第　页、共　页

序号	项目名称	金额/元	序号	项目名称	金额/元
1	环境保护		4	小型临时工程	
2	文明施工		5	施工企业进退场费	
3	安全防护措施		6	大型施工设备安拆费	

（四）其他项目清单

其他项目清单是在以上两类表中没有列入，在项目实施过程中可能发生也可能不发生，在合同中暂时列入一笔金额，以备在一些不可预见的事件发生时，作为对应事件影响的处理费用。在招标时一般发包人以暂定金额的方式或以一定的具体项目内容列入。其他项目清单见表 5-3。

表 5-3 **其他项目清单**

合同编号：（招标项目合同号）

工程名称：（招标项目名称） 第　页、共　页

序　号	项 目 名 称	金额/元	备　注
1	施工控制网基准点实测费		
2	防护林费用		
3	场地绿化		

（五）零星工作项目清单

零星工作项目清单是为了在工程的实施过程中，某些可能发生的临时性的或新增加的工作所采用的计价方法和名义数量。一般分劳务、材料和机械三类。

零星工作项目清单，应根据招标工程具体情况，对工程实施过程中可能发生的变更或新增加的零星项目，列出人工（按工种）、材料（按名称和规格型号）、机械（按名称和规格型号）的计量单位，并随工程量清单发至投标人。零星工作项目清单见表 5-4。

表 5-4 **零星工作项目清单**

合同编号：（招标项目合同号）

工程名称：（招标项目名称） 第　页、共　页

序号	名称	型号规格	计量单位	备　注
1				
2				
3				
4				

六、工程量清单计价格式

（一）工程量清单报价表

工程量清单报价表应由下列内容组成：

（1）封面。

（2）投标总价（格式）。

（3）工程项目总价表（表5-5）。

（4）分类分项工程量清单计价表。

（5）措施项目清单计价表。

（6）其他项目清单计价表。

（7）零星工作项目清单计价表。

（8）工程单价汇总表。

（9）工程单价费（税）率汇总表。

（10）投标人生产电、风、水、砂石基础单价汇总表。

（11）投标人生产混凝土配合比材料费表。

（12）招标人供应材料价格汇总表。

（13）投标人自行采购主要材料预算价格汇总表。

（14）招标人提供施工机械台时（班）费汇总表。

（15）投标人自备施工机械台时（班）费汇总表。

（16）总价项目分类分项工程分解表（表式同分类分项工程量清单计价表）。

（17）工程单价计算表。

表5-5　　工程项目总价表

合同编号：（招标项目合同号）

工程名称：（招标项目名称）　　　　第　页、共　页

序号	工程项目名称	金额/元	序号	工程项目名称	金额/元
1.	一级××项目		2.2		
1.1	二级××项目				
1.2			××	措施项目	
			××.1	××项目	
2.	一级××项目		××.2		
2.1	二级××项目				

（二）分类分项工程量清单计价

分类分项工程量清单计价一般采用工程单价计价。工程单价应根据相应工作项目的组成内容，按招标设计文件、图纸、范围确定，除另有规定外，对有效工程量以外的超挖、超填工程量，施工附加量，加工、运输损耗量等所消耗的人工、材料和机械费用，均应摊入相应有效工程量的工程单价之内。分类分项工程量清单计价表见表5-6。

表 5-6 分类分项工程量清单计价表

合同编号：（招标项目合同号）

工程名称：（招标项目名称） 第 页、共 页

序号	项目编码	项目名称	计量单位	工程数量	单价/元	合价/元	主要技术条款编码
1.		一级××项目					
1.1		二级××项目					
1.1.1		三级××项目					
	50×××××××	最末一级项目					
1.1.2							
2		一级××项目					
2.1		二级××项目					

（三）措施项目清单计价

措施项目一般用总价表示，施工措施工程项目的总价须结合分类分项工程量清单各项目计价范围和内容，以及工程量清单中所列的措施项目清单内容，按招标设计文件、图纸、工作范围，结合具体的施工组织设计确定。一般把分类分项工程量清单没有包括的、在措施项目也没有包括的工作内容，都要在相应的措施项目中计列。措施项目清单见表 5-2。

（四）其他项目清单计价

其他项目按招标文件所列的价格（发包人计列）计价。

（五）零星工作项目清单计价

零星工作项目清单计价应根据招标工程的具体情况，对工程实施过程中可能发生的变更或新增加的零星项目，按招标文件列出人工（按工种）、材料（按名称和规格型号）、机械（按名称和规格型号）的计量单位，分别填报相应的价格；招标文件没有的项目，如材料和设备，投标人也可以相应地增加项目，并列出价格。零星工作项目清单见表 5-4。

（六）工程量清单计价的其他要求

（1）工程量清单报价表的内容应由投标人填写。

（2）投标人不得随意增加、删除或涂改招标人提供的工程量清单中的任何内容。

（3）工程量清单报价表中所有要求盖章、签字的地方，必须由规定的单位和人员盖章、签字（其中法定代表人也可由其授权委托的代理人签字、盖章）。

（4）投标总价应按工程项目总价表合计金额填写。

（5）工程项目总价表填写。表中一级项目名称按招标人提供的招标项目工程量清单中的相应名称填写，并按分类分项工程量清单计价表中相应项目合计金额填写。

（6）分类分项工程量清单计价表填写：

1）表中的序号、项目编码、项目名称、计量单位、工程数量、主要技术条款编码，按招标人提供的分类分项工程量清单中的相应内容填写。

2）表中列明的所有需要填写的单价和合价，投标人均应填写；未填写的单价和合价，

视为此项费用已包含在工程量清单的其他单价和合价中。

(7) 措施项目清单计价表填写。表中的序号、项目名称，按招标人提供的措施项目清单中的相应内容填写，并填写相应措施项目的金额和合计金额。

(8) 其他项目清单计价表填写。表中的序号、项目名称、金额，按招标人提供的其他项目清单中的相应内容填写。

(9) 零星工作项目计价表填写。表中的序号、人工、材料、机械的名称、型号规格以及计量单位，按招标人提供的零星工作项目清单中的相应内容填写，并填写相应项目单价。

(10) 辅助表格填写：

1) 工程单价汇总表，按工程单价计算表中的相应内容、价格（费率）填写。

2) 工程单价费（税）率汇总表，按工程单价计算表中的相应费（税）率填写。

3) 投标人生产电、风、水、砂石基础单价汇总表，按基础单价分析计算成果的相应内容、价格填写，并附相应基础单价的分析计算书。

4) 投标人生产混凝土配合比材料费表，按表中工程部位、混凝土和水泥强度等级、级配、水灰比、坍落度、相应材料用量和单价填写，填写的单价必须与工程单价计算表中采用的相应混凝土材料单价一致。

5) 招标人供应材料价格汇总表，按招标人供应的材料名称、型号规格、计量单位和供应价填写，并填写经分析计算后的相应材料预算价格，填写的预算价格必须与工程单价计算表中采用的相应材料预算价格一致。

6) 投标人自行采购主要材料预算价格汇总表，按表中的序号、材料名称、型号规格、计量单位和预算价填写，填写的预算价必须与工程单价计算表中采用的相应材料预算价格一致。

7) 招标人提供施工机械台时（班）费汇总表，按招标人提供的机械名称、型号规格和招标人收取的台时（班）折旧费填写；投标人填写的台时（班）费用合计金额必须与工程单价计算表中相应的施工机械台时（班）费单价一致。

8) 投标人自备施工机械台时（班）费汇总表，按表中的序号、机械名称、型号规格、一类费用和二类费用填写，填写的台时（班）费合计金额必须与工程单价计算表中相应的施工机械台时（班）费单价一致。

9) 工程单价计算表，按表中的施工方法、序号、名称、型号规格、计量单位、数量、单价、合价填写，填写的人工、材料和机械等基础价格，必须与基础材料单价汇总表、主要材料预算价格汇总表及施工机械台时（班）费汇总表中的单价相一致，填写的施工管理费、企业利润和税金等费（税）率必须与工程单价费（税）率汇总表中的费（税）率相一致。凡投标金额小于投标总报价万分之五及以下的工程项目，投标人可不编报工程单价计算表。

第三节 最高投标限价

一、标底

(一) 标底的概念与作用

标底是招标人根据拟发包项目的具体情况，编制的完成招标项目建设所需的全部费用，是招标人对拟发包项目的预期价格。同时标底是衡量、评审投标人投标报价是否合理的尺度。通过编制标底使招标人对工程造价心中有数，避免盲目决策。

在以往的招标投标工作中，标底在评标定标过程中起到了不可替代的作用。随着我国大力推行工程量清单计价模式，标底的作用在招标投标中的重要性已逐渐弱化。

（二）标底编制的原则

工程标底是以目前项目招标范围内所拥有的可以利用的施工设备、技术优势以及社会平均先进的管理水平或定额确定人工、材料、机械的消耗数量，以市场平均水平所确定的材料预算价格，以社会平均管理水平或定额费用标准确定各项取费费率，是体现社会平均先进工效和管理水平的价格。工程标底在计算时要力求科学合理、计算准确。在标底的编制过程中，应遵循以下原则：

（1）标底编制应遵守国家有关法律、法规和水利行业规章，兼顾国家、招标人和投标人的利益。

（2）标底应符合市场经济环境，反映社会平均先进工效和管理水平。

（3）标底应体现工期与费用的关系，反映承包人为实现合理工期而必须采取的施工措施及必须投入的人员、材料和设备所需要的成本。

（4）标底编制必须按合同规定的内容和质量标准，应体现招标人的质量要求，要体现优质优价。

（5）标底应体现招标人对材料采购方式的要求，考虑材料市场价格变化因素。

（6）标底应体现工程自然地理条件和施工条件因素。

（7）标底应体现工程量大小因素。

（8）标底编制必须在初步设计批复后进行，原则上对国家投资的项目，各个合同的标底之和不应突破批准的初步设计概算或修正概算。

（9）一个招标的合同项目只能编制一个标底。

（三）标底编制的依据

工程标底的编制主要需依据以下资料和文件：

（1）招标人提供的招标文件，包括商务条款、技术条款、图纸以及招标人对已发出的招标文件进行澄清、修改或补充的书面资料等。

（2）现场查勘资料。

（3）批准的初步设计概算或修正概算。

（4）国家及地区颁发的现行建筑、安装工程定额及取费标准（规定）。

（5）设备及材料市场价格。

（6）施工组织设计或施工规划。

（7）其他有关资料。

（四）水利工程建设项目招标标底的编制方法

水利工程建设项目招标标底的编制方法是以定额法为主，实物量法和其他方法为辅，多种方法并用的综合分析方法。标底编制应充分发挥各方法的优点和长处，以达到提高标底编制质量的目的。

1. 定额法

定额法是参照现行水利部、省（自治区、直辖市）的定额和取费标准（规定），确定完成单位产品的工效和材料消耗量计算工程单价，再以工程单价乘以工程量计算总价的编制方法。采用定额法编制设计概算时选用的定额是按全国水利行业平均工效水平制定的；标底需要考虑具体工程的技术复杂程度、施工工艺方法、工程量大小、施工条件优劣、市场竞争情况等因素。在采用定额法编制标底时，可以根据工程具体情况适当调整现行的定额和取费标准。

一个合理的标底要有一个比较先进、切合实际的施工组织设计，包括合理的施工方案、施工方法、施工进度安排、施工总平面布置和施工资源估算，在分析国内的施工水平和可能前来投标的施工企业的实际水平基础上，认真分析现行的各种定额，从而选用比较合理的标底编制定额和取费标准。

2. 实物量法

实物量法是把项目分成若干施工工序，按完成该项目所需的时间来配备劳动力和施工设备，根据分析计算的基础价格计算直接费单价，最后分摊间接费的工程造价计算方法。

实物量法是针对每个工程的具体情况来计算工程造价，计算准确、合理，但相对复杂，且要求标底编制人员有较高的业务水平和较丰富的经验，还要掌握翔实的基础资料和经验数据，在编制时间相对紧张的标底编制阶段，不具备全面推广应用的条件；但是针对工程量清单中对标底影响较大的主要工程单价，在设计深度满足需求、施工方法详细具体且符合实际、资料较齐全的条件下，应采用实物量法进行编制，提高标底的准确性，保证标底的质量。

实物量工程直接费计算方法主要有两种，包括单价法和作业法。

（1）实物量工程直接费计算的单价法是通过对各类资源（劳动力、施工设备和材料）的选择和对这些资源的生产率和使用率的选择来实现的。生产率是每小时完成的工程量，使用率是完成一定工程量所需要的时间或资源数量。用这种方法计算出来的直接费摊入间接费后就是可以直接填入工程量清单中的工程单价，这是普遍采用的方法。

（2）实物量工程直接费计算的作业法是以计算一项作业的总工程量和完成该项作业所需的时间为依据的。造价人员把在上述时间内完成工程所需的各类资源确定下来，并计算出费用。对于土方开挖和浇筑混凝土等以施工设备为主的工程，使用这种方法较多。这种同编制施工组织设计或施工规划密切相关的计算方法，能够根据作业时间和闲置时间较准确地计算施工设备的资源配置量，从而准确计算作业直接费。

二、最高投标限价

最高投标限价的最早出处是《中华人民共和国招标投标法实施条例》第二十七条：招标人设有最高投标限价的，应当在招标文件中明确最高投标限价或者最高投标限价的计算方法。招标人不得规定最低投标限价。同样，在《建筑工程施工发包与承包计价管理办法》（住建部令第16号）中也有相关阐述，见文件第八条：最高投标限价应当依据工程量清单、工程计价有关规定和市场价格信息等编制。招标人设有最高投标限价的，应当在招标时公布最高投标限价的总价，以及各单位工程的分部分项工程费、措施项目费、其他项目费、规费和税金。

三、招标控制价

（一）招标控制价的概念与作用

根据《建设工程工程量清单计价规范》（GB 50500—2013）第 2.0.45 条，招标控制价是指招标人根据国家或省级、行业建设主管部门颁发的有关计价依据和办法，以及拟定的招标文件和招标工程量清单，结合工程具体情况编制的招标工程的最高投标限价。从定义来看，最高投标限价与招标控制价，两者依据和表达的是同一个内容。招标控制价具有以下作用：

（1）招标人有效控制项目投资，防止恶性投标带来的投资风险。

（2）增强招标过程的透明度，有利于正常评标。

（3）有利于引导投标方投标报价，避免投标方无标底情况下的无序竞争。

（4）招标控制价反映的是社会平均先进水平，为招标人判断最低投标价是否低于成本提供参考依据。

（5）可为工程变更新增项目确定单价提供计算依据。

（6）作为评标的参考依据，避免出现较大偏离。

（7）投标人根据自己的企业实力、施工方案等报价，不必揣测招标人的标底，提高了市场交易效率。

（8）招标人把工程投资控制在招标控制价范围内，提高了交易成功的可能性。

（二）招标控制价的编制依据

（1）《水利工程工程量清单计价规范》（GB 50501—2007）。

（2）国家或省级、行业建设主管部门颁发的计价定额和计价办法。

（3）建设工程设计文件及相关资料。

（4）招标文件中的工程量清单、合同条款、图纸、技术标准及招标人对已发出的招标文件进行澄清、修改或补充的书面资料等。

（5）与建设项目相关的标准、规范、技术资料。

（6）施工现场情况、工程特点及常规施工方案。

（7）工程造价管理机构发布的工程造价信息，工程造价信息没有发布的参照市场价。

（8）其他的相关资料。主要指的是施工现场情况、工程特点及常规施工方案等。

（三）招标控制价的编制要求

（1）分部分项工程费应根据拟定的招标文件中的分部分项工程量清单项目的特征描述及有关要求计价。综合单价中应包括拟定的招标文件中要求投标人承担的风险费用，拟定的招标文件没有明确的，应提请招标人明确。拟定的招标文件提供了暂估单价的材料和工程设备，按暂估的单价计入综合单价。

（2）措施项目费应按招标文件中提供的措施项目清单确定，采用综合单价计价或按“项”为单位计价。措施项目清单中的安全文明施工费应按照国家或省级、行业建设主管部门的规定计价，不得作为竞争性费用。

（3）其他项目费应按下列规定计价：

1）暂列金额应按招标工程量清单中列出的金额填写。

2）暂估价中的材料、工程设备单价应按招标工程量清单中列出的单价计入综合单价。

3）暂估价中的专业工程金额应按招标工程量清单中列出的金额填写。

4）计日工应按招标工程量清单中列出的项目根据工程特点和有关计价依据确定综合单价计算。

5）总承包服务费应根据招标工程量清单列出的内容和要求估算。

（4）规费和税金应按照国家或省级、行业建设主管部门的规定计算，不得作为竞争性费用。

四、标底与最高投标限价（招标控制价）的区别

（1）约束范围不同。《中华人民共和国招标投标法》没有规定招标必须设有标底，但也没有禁止设置标底。对“设有标底的”，还提出了“必须保密”的要求和评标“应当参考标底”的要求。可见，标底价格是法律许可的，也是我国招投标中习惯使用的。工程量清单计价规范提出“国有资金投资”的工程应当实行工程量清单招标，招标人应编制招标控制价。招标控制价与工程量计价应用结合较好，也是当前应用较多的方法。招标控制价同时要接受造价管理部门的监管，对招投标双方具有一定的约束力。

（2）保密要求不同。标底要开标前保密，在开标时宣布。招标控制价应该在招标文件中公开，提高了透明度。

（3）编制作用不同。在评标中，标底可以用来比较分析投标报价，具有参考作用，但不能作为中标或废标的唯一直接依据。招标控制价可以有效防止抬标，超过招标控制价的投标报价即成为废标。

思　考　题

5-1　简述影响合同类型的因素。

5-2　成本加酬金合同有哪几种形式？其各自优势有哪些？

5-3　简述工程量清单的作用和适用范围。

5-4　简述工程量清单的组成。

5-5　分别简述水利工程建设项目招标标底编制的定额法和实物量法的特点。

5-6　简述标底和招标控制价的区别。

第六章 施工阶段投资控制

施工阶段是建设工程投资控制的重要阶段。施工阶段是资本转化的实质性阶段，大量的资金需要实际筹措并投入使用，因此，监理人担负着繁重的资金管理任务。在施工过程中，监理人除了根据合同规定审核签署工程进度付款证书、预付款支付证书、完工付款证书和最终付款证书外，还要处理可能由于施工现场条件变化、市场条件变化、法规变更、恶劣气候影响、意外风险、合同变更、施工索赔等引起的额外费用支出。为此，监理人必须依照合同和国家的法律、法规和方针、政策，做好施工阶段投资控制工作。

第一节 资金使用计划的编制

一、编制资金使用计划的目的

无论发包人还是承包人，都应编制资金使用计划。角色不同，编制资金使用计划的目的也存在差异。发包人通过编制资金使用计划，及时进行工程计量与结算，预防并处理好工程变更与索赔，有效控制工程投资。承包人主要基于施工预算，做好成本计划及动态监控等工作，综合考虑建造成本、工期成本、质量成本、安全成本、环保成本等全要素，控制施工成本。

在投资控制流程和资金使用计划编制步骤方面，首先应明确投资控制目标值，按照一定的结构，合理分解目标，动态比对，找出实际值和计划值偏差，找出偏差原因并及时采取纠正措施，将偏差控制在一定范围内。因此，资金使用计划的编制只是施工阶段投资控制的起点。

编制资金使用计划，应在设计概算的基础上，结合施工承发包合同、项目划分、施工进度等约束条件，综合考虑由发包人提供或者根据物资采购合同中有关物资供应、材料供应以及土地征用等方面的费用，考虑一定的不可预见影响，按一定的结构方法编制资金使用计划。

在编制资金使用计划时，对施工进展情况的估计水平和拥有的资料有限，同时施工过程中各种因素又可能发生变化，因此，应辩证地对待资金使用计划中的投资目标值。在编制阶段，充分获取信息和资料，力求编制合理适用的资金使用计划，维护投资控制目标的严肃性。施工过程中，要根据实际情况对原资金使用计划作出必要的调整和修正。调整并不意味着可以随意或者直接修改项目投资的目标值，而应该遵循计划编制的规定程序进行调整修正。

资金使用计划是监理人审核承包人按合同规定递交的施工进度计划和现金流计划的依据。监理人的工作具体为：①对比分析发包人、承包人编制的资金使用计划，确保两者相适应；②将发包人编制的资金使用计划，对照施工合同、项目划分、进度计划，在投资、进度、质量、安全目标之间进行平衡协调；③确立目标，做好过程的监控比对，出现重大偏差时，督促承包人进行纠偏。项目建设各阶段资金投入情况见图 6－1。

投资前期准备				工程实施				生产运营	
投资机会研究	可行性研究		投资决策	咨询设计	招标投标	商签合同	工程施工和验收（包括设备供货、安装和土建工程）	试生产	生产和运营
	预可行性研究	可行性研究							

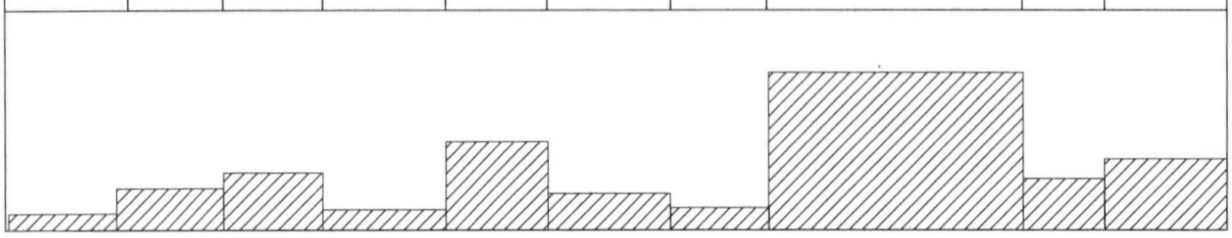

图 6－1　项目建设各阶段资金投入情况

二、资金使用计划的编制方法

资金使用计划分解结构，直接决定了今后能否进行过程比对。项目结构分解方法不同，资金使用计划的编制方法也有所不同，常见的有按工程投资构成编制资金使用计划、按工程项目划分组成编制资金使用计划及按工程进度编制资金使用计划。这三种不同的编制方法可以有效地结合起来，组成一个详细完备的资金使用计划体系。

（一）按工程投资构成编制资金使用计划

水利工程造价主要分为建筑及安装工程费、设备工器具费和工程建设其他费三部分，按工程投资构成编制的资金使用计划也分为建筑安装工程费使用计划、设备工器具费使用计划和工程建设其他费使用计划。这种编制方法适合于有大量经验数据的工程项目，常用于造价咨询机构为发包人编制资金使用计划。

（二）按工程项目划分组成编制资金使用计划

水利工程项目一般按级划分为单位工程、分部工程、单元（工序）工程等三级。设计概算、预算都是按单项工程和单位工程编制的，因此，这种编制方法比较简单，易于操作，在实践中是比较常见的编制方法。

（三）按工程进度编制资金使用计划

资金具有时间价值，在时间维度上应该体现“投、付、进、出”概念，应该体现“量、价、费”三者关系。投入到工程项目的资金是分阶段、分期支出的，资金使用是否合理与施工进度安排密切相关。作为发包人，编制资金使用计划，据此筹集资金，尽可能减少资金占用和利息支付。作为承包人，编制资金使用计划，按施工进度进行分解，便于确定各施工阶段具体的目标值，便于工程计量和支付。

三、资金使用计划的编制要点

（一）按工程投资构成编制资金使用计划

由于建筑工程与安装工程在性质上差异较大，投资的计算方法和标准也不尽相同，因此，在实际操作中往往将建筑安装投资划分为建筑工程投资和安装工程投资。由于设备购置费与工器具购置费的构成以及计算方法的不同，可以将设备工器具投资划分为设备购置费和工器具购置费投资。

在按投资构成编制资金使用计划时，可以根据以往的经验和建立的数据库来确定适当的比例，必要时也可以做一些适当的调整。如果所购置的设备大多包括安装费，则可将安装工程投资和设备购置投资作为一个整体来确定它们所占的比例，然后再根据具体情况决定细分或不细分。

（二）按工程项目划分组成编制资金使用计划

要编制资金使用计划，首先要进行项目划分。为了在施工过程中便于进行项目的计划投资和实际投资比较，故要求资金使用计划中的项目划分与招标文件中的项目划分一致，然后再分项列出由发包人直接支出的项目，构成资金使用计划项目划分表。

就一个建设项目来说，工作项目的数量巨大，为了便于计划的使用和调整，应使用计算机软件进行管理。为此，必须事先统一确定投资项目的编码系统，编码即指工程项目的号码，必须具有科学性。

（三）按工程进度编制资金使用计划

在项目划分表的基础上，结合承包人的投标报价、项目发包人支出项目的预算、施工进度计划等，逐时段统计需要投入的资金，即可得到项目资金使用计划。基本步骤如下：

（1）编制工程施工进度计划。

（2）计算单位时间的资金支出目标。

（3）计算规定时间内的累计资金支出额。

（4）绘制资金使用时间进度计划的S曲线（“香蕉”曲线）。资金使用计划的表格形式见表6－1～表6－3。

表6－1　　×××工程项目第Ⅰ标资金使用计划表　　单位：元

编码	项目名称	单位	数量	预算支出	时间/月		
							…
⋮	⋮						⋮
	小计						
	预备费						

表6－2　　×××工程项目业主直接支出资金使用计划表　　单位：元

编码	项目名称	单位	数量	预算支出	时间/月		
							…
⋮	⋮						⋮
	小计						
	预备费						

表 6-3　　×××工程项目资金使用计划总表　　单位：元

编码	项目名称	单位	数量	预算支出	时间/月		
							…
	Ⅰ标						
	Ⅱ标						
⋮	⋮						⋮
	合计						
	Ⅰ标预备费						
	Ⅱ标预备费						
	⋮						⋮
	总计						

通常，施工进度计划中的项目划分和投标书中工程量清单中的项目划分在某些项目的精细度方面可能不一致，为便于资金使用计划的编制和使用，监理人在要求承包人提交进度计划时应预先约定，使进度计划中的项目划分和资金使用计划中的项目划分相互协调。

编制资金使用计划时，要在项目总体方面考虑总的预备费，也要在主要的工程分项中安排适当的不可预见费。如果在编制资金使用计划时发现个别单位工程或工程量表中某项内容的工程量计算出入较大，使根据招标时的工程量估算所做的投资预算失实，那么，除对这些个别项目的预算支出作相应调整外，还应特别注明是“预计超出子项”，在项目的实施过程中尽可能采取对策措施。

四、审批承包人呈报的资金流估算表

承包人的资金流估算表是承包人向监理人提交的，承包人根据合同有权得到的全部支付的详细资金流估算。按《水利水电工程标准施工招标文件》（2009 年版）及《水利水电工程标准施工招标文件补充文本》（2015 年版）（以下统称《水利水电工程标准文件》）通用合同条款规定：承包人应在按合同约定向监理人提交施工总进度计划的同时，按合同约定的格式，向监理人提交按月的资金流估算表。估算表应包括承包人计划可从发包人处得到的全部款额，以供发包人参考。此后，当监理人提出要求时，承包人应在监理人指定的期限内提交修订的资金流估算表。

监理人审批承包人的资金流估算，主要作用有以下两方面。

（一）了解承包人按其施工进度安排提出的要求发包人阶段付款的计划

承包人提交资金流估算，按发包人或监理人的要求加以调整，并得到监理人的签认后，承包人才能有保证地得到发包人的进度款支付。发包人或监理人批准的承包人的资金流估算，既是承包人要求阶段付款的计划，也是发包人调整资金使用计划和筹措资金的依据。

（二）了解承包人的财务能力

施工活动一旦开始就应该是连续不断进行的过程。在施工过程中，承包人利用他所能得到和支配的各种形态的资金，以一定的技术和施工组织方式使其所需资金经常处于不断流动和转变形态的过程中。这种过程就是施工活动的资金流动。

由于发包人实际支付资金比承包人在施工中投入资金滞后一段时间（依合同规定只有完成且认证合格并履行合同规定的程序后，一般 28～56 天），承包人为使施工连续进行，除可使用发包人以前已实际支付过的款项（如预付款、前期中期付款）外，在初期一般需由其他来源获取补充资金。监理人应该了解承包人在施工中的资金流动过程，避免承包人在某些阶段出现大量资金短缺的风险。

1. 承包人的施工启动资金

承包人为从事所承担的施工任务，其启动资金的来源主要有以下方面：

(1) 发包人向承包人支付的工程预付款。关于工程预付款的支付与扣还将在本章第三节介绍。

(2) 承包人为实施本工程所投入的自有的各种形态的资金，如机械设备、工具仪器、部分材料、人力、技术以及一定量的货币。

(3) 承包人为弥补自身资金不足而借入的借贷资金。

承包人将施工启动资金用来进行动员队伍、购买必要的生产资料、建造施工辅助设施等一切施工准备，把货币资金转变为固定资金和生产储备资金，并应保留一部分流通现金。

2. 承包人资金的周转与均衡

为保持施工生产的连续、衔接，使再生产过程连续进行，承包人为永久工程投入的资金，采取分阶段结算的方式从发包人处得到支付，以这种阶段付款的方式实现其流动资金的周转、循环，其投入与产出（从发包人得到的支付）应保持均衡。

承包人对其每一规定时段（如月）内所完成的工程量，都要申请中间计量和付款。从承包人提出付款申请，经过监理人审核、签认阶段付款证书并交发包人审查直到承包人实际得到发包人支付的资金，其间有一段较长的滞后时间（如《水利水电工程标准文件》通用合同条款规定最大滞后时间为 28 天，有的具体合同规定为 45 天、56 天不等）。在这段滞后时间内，承包人为实施合同的投入得不到发包人的立即补偿，而施工又不能因此而停顿，为保持生产过程的连续、衔接，承包人的资金必须均衡：不仅在数量上承包人的投入和发包人的支付要与施工进度相均衡，而且时间上也要均衡。因此，承包人在施工的每一时段的投入，不仅靠发包人的上一期支付，还必须有其他来源的一部分资金投入来维持，使资金流动在数量上和时间上保持均衡。连续、衔接、均衡是施工活动过程中资金流动的基本特点。

承包人的资金流动过程见图 6-2。

在图 6-2 中：①表示经监理人审查批准的工程价值累计曲线；②表示每期阶段付款的最大滞后时间（按《水利水电工程标准文件》通用合同条款规定为 28 天）；③表示发包人的实际支付曲线，也是承包人实际收入曲线，由监理人开具阶段付款证书进行的支付；④表示发包人支付的工程预付款；⑤表示发包人支付的材料预付款；⑥表示在每期阶段付款中扣留保留金及其他应扣款额；⑦表示承包人当期累计进度款收入；⑧表示承包人当期应补充的流动资金需要量；⑨表示承包人实际成本累计曲线；⑩表示最终支付；⑪表示退还保留金余额的一半；⑫表示退还剩余的保留金；⑬表示保修期（缺陷责任期）。

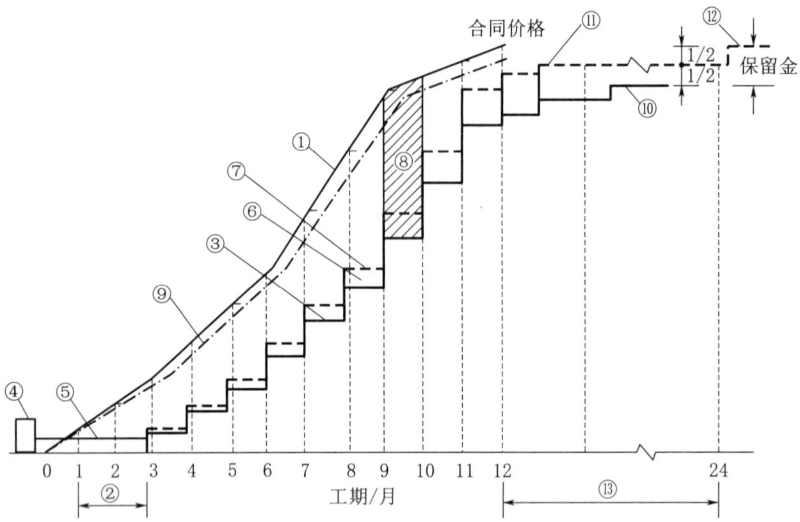

图 6-2 承包人的资金流动过程

施工过程的资金流动不是简单的资金循环和周转。在施工过程中，资金不仅发生价值形态的变化，而且发生价值量的变化。从成品资金的形态最后转变为货币形态——最终结算和支付，使承包人达到以下目的：

（1）偿还了发包人借给的预付款。

（2）补偿了其固定资金损耗。

（3）补偿了其流通现金损耗。

（4）流动资金形态转变的结果使其支付了职工工资，并偿还了借入资金的本息。

（5）从流动资金形态转变中分离出了利润。

第二节 工程计量与计价控制

工程量的正确计量是发包人向承包人支付合同价款的前提和依据。工程量的计算规则应按有关国家标准、水利行业标准规定，并在合同中约定执行。监理人受项目法人委托对施工合同进行管理，要实现施工合同管理目标，控制计量和计价是实现合同目标的重要手段，也是最有效的方式。

一、工程计量的重要性

在施工过程中，对承包人已完成的工程量的测量和计算，称为工程计量，简称计量。工程计量控制是监理人投资控制的重要内容。工程计量是控制项目投资支出的关键环节，经过监理人计量所确定的工程量是向承包人支付任何款项的凭证。应当注意，符合合同目标且已完成的工程量是应该给予计量的，但不一定就是支付工程量；给承包人进行付款的工程量应是支付工程量，不一定与实际完成的工程量一致。比如，合同规定按设计开挖线支付，但承包人为了节省成本而采用的风险开挖（即欠挖）、因承包人原因造成的不合理超挖等，其计量的工程量与应该给承包人的支付工程量就可能不一致。《水利水电工程标准文件》通用合同条款规定："已标价工程量清单中的单价子目工程量为估算工程量。结算工程量是承包人实际完成的，并按合同约定的计量方法进行计量的工程量。"因此，支付工程量必须符合合同规定。

在施工过程中，受地质、地形条件变化及设计变更等多方面的影响，招标文件中的名义工程量和施工中的实际工程量很难一致，再加上工期长、影响因素多，因此，在计量工作中，监理人既要做到公正、诚信、科学，又必须使计量审核统计工作在工程一开始就达到系统化、程序化、标准化和制度化。

二、工程计量的原则

计量工作关系到合同双方的利益，在工程计量中，监理人应遵守以下原则。

（一）计量的项目必须是合同中规定的项目

在工程计量中，只计量合同中规定的项目。对合同工程量清单规定以外的项目（如承包人自己规划设计的施工便道、临时栈桥、脚手架，以及为施工需要而修建的施工排水泵、河岸护堤、隧洞内避车洞、临时支护等）将不予计量。这些项目的费用被认为在承包人报价中已经考虑，已分摊到合同规定的相应项目中了。因此，应计量的项目只包括以下内容：

（1）工程量清单中的全部项目。

（2）已由监理人发出变更指令的工程变更项目。

（3）合同文件中规定应由监理人现场确认的，并已获得监理人批准同意的项目。

（二）计量项目应确属完工或正在施工项目的已完成部分

确实属于完工项目和正在施工项目的已完成部分，监理人才能进行计量和审核确认，计量和审核工作中应注意以下方面：

（1）计量方式、标准应严格按照合同文件的技术条款中有关计量与支付的规定进行。

（2）申报的已完工程量，其项目和工程部位应与设计图纸要求相符，其计量成果经校核确属准确无误。

（3）申报完成的总价合同项目，其完成数量应与经过现场检查的施工形象面貌相一致。

（4）附加项目的工程量，应该是经监理人现场认可同意、手续齐备、数量核实无误的项目的工程量。

（三）计量项目的质量应达到合同规定的技术标准

所计量项目的质量合格是工程计量最重要的前提。对于质量不合格的项目，不管承包人以什么理由要求计量，监理人均不予进行计量。例如，对于不合格的项目，承包人以种种理由提出对此暂不要求支付，但希望监理人先予计量。对这种情况，监理人应予以拒绝。

质量检验和计量支付是监理过程中的两个阶段。两个阶段以验收和质量评定为界线。经过监理人检验，工程质量达到合同规定的技术标准后，由监理人签发验收证明文件或质量评定表，监理工作即由质量检验阶段进入了计量支付阶段。在签发验收证明文件或质量评定表以前，不得对任何项目进行计量。

（四）计量项目的申报资料和验收手续应该齐全

承包人在通知监理人请求计量时，应说明有关资料已准备齐全。一般在申请中间计量的同时，承包人应将有关资料提交监理人。资料一般应包括以下内容：

（1）监理人批准的开工申请单，并应附有关的施工准备、实施性施工组织设计等材料。

（2）承包人自检的各种符合合同要求的试验材料。

（3）监理人的各种检验材料和签发的验收证明文件或质量评定表。

（4）测量控制基线、桩位布置图，计量申请的计算资料、质量评定自检表、监理抽检记录。

（5）计量申请表中的工程项目编号、项目名称和工程量的计量单位等（应与合同文件中工程量清单上的相一致）。

（6）承包人申请中间计量的申请表。

对承包人应提交的资料，监理人应按“监理实施细则”的方式加以规定。合同文件中的技术条款中规定了程序、工作内容、质量标准，但对于该项工作完成过程中承包人在每步应提交哪些表格、应做哪些检测，有的工程项目的技术条款中规定得不一定很详细，承包人无所遵循。通过监理实施细则，一方面可以对工程量清单、技术条款中的未尽事宜做必要的补充说明，防止出现争议，又可使计量工作规范化、标准化、程序化。

（五）计量结果必须得到监理人和承包人双方确认

承包人提出中间交验申请，并附有相应的试验结果（自检合格、监理抽检合格、全部试验资料、监理签署的质量检验认可单），请求监理人予以计量，监理人应派专人与承包人一起测量和计算工程量，双方确认。监理人欲对工程任何部位进行计量，也应该事先通知承包人，承包人则应准备好与该部位有关的一切资料，派合格人员与监理人在现场计量，计量结果由双方确认。

（六）计量方法的一致性

在工程的设计和施工中，对工程量的计算原则和方法一般都有统一规定。计量方法的一致性主要是指，如果在工程量清单中和技术条款中规定采用什么计算方法，在测量实际完成的工程量时必须采用同一方法。所采用的测量和计算原则应在工程量清单序言、总说明或技术条款中加以明确。

三、计量的内容

在施工阶段所做的计量工作，以合同中的工程量清单为基础。监理人要进行以下计量：

（1）永久工程的计量（包括中间计量和竣工计量）。永久工程的计量采用中间计量方式对承包人进行阶段付款，竣工计量则用于竣工支付。永久工程的计量中，大量的工作是中间计量，其中包括工程变更的计量。对于图纸中有固定几何尺寸的永久工程，计量较为简单，往往是把构造物从基础到上部划分为若干部分，每一部分完成后按约定的比例进行支付，因此计量也具有对该部分工程几何尺寸、形状是否符合设计要求的验收性质。竣工计量的总工程量必须按合同规定的方式进行，如合同规定按设计的几何尺寸计量时，总的工程量在没有合同变更的情况下，不应超出工程量清单中按设计几何尺寸已经预先正确计算的工程量；如混凝土构造物，所有中间计量结果的总和应符合该构造物混凝土总体积。对于永久工程，虽有几何尺寸要求，但材料本身的性质决定了其体积会有变化，如土方填筑的建筑物，则应考虑沉降因素和安全超填的余量，或由设计中规定，或根据实际沉降观测结果计量；这类计量往往会发生中间计量的总和与规定的总量不符的情况。例如土堤，考虑到施工沉降后在图纸上设计总压实方量为48万m^3，中间计量按分层压实检验、计量，总共12次阶段付款，由于每次计量都有误差，第11次计量时就已经达到总数48万m^3，而工程尚未结束，这种情况仍应在最后以总量控制。对于虽有几何尺寸要求但实际条件会发生变化的，如基坑开挖及回填量的增加，则只有据实计量，按合同规定的计价方式计算和支付工程量。因此，在合同文件中，应根据不同情况规定相应的计量方法。

（2）承包人为永久工程使用的运进现场材料和工程永久设备的计量。对于承包人为永久工程使用而运进现场的材料，如果合同中规定在该项材料被用于永久工程之前发包人以材料预付款的形式先预支付一定百分比的材料购入款，则监理人除了需要对该项材料检验，确认是否符合用于永久工程标准要求外，还应对进入现场材料的数量随时计量。为了支付的需要，还需要对材料的使用量、进场数量的差值随时计算，以确定材料的实际消耗量，复核承包人的工作质量和所完成的项目的工程质量，防止承包人偷工减料。

（3）对承包人进行额外工作的计量（包括工程量计量和工程量形成因素的计量）。对于承包人所做的额外工作，如用暂定金额支付的项目以及应付意外事件所完成的工作，出于不同的支付计算需要，有的按完成的工程量计算，有的则要计量工程量形成因素，如计日工计量等。

四、计量工作方式

（一）由承包人在监理人的监督下进行计量

计量具体工作完全由承包人进行，但监理人应对承包人的计量提出具体的要求，包括计量的格式、计量记录及有关资料的规定，以及承包人用于计量的设备精度、计量人员的素质等。计量工作在监理人的完全监督下进行。承包人计量完成后，需将计量的结果及有关记录和资料报送监理人审核，以监理人审核确认的结果作为支付的凭据。

采用这种计量方式，优点是占用的监理人员较少。但是，由于计量工作全部由承包人进行，监理人只是通过抽测、监督承包人的测量工作、甚至免测加以确认结果，容易使计量失控。因此，采用这种方式的计量，监理人应加强对中间计量的管理，克服由于中间计量不严格对工程最终支付工程量的不利影响，防止工程费用在中间支付过程中超支或给最终的工程结算带来不利影响。

（二）监理人与承包人联合计量

由监理人与承包人分别委派专人组成联合计量小组，共同负责计量工作。当需要对某项工程项目进行计量时，由这个小组商定计量的时间，并作好有关方面的准备，然后到现场共同进行计量，计量后双方签字认可，最后由发包人或监理人的总监审批。有些特殊项目，如建筑物的原始地形、水下地形、疏浚工程量的计算等，在合同中也可以约定由发包人代表、设计代表、监理人、承包人联合进行测量和计算，以确保工程量的计算计量准确。

采用这种计量方式，由于双方在现场共同确认计量结果，与其他计量方式相比，减少了计量与计量结果确认的时间，同时也保证了计量的质量，是目前提倡的计量方式。

五、计量的方法

工程计量是发包人向承包人支付工程价款的主要依据，监理人应按合同技术条款中有关计量与支付的规定严格执行。

监理人的计量工作，既要做到公正、诚信，又要执行科学的计量方法，使计量工作尽量做到系统化、程序化、标准化和制度化。计量方法一般在技术条款、工程量清单前言中规定，实际计量方法必须与合同文件所规定的计量方法相一致，一般情况下有以下几种方法。

（一）现场测量

现场测量就是根据现场实际完成的工程情况，按规定的方法进行丈量、测算，最终确定支付工程量。

在每月的计量工作中，对承包人递交的收方资料，除了进行室内复核工作之外，还应现场进行测量抽查，抽查数量一般控制在递交剖面数量的5%～10%。对工程量和投资影响较大的收方资料，抽查量应适当增加，反之可减少。如覆盖层开挖计量，除检查施工面貌外，可适当抽查几个部位，并且采取中间计量的方式进行月计量，最终以开挖面貌或设计开挖线形成后的总量控制。要特别注意土石方开挖和土石方填筑工程量的计量规则，是按实际开挖的面貌还是按设计开挖线计量，应依据合同规定确定。

尤其是土石方开挖工程量的计量，要特别注意土方和石方的计量界线。水利水电工程施工合同技术条款中以施工开挖方法和使用的开挖机械划分土方和石方的计量界线。将无须采用爆破技术进行开挖，而可直接使用手工工具或土方机械开挖的料物定义为“土方”，将需要采用系统钻孔和爆破作业开挖的料物定义为“石方”；并规定使用机械开挖的风化岩石以及不大于0.7m^3的孤石或岩块均列为“土方”，体积大于0.7m^3、需用钻爆方法破碎的孤石或岩块均列为“石方”。由于各个工程的规模及其开挖所用的机械不同，土方和石方的计量界线不同。例如，二滩工程以1m^3坚硬孤石、三峡工程以1.5m^3坚硬孤石为界。对于一般大中型工程施工设备而言，以0.7m^3的坚硬孤石为界较好。具体计量时一定要依据合同规定确定计量工程量和支付工程量。

（二）按设计图纸计量

按设计图纸计量是指根据施工图对完成的工程量进行计算，以确定支付的工程计量方法。一般对混凝土、砖石砌体、钢木结构等建筑物或构筑物按设计图纸的轮廓线计算工程量。

（三）仪表测量

仪表测量是指通过使用仪表对所完成的工程量进行计量，如项目使用的风、水、电、油等，以及特殊项目的混凝土灌浆、泥土灌浆等。

（四）按单据计算

按单据计算是指根据工程实际发生的进货或进场材料、设备的发票、收据等，对所完成工程进行的计量。这些材料和设备须符合合同规定或有关规范的要求，且已应用到项目中。

（五）按监理人批准计量

按监理人批准计量是指在工程实施中，监理人批准确认的工程量直接作为支付工程量，承包人据此进行支付申请工作。这类计量主要是在变更项目中以具体的数量作为计量结果，例如隧洞支护的锚杆，基础处理的换填，以及基础的桩基水泥搅拌桩、灌注桩、预应力混凝土桩等。

（六）合同中个别采用包干计价项目的计量

在水电工程施工固定单价合同中，有一些项目由于种种原因不宜采用单价计价，而采用包干计价，如临建工程、临时房建工程、某些导截流工程、临时支护工程、观测仪器埋设、机电安装工程等。

包干计价项目一般以总价控制、检查项目完成的形象面貌，按均摊法逐月或逐季支付价款。有的项目也可进行计量控制，其计量方式可按中间计量统计支付。具体情况根据合同规定执行。

六、工程量的计量计算

所有工程项目的工程量的计量计算方法均应符合合同技术条款的规定。本节主要介绍《水利水电工程标准文件》合同技术条款及《水利工程工程量清单计价规范》（GB 50501—2007）中规定的水利工程工程量的计量方法。

（一）重量计量的计算

在水利水电工程中使用的钢材主要包括钢板、钢管、钢筋、钢丝等。按《水利水电工程标准文件》合同技术条款规定，一般按施工图纸所示计算的有效重量以 t 或 kg 为单位计量。凡以重量计量并需称量的材料，由承包人合格的测量人员使用国家计量监督部门检验合格的称量设备，根据合同约定，在监理人指定的地点进行称量。

《水利水电工程标准文件》合同技术条款规定：

（1）钢筋按施工图纸所示钢筋强度等级、直径和长度计算的有效重量以 t 为单位计量，不计架立筋、搭接、加工及安装过程中损耗附加钢筋量。

（2）压力钢管（含岔管和伸缩节）及其附件的制造、运输和安装，按施工图纸所示尺寸计算的有效重量以 t 为单位计量。

（3）钢结构按施工图纸所示尺寸计算的有效重量以 t 为单位计量。

（4）钢闸门安装工程按施工图纸所示尺寸计算的闸门本体有效重量以 t 为单位计量。门槽（楣）安装工程按施工图纸所示尺寸计算的有效重量以 t 为单位计量。启闭机安装工程按施工图纸所示启闭机数量计算以台为单位计量。

（5）预埋管道（除合同另有约定外）按施工图纸所示尺寸计算有效长度（或重量）以 m（或 t）为单位计量。

（6）钢筋网（或钢丝网）按施工图纸所示尺寸计算的钢筋（或钢丝）有效重量以 t 为

单位计量。

(7) 钢支撑及其附件按施工图纸所示尺寸计算的有效重量以 t 为单位计量。

(8) 帷幕灌浆、固结灌浆的灌浆按设计净干灰耗量计算有效干灰重量以 t 为单位计量。

(二) 面积计量的计算

按施工图纸所示施工轮廓尺寸或结构物尺寸计算的有效面积以 m^2 为单位计量。

(1) 场地平整按施工图纸所示场地平整区域计算的有效面积以 m^2 为单位计量。

(2) 回填灌浆、接缝灌浆和接触灌浆按施工图纸所示灌浆区域计算的有效灌浆面积以 m^2 为单位计量。

(3) 劈裂灌浆按施工图纸所示灌浆区域计算的有效灌浆面积以 m^2 为单位计量。

(4) 钢筋混凝土防渗墙、塑性混凝土防渗墙按施工图纸所示尺寸计算的有效截水面积以 m^2 为单位计量。

(5) 高压喷射灌浆防渗墙按施工图纸所示尺寸计算的有效截水面积以 m^2 为单位计量。

(三) 体积计量的计算

按施工图纸所示施工轮廓尺寸或结构物尺寸计算的有效体积以 m^3 为单位计量。

(1) 普通混凝土按施工图纸所示尺寸计算的有效体积以 m^3 为单位计量。混凝土有效工程量不扣除设计单位体积小于 $0.1m^3$ 的圆角或斜角，单体占用的空间体积小于 $0.1m^3$ 的钢筋和金属件，单体横截面积小于 $0.1m^3$ 的孔洞、排水管、预埋件和凹槽等所占的体积，按设计要求对上述孔洞回填的混凝土也不予计量。

(2) 预制混凝土构件的预制和安装，按施工图纸所示尺寸计算的有效体积以 m^3 为单位计量。

(3) 预应力混凝土按施工图纸所示尺寸计算的有效体积以 m^3 为单位计量。

(4) 水下混凝土按施工图纸所示浇筑范围内混凝土灌注前后的水下地形平、剖面图计算水下混凝土的有效体积以 m^3 为单位计量。

(5) 碾压混凝土按施工图纸所示尺寸计算的有效体积以 m^3 为单位计量。

(6) 沥青混凝土面板和沥青混凝土心墙按施工图纸所示尺寸计算的有效砌体体积以 m^3 为单位计量。

(7) 浆砌石、干砌石、混凝土预制块和砖砌体按施工图纸所示尺寸计算的有效体积以 m^3 为单位计量。

(8) 一般土方开挖、淤泥流沙开挖、沟槽开挖和桩坑开挖按施工图纸所示开挖轮廓尺寸计算的有效自然方体积以 m^3 为单位计量。

(9) 塌方清理按施工图纸所示开挖轮廓尺寸计算的有效塌方体积以 m^3 为单位计量。

(10) 石方明挖和石方槽挖按施工图纸所示轮廓尺寸计算的有效自然方体积以 m^3 为单位计量。

(11) 地下洞室开挖按施工图纸所示轮廓尺寸计算的有效自然方体积以 m^3 为单位计量。

(四) 长度计量的计算

按施工图纸所示施工轮廓尺寸或结构物尺寸计算的有效长度以 m 为单位计量。

（1）钻孔按施工图纸所示尺寸计算有效钻孔长度以 m 为单位计量。

（2）振冲加密或振冲置换成桩按施工图纸所示尺寸计算的有效长度以 m 为单位计量。

所有以延长米计量的结构物，除施工图纸另有规定外，应按平行于结构物位置的纵向轴线或基础方向的长度计算。

七、计量支付控制要点

依据《水利水电工程标准文件》，以大中型水利水电工程为例，监理人可参考以上标准并依据具体合同，进行有效计量控制。

（一）一般规定

承包人应保证自供的一切计量设备和用具符合国家度量衡标准的精度要求。

除合同另有约定外，凡超出施工图纸所示和合同技术条款规定的有效工程量以外的超挖、超填工程量，施工附加量，加工、运输损耗量等均不予计量。

根据合同完成的有效工程量，由承包人按施工图纸计算，或采用标准的计量设备进行计量，并经监理人签认后，列入承包人的每月完成工程量报表。当分次结算累计工程量与按完成施工图纸所示及合同文件规定计算的有效工程量不一致时，以按完成施工图纸所示及合同文件规定计算的有效工程量为准。

分次结算工程量的测量工作，应在监理人在场的情况下，由承包人负责。必要时，监理人有权指示承包人对结算工程量重新进行复核测量，并由监理人核查确认。

（二）施工临时设施

1. 现场施工测量

现场施工测量（包括根据合同约定由承包人测设的施工控制网、工程施工阶段的全部施工测量放样工作等）所需费用，由发包人按承发包合同中约定的《工程量清单》所列项目的总价支付。

2. 现场试验

（1）现场室内试验。承包人现场试验室的建设费用，由发包人按《工程量清单》所列相应项目的总价支付。

（2）现场工艺试验。除合同另有约定外，现场工艺试验所需费用，包含在现场工艺试验项目总价中，由发包人按《工程量清单》相应项目的总价支付。

（3）现场生产性试验。除合同约定的大型现场生产性试验项目由发包人按《工程量清单》所列项目的总价支付外，其他各项生产性试验费用均包含在《工程量清单》相应项目的工程单价或总价中，发包人不另行支付。

3. 施工交通设施

（1）除合同另有约定外，承包人根据合同要求完成场内施工道路的建设和施工期的管理维护工作所需的费用，由发包人按《工程量清单》相应项目的工程单价或总价支付。

（2）场外公共交通的费用，除合同约定由承包人为场外公共交通修建和（或）维护的临时设施外，承包人在施工场地外的一切交通费用，均由承包人自行承担，发包人不另行支付。

（3）承包人承担的超大、超重件的运输费用，均由承包人自行负责，发包人不另行支付。超大、超重件的尺寸或重量超出合同约定的限度时，增加的费用由发包人承担。

4. 施工及生活供电设施

除合同另有约定外，承包人根据合同要求完成施工用电设施的建设、移设和拆除工作所需的费用，由发包人按《工程量清单》相应项目的工程单价或总价支付。

5. 施工及生活供水设施

除合同另有约定外，承包人根据合同要求完成施工及生活供水设施的建设、移设和拆除工作所需的费用，由发包人按《工程量清单》相应项目的工程单价或总价支付。

6. 施工供风设施

除合同另有约定外，承包人根据合同要求完成施工供风设施的建设、移设和拆除工作所需的费用，由发包人按《工程量清单》相应项目的工程单价或总价支付。

7. 施工照明设施

除合同另有约定外，承包人根据合同要求完成施工照明设施的建设、移置、维护管理和拆除工作所需的费用，由发包人按《工程量清单》相应项目的工程单价或总价支付。

8. 施工通信和邮政设施

除合同另有约定外，承包人根据合同要求完成现场施工通信和邮政设施的建设、移设、维护管理和拆除工作所需的费用，由发包人按《工程量清单》相应项目的工程单价或总价支付。

9. 砂石料生产系统

除合同另有约定外，承包人根据合同要求完成砂石料生产系统的建设和拆除工作所需的费用，由发包人按《工程量清单》相应项目的工程单价或总价支付。

10. 混凝土生产系统

除合同另有约定外，承包人根据合同要求完成混凝土生产系统的建设和拆除工作所需的费用，由发包人按《工程量清单》相应项目的工程单价或总价支付。

11. 附属加工厂

除合同另有约定外，承包人根据合同要求完成附属加工厂的建设、维护管理和拆除工作所需的费用，由发包人按《工程量清单》相应项目的工程单价或总价支付。

12. 仓库和存料场

除合同另有约定外，承包人根据合同要求完成仓库或存料场的建设、维护管理和拆除工作所需的费用，由发包人按《工程量清单》相应项目的工程单价或总价支付。

13. 弃渣场

除合同另有约定外，承包人根据合同要求完成弃渣场的建设和维护管理等工作所需的费用，由发包人按《工程量清单》相应项目的工程单价或总价支付。

14. 临时生产管理和生活设施

除合同另有约定外，承包人根据合同要求完成临时生产管理和生活设施的建设、移设、维护管理和拆除工作所需的费用，由发包人按《工程量清单》相应项目的工程单价或总价支付。

15. 其他临时设施

未列入《工程量清单》的其他临时设施，承包人根据合同要求完成这些设施的建设、移置、维护管理和拆除工作所需的费用，包含在相应永久工程项目的工程单价或总价中，发包人不另行支付。

（三）施工安全措施

承包人因施工安全、应急救援而采取的措施、非直接属于具体工程项目施工安全的各项安全保护措施所需的费用，应在《工程量清单》以总价形式专项列报，经监理人检查确认实施情况后，由发包人按项审批支付。

直接属于具体工程项目的安全文明施工措施费，应包含在《工程量清单》各具体工程项目有效工程量的工程单价中，发包人不另行支付。

（四）环境保护和水土保持

施工临时设施（包括混凝土生产系统、砂石料生产加工系统、机修车间、施工现场和生活区临时设施等）的废、污水（或废油）处理设施，应分别包含在"施工临时设施"各自相关的施工临时设施项目中。承包人根据合同要求完成各废、污水（或废油）处理设施的建设、移设和拆除工作所需的费用，由发包人按《工程量清单》相应"施工临时设施"的废、污水（或废油）处理设施子项总价支付。若未设列废、污水（或废油）处理设施子项，则承包人完成该设施建设、移设和拆除工作所需的费用，应包含在与之相关的"施工临时设施"项目总价中，发包人不另行支付。

除合同另有约定外，承包人按合同要求完成废、污水（或废油）处理设施的运行、维护管理、施工期水质监测、零星废弃物和生活垃圾的处理费用，大气环境保护措施费用和声环境保护措施费用，包含在《工程量清单》所列的"环境保护和水土保持专项措施费"中，发包人不另行支付。

河床基坑的废水处理费用，由发包人按《工程量清单》相应项目的工程单价或总价支付。

列入《工程量清单》的环境保护和水土保持的其他工程项目（如渣场和场内交通的工程防护和水土保持设施、林草植被种植措施等），由发包人按《工程量清单》相应项目的工程单价或总价支付。

未列入《工程量清单》的其他环境保护和水土保持措施，承包人完成这些措施的建设、运行、维护管理和施工期监测等工作所需费用，包含在《工程量清单》所列的"环境保护和水土保持专项措施费"中，发包人不另行支付。

承包人在《工程量清单》以总价形式专项列报的"环境保护和水土保持专项措施费用"，应按计划实施并经监理人检查确认后，由发包人按项支付。

（五）施工导流工程

承包人按合同要求完成截流方案设计、材料制备与运输、截流施工和水情观测等工作所需的费用，包含在《工程量清单》"工程截流"项目的总价中，发包人不另行支付。

承包人按合同要求完成截流模型试验所需的费用，由发包人按《工程量清单》相应项目的总价支付。

承包人按合同要求完成基坑排水工作（含基坑初期排水和经常性排水）所需的费用，由发包人按《工程量清单》相应项目的总价支付。

承包人按合同要求完成施工期防洪度汛和排冰凌所需的费用，由发包人根据合同具体约定，按《工程量清单》相应项目的总价分年度支付。

除合同另有约定外，承包人完成临时导流泄水建筑物的建设和拆除（或封堵）工作所需的费用，由发包人按《工程量清单》相应项目的工程单价或总价支付；临时导流泄水建筑物的运行维护费用包含在“施工期安全防洪度汛”项目总价中，发包人不另行支付。

施工期临时通航费用（包括断航期内的补偿费用）和向下游供水的费用，由发包人按《工程量清单》相应项目的总价支付。

除合同另有约定外，导流泄水建筑物的永久或临时闸门及其启闭机的安拆和建设期运行费用，由发包人按《工程量清单》相应项目的工程单价或总价支付。

（六）土方明挖

场地平整按施工图纸所示场地平整区域计算的有效面积以 m^2 为单位计量，由发包人按《工程量清单》相应项目有效工程量的每平方米工程单价支付。

一般土方开挖、淤泥流沙开挖、沟槽开挖和柱坑开挖按施工图纸所示开挖轮廓尺寸计算的有效自然方体积以 m^3 为单位计量，由发包人按《工程量清单》相应项目有效工程量的每立方米工程单价支付。

塌方清理按施工图纸所示开挖轮廓尺寸计算的有效塌方堆方体积以 m^3 为单位计量，由发包人按《工程量清单》相应项目有效工程量的每立方米工程单价支付。

承包人完成规定的“植被清理”工作所需的费用，包含在《工程量清单》相应土方明挖项目有效工程量的每立方米工程单价中，发包人不另行支付。

土方明挖工程单价包括承包人按合同要求完成场地清理，测量放样，临时性排水措施（包括排水设备的安拆、运行和维修），土方开挖、装卸和运输，边坡整治和稳定观测，基础、边坡面的检查和验收，以及将开挖可利用或废弃的土方运至监理人指定的堆放区并加以保护、处理等工作所需的费用。

土方明挖开始前，承包人应根据监理人指示，测量开挖区的地形和计量剖面，经监理人检查确认后，作为计量支付的原始资料。土方明挖按施工图纸所示的轮廓尺寸计算有效自然方体积以 m^3 为单位计量，由发包人按《工程量清单》相应项目有效工程量的每立方米工程单价支付。施工过程中增加的超挖量和施工附加量所需的费用，应包含在《工程量清单》相应项目有效工程量的每立方米工程单价中，发包人不另行支付。

除合同另有约定外，开采土料或砂砾料（包括取土、含水量调整、弃土处理、土料运输和堆放等工作）所需的费用，包含在《工程量清单》相应项目有效工程量的工程单价或总价中，发包人不另行支付。

除合同另有约定外，承包人在料场开采结束后完成开采区清理、恢复和绿化等工作所需的费用，包含在《工程量清单》“环境保护和水土保持”相应项目的工程单价或总价中，发包人不另行支付。

（七）石方明挖

石方明挖和石方槽挖按施工图纸所示轮廓尺寸计算的有效自然方体积以 m^3 为单位计量，由发包人按《工程量清单》相应项目有效工程量的每立方米工程单价支付。施工过程中增加的超挖量和施工附加量所需的费用，应包含在《工程量清单》相应项目有效工程量的每立方米工程单价中，发包人不另行支付。

直接利用开挖料作为混凝土骨料或填筑料的原料时，原料进入骨料加工系统进料仓或填筑工作面以前的开挖运输费用，不计入混凝土骨料的原料或填筑料的开采运输费用中。

承包人按合同要求完成基础清理工作所需的费用，包含在《工程量清单》相应开挖项目有效工程量的每立方米工程单价中，发包人不另行支付。

石方明挖过程中的临时性排水措施（包括排水设备的安拆、运行和维修）所需费用，包含在《工程量清单》相应石方明挖项目有效工程量的每立方米工程单价中。

除合同另有约定外，当骨料或填筑料原料由石料场开采时，原料开采所发生的费用和开采过程中弃料和废料的运输、堆放和处理所发生的费用，均包含在每吨（或立方米）材料单价中，发包人不另行支付。

除合同另有约定外，承包人对石料场进行查勘、取样试验、地质测绘、大型爆破试验以及工程完建后的料场整治和清理等工作所需费用，应包含在每吨（或立方米）材料单价或《工程量清单》相应项目工程单价或总价中，发包人不另行支付。

（八）地下洞室开挖

地下洞室开挖按施工图纸所示轮廓尺寸计算的有效自然方体积以 m^3 为单位计量，由发包人按《工程量清单》相应项目有效工程量的每立方米工程单价支付。

不可预见地质原因引起的超挖工程量，以及相应增加的支护和回填工程量所发生的费用，由发包人按《工程量清单》相应项目或变更项目的每立方米工程单价支付。除此之外，其他因素引起的超挖工程量以及相应增加的支护和回填工程量所需的费用，均包含在《工程量清单》相应项目有效工程量的每立方米工程单价中，发包人不另行支付。

承包人因自身施工需要开挖的施工排水集水井、临时排水沟、避车洞、施工设备安装间等，其开挖、支护及回填工程量所需的费用，均包含在《工程量清单》相应项目有效工程量的每立方米工程单价中，发包人不另行支付。

由于非承包人原因修改设计开挖轮廓尺寸，并需要进行二次扩挖时，其扩挖工程量按按设计开挖线与二次扩挖线之间的体积进行计算（设计要求扩挖尺寸小于 15cm 的，按 15cm 计算），由发包人按《工程量清单》相应项目或变更项目的每立方米工程单价支付。

地下开挖所需的排水、照明和通风等所需的费用，均包含在《工程量清单》相应项目有效工程量的每立方米工程单价中，发包人不另行支付。

地下洞室超前勘探洞开挖按施工图纸所示轮廓尺寸计算的有效工程量以 m（或 m^3）为单位计量，由发包人按《工程量清单》相应项目有效工程量的每米（或立方米）工程单价支付。

（九）支护工程

1. 锚杆

包括系统锚杆和随机锚杆，按施工图纸所示钢筋强度等级、直径和锚孔深度及外露长度的不同划分类别以有效根数计量，由发包人按《工程量清单》相应项目有效工程量的每根工程单价支付。

2. 预应力锚索

(1) 预应力锚索按施工图纸所示预应力强度等级、黏结类型和孔内长度划分类别，以有效束数计量，由发包人按《工程量清单》相应项目有效工程量的每束工程单价支付。

（2）预应力锚索钻孔所需费用应包含在预应力锚索有效工程量的每束工程单价中，发包人不另行支付。

3．喷射混凝土

按施工图纸所示部位、喷射厚度和是否挂网划分类别，并计算喷射混凝土有效实体方体积以 m^3 为单位计量，由发包人按《工程量清单》相应项目有效工程量的每立方米工程单价支付。

4．钢筋网（或钢丝网）

按施工图纸所示尺寸计算的钢筋（或钢丝）有效重量以 t 为单位计量，由发包人按《工程量清单》相应项目有效工程量的每吨工程单价支付。加工、安装过程中的损耗量和附加工程量所需的费用，包含在钢筋网（或钢丝网）有效工程量的每吨工程单价中，发包人不另行支付。

5．钢支撑及其附件

按施工图纸所示尺寸计算的有效重量以 t 为单位计量，由发包人按《工程量清单》相应项目有效工程量的每吨工程单价支付。

6．边坡防护结构和防护网

（1）防护结构所采用的钢筋、型钢、锚杆、预应力锚索、土石方、砌石、混凝土等按施工图纸所示尺寸计算有效工程量，以相应专业章节“计量与支付”中规定的计量单位计量，由发包人按《工程量清单》相应项目有效工程量的工程单价支付。

（2）边坡防护网按施工图纸所示防护区域计算的有效防护面积以 m^2 为单位计量，由发包人按《工程量清单》相应项目有效工程量的每平方米工程单价支付。

（十）钻孔和灌浆工程

1．钻孔

钻孔按施工图纸所示尺寸计算有效钻孔长度以 m 为单位计量，由发包人按《工程量清单》相应项目有效工程量的每米工程单价支付。

2．灌浆

（1）帷幕灌浆、固结灌浆的灌浆按设计净干灰耗量计算的有效干灰重量以 t 为单位计量，由发包人按《工程量清单》相应项目有效工程量的每吨工程单价支付。

（2）回填灌浆、接缝灌浆和接触灌浆按施工图纸所示灌浆区域计算的有效灌浆面积以 m^2 为单位计量，由发包人按《工程量清单》相应项目有效工程量的每平方米工程单价支付。

（3）化学灌浆（包括丙烯酸盐类、丙烯酸胺类、聚氨酯类和改性环氧树脂类灌浆等）按施工图纸所示化学灌浆材料的有效总重量以 kg 为单位计量，由发包人按《工程量清单》相应项目有效工程量的每千克工程单价支付。

（4）劈裂灌浆按施工图纸所示灌浆区域计算的有效灌浆面积以 m^2 为单位计量，由发包人按《工程量清单》相应项目有效工程量的每平方米工程单价支付。

（5）灌浆管预埋、金属埋件（止水、止浆片等）等所需费用，包含在相应灌浆项目的工程单价中，发包人不另行支付。

（6）灌浆前的压水试验应按设计要求计算的有效压水试验段数以试段为单位计量，由发包人按《工程量清单》相应项目有效工程量的每试段工程单价支付。

（十一）基础防渗墙工程

1. 混凝土防渗墙

（1）钢筋混凝土防渗墙、塑性混凝土防渗墙按施工图纸所示尺寸计算的有效截水面积以 m^2 为单位计量，由发包人按《工程量清单》相应项目有效工程量的每平方米工程单价支付。

（2）钢筋混凝土防渗墙的钢筋按施工图纸所示钢筋强度等级、直径和长度计算的有效重量以 t 为单位计量，由发包人按《工程量清单》相应项目有效工程量的每吨工程单价支付。

2. 高压喷射灌浆防渗墙

高压喷射灌浆防渗墙按施工图纸所示尺寸计算的有效截水面积以 m^2 为单位计量，由发包人按《工程量清单》相应项目有效工程量的每平方米工程单价支付。

（十二）地基及基础工程

1. 振冲地基

（1）振冲加密或振冲置换成桩按施工图纸所示尺寸计算的有效长度以 m 为单位计量，由发包人按《工程量清单》相应项目有效工程量的每米工程单价支付。

（2）除合同另有约定外，承包人按合同要求完成振冲试验、振冲桩体密实度和承载力检验等工作所需的费用，包含在《工程量清单》相应项目有效工程量的每米工程单价中，发包人不另行支付。

2. 混凝土灌注桩基础

（1）钻孔灌注桩或者沉管灌注桩按施工图纸所示尺寸计算的桩体有效体积以 m^3 为单位计量，由发包人按《工程量清单》相应项目有效工程量的每立方米工程单价支付。

（2）除合同另有约定外，承包人按合同要求完成灌注桩成孔成桩试验、成桩承载力检验、校验施工参数和工艺、埋设孔口装置、造孔、清孔、护壁以及混凝土拌和、运输和灌注等工作所需的费用，包含在《工程量清单》相应灌注桩项目有效工程量的每立方米工程单价中，发包人不另行支付。

（3）灌注桩的钢筋按施工图纸所示钢筋强度等级、直径和长度计算的有效重量以 t 为单位计量，由发包人按《工程量清单》相应项目有效工程量的每吨工程单价支付。

3. 沉井

（1）沉井（包括钢筋混凝土沉井和钢沉井）按施工图纸所示尺寸计算的水面（或地面）以下的有效空间体积以 m^3 为单位计量，由发包人按《工程量清单》相应项目有效工程量的每立方米工程单价支付。

（2）除合同另有约定外，承包人按合同要求完成地质复勘、检验试验、沉井制作、运输、清基或水中筑岛、沉放、封底等工作和操作损耗等所需的费用，包含在《工程量清单》相应项目有效工程量的每立方米工程单价中，发包人不另行支付。

（十三）土石方填筑工程

1. 坝体填筑

（1）坝（堤）体填筑按施工图纸所示尺寸计算的有效压实方体积以 m^3 为单位计量，

由发包人按《工程量清单》相应项目有效工程量的每立方米工程单价支付。

(2) 坝（堤）体全部完成后，最终结算的工程量应是经过施工期间压实并经自然沉陷后按施工图纸所示尺寸计算的有效压实方体积。若分次支付的累计工程量超出最终结算的工程量，发包人应扣除超出部分工程量。

(3) 黏土心墙、接触黏土、混凝土防渗墙顶部附近的高塑性黏土、上游铺盖区的土料、反滤料、过渡料和垫层料均按施工图纸所示尺寸计算的有效压实方体积以 m^3 为单位计量，由发包人按《工程量清单》相应项目有效工程量的每立方米工程单价支付。

(4) 坝体上、下游面块石护坡按施工图纸所示尺寸计算的有效体积以 m^3 为单位计量，由发包人按《工程量清单》相应项目有效工程量的每立方米工程单价支付。

(5) 除合同另有约定外，承包人对料场（土料场、石料场和存料场）进行复核、复勘、取样试验、地质测绘以及工程完建后的料场整治和清理等工作所需的费用，包含在每立方米（或吨）材料单价或《工程量清单》相应项目工程单价或总价中，发包人不另行支付。

(6) 坝体填筑的现场碾压试验费用，由发包人按《工程量清单》相应项目的总价支付。

2. 土工合成材料防渗体

土工合成材料的铺设按施工图纸所示尺寸计算的有效面积以 m^2 为单位计量，由发包人按《工程量清单》相应项目有效工程量的每平方米工程单价支付。土工合成材料的接缝搭接面积和褶皱面积、抽样检验等所发生的费用包含在《工程量清单》相应项目有效工程量的工程单价中，发包人不另行支付。

3. 堆石坝体过流保护

过流保护施工和过流后堆石坝体修复、基坑排水、清淤和道路恢复等费用，由发包人按《工程量清单》相应项目的总价支付。

（十四）混凝土工程

1. 模板

(1) 除合同另有约定外，现浇混凝土的模板费用，包含在《工程量清单》相应混凝土或钢筋混凝土项目有效工程量的每立方米工程单价中，发包人不另行计量和支付。

(2) 混凝土预制构件模板所需费用，包含在《工程量清单》相应预制混凝土构件项目有效工程量的工程单价中，发包人不另行支付。

2. 钢筋

按施工图纸所示钢筋强度等级、直径和长度计算的有效重量以 t 为单位计量，由发包人按《工程量清单》相应项目有效工程量的每吨工程单价支付。施工架立筋、搭接、套筒连接、加工及安装过程中操作损耗等所需费用，均包含在《工程量清单》相应项目有效工程量的每吨工程单价中，发包人不另行支付。

3. 普通混凝土

(1) 普通混凝土按施工图纸所示尺寸计算的有效体积以 m^3 为单位计量，由发包人按《工程量清单》相应项目有效工程量的每立方米工程单价支付。

(2) 混凝土有效工程量不扣除设计单体体积小于 $0.1m^3$ 的圆角或斜角，单体占用的空

间体积小于 $0.1m^3$ 的钢筋和金属件，单体横截面积小于 $0.1m^3$ 的孔洞、排水管、预埋管和凹槽等所占的体积，按设计要求对上述孔洞回填的混凝土也不予计量。

(3) 不可预见地质原因超挖引起的超填工程量所发生的费用，由发包人按《工程量清单》相应项目或变更项目的每立方米工程单价支付。除此之外，同一承包人由于其他原因超挖引起的超填工程量和由此增加的其他工作所需的费用，均应包含在《工程量清单》相应项目有效工程量的每立方米工程单价中，发包人不另行支付。

(4) 混凝土在冲（凿）毛、拌和、运输和浇筑过程中的操作损耗，以及为临时性施工措施增加的附加混凝土量所需的费用，应包含在《工程量清单》相应项目有效工程量的每立方米工程单价中，发包人不另行支付。

(5) 施工过程中，承包人按本合同技术条款规定进行的各项混凝土试验所需的费用(不包括以总价形式支付的混凝土配合比试验费)，均包含在《工程量清单》相应项目有效工程量的每立方米工程单价中，发包人不另行支付。

(6) 止水、止浆、伸缩缝等按施工图纸所示各种材料数量以 m（或 m^2）为单位计量，由发包人按《工程量清单》相应项目有效工程量的每米（或平方米）工程单价支付。

(7) 混凝土温度控制措施费（包括冷却水管埋设及通水冷却费用、混凝土收缩缝和冷却水管的灌浆费用、混凝土坝体的保温费用）包含在《工程量清单》相应混凝土项目有效工程量的每立方米工程单价中，发包人不另行支付。

(8) 混凝土坝体的接缝灌浆（接触灌浆），按设计图纸所示要求灌浆的混凝土施工缝(混凝土与基础、岸坡岩体的接触缝）的接缝面积以 m^2 为单位计量，由发包人按《工程量清单》相应项目有效工程量的每平方米工程单价支付。

(9) 混凝土坝体内预埋排水管所需的费用，应包含在《工程量清单》相应混凝土项目有效工程量的每立方米工程单价中，发包人不另行支付。

4. 预制混凝土

(1) 预制混凝土构件的预制和安装，按施工图纸所示尺寸计算的有效体积以 m^3 为单位计量，由发包人按《工程量清单》相应项目有效工程量的每立方米工程单价支付。

(2) 预制混凝土的钢筋费用和模板费用，均包含在《工程量清单》相应预制混凝土预制项目有效工程量的工程单价中，发包人不另行支付。

(3) 除合同另有约定外承包人完成预制混凝土构件的吊装、运输、就位、固定、填缝灌浆、复检、焊接等工作所需的费用，包含在《工程量清单》相应预制混凝土安装项目有效工程量的每立方米工程单价中，发包人不另行支付。

5. 预应力混凝土

(1) 预应力混凝土按施工图纸所示尺寸计算的有效体积以 m^3 为单位计量，由发包人按《工程量清单》相应项目有效工程量的每立方米工程单价支付。

(2) 预应力混凝土的锚索费用，包含在《工程量清单》相应预应力混凝土项目有效工程量的每立方米工程单价中，发包人不另行支付。

6. 水下混凝土

水下混凝土按施工图纸所示浇筑范围内混凝土灌注前后的水下地形测量平、剖面图计算的水下混凝土有效体积以 m^3 为单位计量，由发包人按《工程量清单》相应项目有效工程量的每立方米工程单价支付。

7. 碾压混凝土

(1) 碾压混凝土按施工图纸所示尺寸计算的有效体积以 m^3 为单位计量，由发包人按《工程量清单》相应项目有效工程量的每立方米工程单价支付。

(2) 碾压混凝土的模板费用包含在每立方米碾压混凝土工程单价中，发包人不另行支付。

(3) 碾压混凝土配合比试验和生产性碾压试验的费用，由发包人按《工程量清单》相应项目的总价支付。

(十五) 沥青混凝土工程

沥青混凝土面板（包括防渗层、整平胶结层、加厚层等）和沥青混凝土心墙按施工图纸所示尺寸计算的有效体积以 m^3 为单位计量，由发包人按《工程量清单》相应项目有效工程量的每立方米工程单价支付。

沥青树脂封闭层、塑性止水材料、加强网格（聚酯或聚乙烯树脂纤维网格）、沥青涂料等均按施工图纸所示尺寸计算的有效面积以 m^2 为单位计量，由发包人按《工程量清单》相应项目有效工程量的每平方米工程单价支付。

承包人按合同要求完成沥青混凝土室内试验、现场试验和生产性试验所需的费用，由发包人按《工程量清单》相应项目的总价支付。

(十六) 砌体工程

浆砌石、干砌石、混凝土预制块和砖砌体按施工图纸所示尺寸计算的有效砌筑体积以 m^3 为单位计量，由发包人按《工程量清单》相应项目有效工程量的每立方米工程单价支付。

砌筑工程的砂浆、拉结筋、垫层、排水管、止水设施、伸缩缝、沉降缝及埋设件等费用，包含在《工程量清单》相应砌筑项目有效工程量的每立方米工程单价中，发包人不另行支付。

承包人按合同要求完成砌体建筑物的基础清理和施工排水等工作所需的费用，包含在《工程量清单》相应砌筑项目有效工程量的每立方米工程单价中，发包人不另行支付。

(十七) 疏浚和吹填工程

疏浚工程按施工图纸所示轮廓尺寸计算的水下有效自然方体积以 m^3 为单位计量，由发包人按《工程量清单》相应项目有效工程量的每立方米工程单价支付。

疏浚工程施工过程中疏浚设计断面以外增加的超挖量、施工期自然回淤量、开工展布与收工集合、避险与防干扰措施、排泥管安拆移动以及使用辅助船只等所需的费用，包含在《工程量清单》相应项目有效工程量的每立方米工程单价中，发包人不另行支付。疏浚工程的辅助措施（如浚前扫床和障碍物的清除、排泥区围堰、隔埂、退水口及排水渠等项目）另行计量支付。

疏浚工程一般分为内河船舶疏浚、水力冲挖、挖泥船取土及吹泥船，具体计量支付控制要求如下：①内河船舶疏浚：以疏浚设计断面为标准计算水下自然方工程量，再按地质柱状剖面图分别计算各类土质工程量；②水力冲挖：以设计断面为标准计算自然方工程量，再按地质柱状剖面图分别计算各类土质工程量；③挖泥船取土及吹泥船：以实际取土自然方计算工程量，再按地质柱状剖面图分别计算各类土质工程量。

吹填工程按施工图纸所示尺寸计算的有效吹填体积（扣除吹填区围堰、隔埂等的体积），或者按取土工程量（水下自然方）以 m^3 为单位计量，由发包人按《工程量清单》相应项目有效工程量的每立方米工程单价支付。

吹填工程施工过程中吹填土体的沉陷量、原地基因上部吹填荷载而产生的沉降量和泥沙流失量、对吹填区平整度要求较高的工程配备的陆上土方机械等所需费用，包含在《工程量清单》相应项目有效工程量的每立方米工程单价中，发包人不另行支付。吹填工程的辅助措施（如浚前扫床和障碍物的清除、排泥区围堰、隔埂、退水口及排水渠等项目）另行计量支付。

利用疏浚排泥进行吹填的工程，疏浚和吹填的计量和支付分界根据合同相关条款的具体约定执行。

（十八）围垦工程

围垦工程按施工图纸所示轮廓尺寸计算的面积及体积以 m^2、m^3 为单位计量，由发包人按《工程量清单》相应项目有效工程量的每平方米或每立方米工程单价支付。

充泥管袋、填芯吹填土体积按设计断面实方计算；闭气吹填土体积按实际取土自然方计算；外坡保护工程量一般按高程 4.0m 以下实际保护面积计算。

实心方块、异形块体江海船上抛沉工程量按抛沉的实际体积计算。

（十九）保滩排体工程

保滩排体工程按施工图纸所示轮廓尺寸计算的长度、体积以及重量为单位计量，由发包人按《工程量清单》相应项目有效工程量的每平方米或每立方米工程单价支付。

（二十）水生态工程

水生态工程按施工图纸所示尺寸计算的有效面积、有效体积或实种植物品种及数量等，以 m^2、m^3 或棵为单位计量，由发包人按《工程量清单》相应项目有效工程量的每平方米、每立方米或每棵工程单价支付。

苗木胸径的确定，以苗木从地面至 1.20m 处的树干的直径计算；苗木地径的确定，以苗木从地面至 0.30m 处的树干直径计算；苗木高度的确定，以苗木露出地表的根茎至树冠顶部之间的距离计算。

水生植物种植，工程量以"株（丛）"为计量单位，设计图纸以"丛"（每丛有若干株）为单位的，每丛含有的株数仅用于计算苗木费。

（二十一）屋面和地面建筑工程

1. 屋面建筑工程

（1）屋面建筑工程以施工图纸所示建筑物尺寸计算的有效面积以 m^2 为单位计量，由发包人按《工程量清单》相应项目有效工程量的每平方米工程单价支付。

（2）完成屋面建筑工程全部施工作业后的质量检查、检验和验收等所需费用，包含在屋面建筑工程的每平方米工程单价中，发包人不另行支付。

2. 地面建筑工程

（1）地面和楼面工程按施工图纸所示建筑物尺寸计算的有效面积以 m^2 为单位计量，由发包人按《工程量清单》相应项目有效工程量的每平方米工程单价支付。

（2）完成地面和楼面建筑工程全部施工作业后的质量检查、检验和验收等所需费用，包含在《工程量清单》相应项目有效工程量的每平方米工程单价中，发包人不另行支付。

（二十二）压力钢管制造和安装

1. 钢管

（1）压力钢管（含岔管和伸缩节）及其附件的制造、运输和安装，按施工图纸所示尺寸计算的有效重量以 t 为单位计量，由发包人按《工程量清单》相应项目有效工程量的每吨工程单价支付。

（2）压力钢管（含岔管和伸缩节）水压试验、涂装等所需费用，包含在《工程量清单》相应项目有效工程量的每吨工程单价中，发包人不另行支付。

2. 钢管接触灌浆

钢管接触灌浆按施工图纸所示尺寸计算（钢管外缘周长乘以接触灌浆钢板衬砌段长度）的有效接触面积以 m^2 为单位计量，由发包人按《工程量清单》相应项目有效工程量的每平方米工程单价支付。

（二十三）钢结构的制作和安装

钢结构按施工图纸所示尺寸计算的有效重量以 t 为单位计量，由发包人按《工程量清单》相应项目有效工程量的每吨工程单价支付。

钢结构有效重量不扣减切肢、切边和孔眼损失的重量，也不计入电焊条、铆钉和螺栓增加的重量。

施工架立件、搭接、焊接、套筒连接、操作损耗、涂装和检验试验等所需费用，均包含在《工程量清单》相应项目有效工程量的每吨工程单价中，发包人不另行支付。

（二十四）钢闸门及启闭机安装

钢闸门安装工程按施工图纸所示尺寸计算的闸门本体有效重量以 t 为单位计量，由发包人按《工程量清单》相应项目的每吨工程单价支付，钢闸门附件安装、附属装置安装、钢闸门本体及附件涂装、试验检测和调试校正等工作所需费用，包含在《工程量清单》相应钢闸门安装项目有效工程量的每吨工程单价中，发包人不另行支付。

门槽（楣）安装工程按施工图纸所示尺寸计算的有效重量以 t 为单位计量，由发包人按《工程量清单》相应项目的每吨工程单价支付。二次埋件、附件安装、涂装、调试校正等工作所需费用，均包含在《工程量清单》相应门槽（楣）安装项目有效工程量的每吨工程单价中，发包人不另行支付。

启闭机安装工程按施工图纸所示启闭机数量以台为单位计量，由发包人按《工程量清单》相应启闭机安装项目每台工程单价支付。除合同另有约定外，基础埋件安装、附属设备（起吊梁或平衡梁、供电系统、控制操作系统、液压启闭机的液压系统等）安装、与闸门连接和调试校正等工作所需费用，均包含在《工程量清单》相应启闭机安装项目每台工程单价中，发包人不另行支付。

（二十五）预埋件埋设

除合同另有约定外，预埋管道按施工图纸所示尺寸计算有效长度（或重量）以 m（或 t）为单位计量，由发包人按《工程量清单》相应项目有效工程量的每米（或吨）工程单价支付。

除合同另有约定外，永久设备预埋件的安装费用包含在《工程量清单》相应设备安装项目有效工程量的工程单价中，发包人不另行支付。除此之外，其他预埋件安装按施工图纸所示尺寸计算的预埋件有效重量以吨为单位计量，由发包人按《工程量清单》相应项目有效工程量的每吨工程单价支付。

接地系统的预埋件按施工图纸所示接地装置尺寸计算的有效重量（或长度）以 t（或 m）为单位计量，由发包人按《工程量清单》相应项目有效工程量的每吨（或米）工程单价支付。

（二十六）机电设备安装

机电设备的安装，按施工图纸所示设备数量以相应的单位计量，按《工程量清单》相应项目的工程单价或总价支付。

机电设备《工程量清单》的总价项目，由承包人按批准的安装进度计划对总价项目进行分解，分解结果经发包人批准后作为合同支付的依据。

由承包人按合同要求采购的装置性材料及其安装，按施工图纸所示装置性材料的有效数量以相应单位计量，由发包人按《工程量清单》相应项目有效工程量的工程单价或总价支付。

承包人为合同机电设备安装工作所进行的开箱检查、验收、清扫、仓储保管、安装现场运输、主体设备及随机成套供应的管路与附件安装、涂装、现场试验、调试、试运行和移交生产前的维护保养等工作所需的费用，包含在《工程量清单》相应机电设备安装项目的工程单价或总价中，发包人不另行支付。

除合同专项列入《工程量清单》的临时工程和措施项目外，承包人为完成机电设备安装而修建的其他临时工程和采取的其他措施所需的费用，包含在《工程量清单》相应机电设备安装项目的工程单价或总价中，发包人不另行支付。

（二十七）工程安全监测

监测仪器设备的采购及安装，按施工图纸所示仪器设备的数量以相应的单位计量，由发包人按《工程量清单》相应项目有效工程量的工程单价支付。

监测仪器的电缆的采购及敷设，按施工图纸所示的有效敷设长度以 m 为单位计量，由发包人按《工程量清单》相应项目有效工程量的每米工程单价支付。

承包人按合同要求完成施工期安全监测（包括巡视检查和现场监测）、设备维护、资料记录和整理、资料分析、建模建库、安全评价等工作所需的费用，由发包人按《工程量清单》相应施工期安全监测项目总价支付。

观测墩、水准点及其他测量标志观测墩，按施工图纸所示尺寸计算的有效墩体体积以 m^3 为单位计量（或以施工图纸所示墩体数量以“个”为单位计量），由发包人按《工程量清单》相应项目有效工程量的每立方米（或个）的工程单价支付。

水位观测孔、扬压力测孔、坝基温度测孔等钻孔，按施工图纸所示尺寸计算的有效钻孔深度以 m 为单位计量，由发包人按《工程量清单》相应项目有效工程量的每米工程单价支付。

多点位移计钻孔、滑动测微计钻孔、固定测斜仪钻孔、倒垂孔、双金属标孔等取芯钻孔，按施工图纸所示尺寸计算的有效钻孔深度以 m 为单位计量，由发包人按《工程量清单》相应项目的每米工程单价支付。由于承包人的失误未按本技术条款相关规定取得有效芯样的钻孔，发包人不予支付。

观测房以施工图纸所示尺寸计算的有效建筑面积以 m^2 为单位计量，由发包人按《工程量清单》相应项目的每平方米工程单价支付。

八、特殊情况下的计量

（一）按工程价值形成过程或因素计量

工程量的测量和计算，一般指工程量表中列明的永久工程实物量的计量。但在费用控制实施过程中，有时需要对工程价值的形成过程或因素进行计量以决定支付，如承包人为应对意外事件所进行的工作，以及按监理人指令进行的计日工作等。

工程价值形成因素主要有以下方面：

（1）人工消耗（工日数）。

（2）机械台（时）班消耗。

（3）材料消耗。

（4）时间消耗。

（5）其他有关消耗。

根据现场实际且符合合同要求的消耗量，据实进行价款的结算。对于这类计量，监理人一定要做好同期的记录，并且要及时进行认证，形成书面文件资料，做到日清、周结、月汇总，切勿拖延签字认证。监理人对这类计量资料要存档，以备核查。

（二）赔（补）偿计量

费用控制中遇到较多的赔（补）偿计量是对承包人提出的索赔的计量。

赔（补）偿计量主要是价值因素的计量，包括有形资源（人工、机械、材料）损失计量和无形资源（时间、效率、空间）损失计量。其中，有形资源损失较易计量，监理人可根据对专项工作连续监测和记录（如监理人员日志、承包人的同期记录等）来计量；无形的时间、空间损失情况较为复杂，承包人的效率损失则可以用双方同意的“效率降低系数”（意外情况下使正常效率降低的程度）来计量。

赔（补）偿计量中直接损失较易计算，而间接损失则需要协商，就损失项目内容及其数量协商达成一致的计量结果。

发包人认定承包人违约而向承包人索取的赔偿的计量方法类同。

（三）以区分责任为前提的计量

有些情况的计量是先区分责任，然后对非承包人原因造成的损失部分需要进行计量，而对承包人自身原因造成的费用增加不予计量。

总之，特殊情况下的计量，与对永久工程的实物量计量不同，常需要将某些难以量化的因素加以分析、论证，适当反映为某种可量化的计量结果（货币金额、工期日数），通过支付方式给予损失方某种补偿或赔偿。监理人的协调以及合同双方的充分协商是解决此类计量必要的方式。

九、计价方式

计价是对已完成的工作量的价款进行计算，是在计量的基础上，对符合合同规定的工作，按合同规定的计价方式进行价款计算。合同中对工程的计量与计价都有规定，对项目的计量与计价必须符合合同的规定，监理人没有权力修改合同中不合理的计量和计价条款，但可以建议合同双方修改；对合同中不合法的计量和计价，监理人必须要求合同双方修改，如合同双方不修改合同中不合法条款，监理人有权拒绝签发付款证书。

在固定单价合同中，项目的计价一般采用单价计价、包干（总价）计价、计日工计价三种计价支付方式。现主要对单价计价和计日工计价进行介绍。

（一）单价计价方式项目的计价

水利水电工程施工中，大多数项目采用单价计价方式进行工程价款的支付，即对合同工程量清单项目一般按支付工程量乘以合同确定的单价进行确定。

在计价支付中，监理人应注意以下问题：

（1）工程价值的确定。对于承包人已完项目的价值，应根据工程量清单中的单价与监理人依据合同规定的计量原则、方法进行计量的工程数量来确定，即工程量必须是支付工程量。按照施工合同的规定，工程量清单中的单价，除非工程变更使其单价也随之改变，否则，合同工程量清单中的单价是不能改变的。因此，工程款项的支付，一般不允许采用工程量清单中单价以外的任何价格，即单价必须是合同规定的单价包括工程量清单中的或变更项目的单价。

（2）没有标价的项目不予支付任何款项。根据合同文件的规定，承包人在投标时，对工程量清单中的每项都应提出报价，工程量清单中没有填报单价或合价的项目，将被认为该项目的费用已包括在清单的其他单价或合价中，因此，对工程量清单中没有标价的项目一律不予支付任何款项。

（二）计日工费用的计价

计日工是指在施工过程中，承包人完成发包人提出的工程合同范围以外的零星项目或工作，按合同中约定的综合单价计价。发包人通知承包人以计日工方式实施的零星工作，承包人应予执行。

（1）采用计日工计价的任何一项变更工作，在该项变更的实施过程中，承包人应按合同约定提交下列报表和有关凭证送交发包人复核：

1）工作名称、内容和数量。

2）投入该工作所有人员的姓名、工种、级别和耗用工时。

3）投入该工作的材料名称、类别和数量。

4）投入该工作的施工设备型号、台数和耗用台时。

5）发包人要求提交的其他资料和凭证。

（2）关于计日工费用的计价，一般采用下述方法：

1）工程量清单中，对采用计日工形式可能涉及的不同工种的劳力、材料、设备的价格进行了规定，因此在进行计日工工作时，这些劳力、材料及设备的费用可根据工程量清单中相同项目的单价计取有关费用。

2）尽管工程量清单中对一些劳力、材料及设备进行了定价，但进行计日工工作时，往往还有一些劳力、材料及设备在清单中没有定价。对于清单中没有定价的项目，应按实际发生的费用加上合同中规定的费率支付其有关的费用，或合同双方依据合同的有关规定进一步协商确定。

十、计价争议的鉴定

计量计价是合同双方高度关注、十分敏感的一项工作，容易出现分歧和争议。监理人除了熟悉合同约定、工程量清单，以及计量计价的程序和方法外，还应熟悉对争议的鉴定规则。《建设工程造价鉴定规范》（GB/T 51262—2017）中的相关规则有以下几部分。

（1）鉴定项目一方当事人以工程变更导致工程量数量变化为由，要求调整综合单价发生争议的；或对新增工程项目组价发生争议的，鉴定人应按以下规定进行鉴定：

1）合同中约定了调整内容的，应按合同约定进行鉴定。

2）合同中没有约定或约定不明的，应提请委托人决定并按其决定进行鉴定；委托人不决定的，按现行国家计价规范的相关规定进行鉴定。

（2）鉴定项目一方当事人以物价波动为由，要求调整合同价款发生争议的，鉴定人应按以下规定进行鉴定：

1）合同中约定了计价风险范围和幅度的，按合同约定进行鉴定；合同中约定了物价波动可以调整但没有约定风险范围和幅度的，按现行国家计价规范的相关规定进行鉴定；但已经采用价格指数法进行了调整的除外。

2）合同中约定物价波动不予调整的，应对实行政府定价或政府指导价的材料按合同法的规定进行鉴定。

（3）鉴定项目一方当事人以政策性调整文件为由，要求调整人工费发生争议的，如合同中约定不执行政策性调整的，鉴定人应提请委托人注意此约定与国家强制性标准相悖，由委托人作出是否适用的决定，鉴定人应按照委托人的决定进行鉴定。

委托人要求鉴定人判断的，鉴定人应分析鉴别：如人工费的形成在招标或合同谈判时是以鉴定项目所在地工程造价管理部门发布的人工费为基础在合同中约定的，应按工程所在地人工费调整文件进行鉴定；如不是，则应作出否定性鉴定。

（4）鉴定项目发包人对承包人材料采购价格高于合同约定不予认可的，应按以下规定进行鉴定：

1）材料采购前经发包人或其代表签批认可的，应按签批的材料价格进行鉴定。

2）材料采购前未报发包人或其代表认质认价的，应按合同约定的价格进行鉴定。

3）发包人认为承包人采购的原材料、零配件不符合质量要求，不予认价的，应按双方约定的价格进行鉴定。质量方面的争议应告知发包人另行申请质量鉴定。

（5）鉴定项目发包人以工程质量不合格为由，拒绝办理工程结算发生争议的，应按以下规定进行鉴定：

1）已竣工验收或已竣工未验收但发包人已投入使用的工程，工程结算按合同约定进行鉴定。

2）已竣工未验收且发包人未投入使用的工程以及停工、停建工程，鉴定人应对无争议、有争议的项目分别按合同约定进行鉴定。工程质量的争议应告知发包人申请工程质量鉴定，待委托人分清质量责任后，再按照工程造价鉴定意见由委托人决定进行财务清算。

第三节 工程款支付

工程价款的支付是合同双方实现各自目的的最后一个环节，关系到发包人是否能得到一个合格的工程，承包人的工作质量和工程质量是否达到合同规定。工程价款支付关系到施工合同双方的利益，监理人必须而且只能按合同的规定进行工程价款的支付。

一、工程款支付分类

工程款支付可以按照时间阶段、价款属性、工程量清单、合同履约执行情况进行分类。按照时间阶段可以分为预付款支付、进度款支付、竣工结算环节。按照价款属性可以分为预付款、质量保证金、计日工、索赔等。按照工程量清单可以分为清单内支付和清单外支付，其中，对于正常受控的项目，清单内支付在支付总额中所占比例较大，是主要支付。清单内支付在合同文件中的规定也比较明确，操作起来相对比较容易。清单外支付虽然占比较小，但是支付控制难度较高。按照合同履约执行情况分类，可以分为正常支付和非正常支付。

二、工程款支付条件

计量与支付是监理投资控制核心工作，支付控制是监理人投资控制的重要环节。监理人既要熟悉合同中关于计量支付的规定，又要具有严谨、廉洁、公正的工作作风。按照施工合同条件的规定，工程支付必须符合以下条件。

（一）质量合格的工程项目

工程质量达到合同规定的标准，工程项目才予以计量，这是工程支付的必备条件。监理人只对质量合格的工程项目予以支付，对于不合格的项目，要求承包人修复、返工，直到达到合同规定标准后，才予以计量支付，且对承包人原因造成的修复返工费用由承包人自己承担。

（二）变更项目各项手续完善

根据施工合同条件规定，承包人没有得到监理人的变更指示，不得对工程进行任何变更。因此，未经发包人或发包人授权的监理人批准实施的任何工程变更，不管其必要性和合理性如何，在必要的合同手续没有完成前一律不予支付。

（三）符合合同文件的规定

工程的任何一项支付，都必须符合合同文件的规定，这既是为了维护发包人的利益，也是监理人投资控制的权限所在。监理人只能在发包人的授权范围内，在合同约定的暂定金额范围内支付计日工和意外事件；超出发包人的授权和合同规定的暂定金额的数目时，应重新得到发包人的授权和批准。

凡不符合合同规定的条件的任何款项均不得支付。

（四）月支付款应大于合同规定的最低支付限额

为减少支付环节的财务费用，鼓励承包人加快施工进度，在有些工程的施工合同条件中规定，承包人每月（或每次）应得到的支付款额（已扣除了保留金和其他应扣款后的款额）等于或大于合同规定的阶段证书的最低限额时才予以支付。当月不予支付的金额将按月结转，直到批准的付款金额达到或超过最低支付限额时才予以支付。

三、预付款

（一）工程预付款

1. 工程预付款相关规定

工程预付款是发包人为帮助承包人解决施工准备阶段的资金周转问题而提前支付的一笔款项。《水利水电工程标准文件》通用合同条款规定："预付款用于承包人为合同工程施工购置材料、工程设备、施工设备、修建临时设施以及组织施工队伍进场等。分为工程预付款和工程材料预付款。预付款必须专用于合同工程。预付款的额度和预付办法在专用合同条款中约定。"工程是否实行预付款，取决于工程性质、承包工程量的大小及发包人在招标文件中的规定。工程实行预付款的，发包人应按合同约定的时间和比例（或金额）向承包人支付工程预付款。

当合同对工程预付款的支付没有约定时，按照《建设工程价款结算暂行办法》（财建〔2004〕369 号）的规定办理。

（1）工程预付款的额度：包工包料的工程，原则上预付比例不低于合同金额（扣除暂列金额）的 10%，不高于合同金额（扣除暂列金额）的 30%；对重大工程项目，按年度工程计划逐年预付。实行工程量清单计价的工程，实体性消耗和非实体性消耗部分应在合同中分别约定预付款比例（或金额）。

（2）工程预付款的支付时间：在具备施工条件的前提下，发包人应在双方签订合同后的一个月内或约定的开工日期前的 7 天内预付工程款。若发包人未按合同约定预付工程款，承包人应在预付时间到期后 10 天内向发包人发出要求预付的通知。发包人收到通知后仍不按要求预付，承包人可在发出通知 14 天后停止施工。发包人应从约定应付之日起按同期银行贷款利率计算向承包人支付应付预付款的利息，并承担违约责任。

（3）凡是没有签订合同或不具备施工条件的工程，发包人不得预付工程款，不得以预付款为名转移资金。

2. 工程预付款的支付条件

（1）发包人与承包人之间的协议书已签订并生效。

（2）承包人根据合同条款，在收到中标通知书后 28 天内已向发包人提供了履约担保。

（3）承包人根据合同的格式与要求已提交了预付款保函（数额等同于工程预付款）。《水利水电工程标准文件》通用合同条款规定："1. 承包人应在收到第一次工程预付款的同时向发包人提交工程预付款担保，担保金额应与第一次工程预付款金额相同，工程预付款担保在第一次工程预付款被发包人扣回前一直有效。2. 工程材料预付款的担保在专用合同条款中约定。3. 预付款担保的担保金额可根据预付款扣回的金额相应递减。"

3. 工程预付款的支付

一般情况下，在满足以上条件之后，承包人向监理人提出预付款申请，监理人按合同规定进行审核，满足合同规定的预付款支付条件的，监理人应向发包人发出工程预付款支付证书；而发包人应在收到工程预付款支付证书后向承包人支付工程预付款。

工程预付款一般分两次支付，当然也可以分若干次支付，具体分几次支付应在专用合同条款中约定。第一次支付款金额应不低于预付款总金额的40%，一般取50%；付款时间应在合同协议书签订后，由承包人向发包人提交了发包人认可的工程预付款担保，并经监理人出具付款证书报送发包人批准后14天内予以支付。第二次支付需待承包人主要设备进入工地后，其估算价值已达到本次预付款金额时，由承包人提出书面申请，经监理人核实后出具付款证书报发包人批准后14天内予以支付。

4. 工程预付款的扣还

预付款显著的特点是有借有还。开工以后，当符合一定的触发条件时，支付的工程预付款要从承包人取得的工程进度款中陆续扣还。《水利水电工程标准文件》通用合同条款规定："预付款在进度付款中扣回，扣回与还清办法在专用合同条款中约定。"一般方式为从已发生的支付总额超出合同价的某一百分比之后的下一个临时支付证书开始扣还。一般扣还的方式为：按阶段付款累计支付额或月支付额（不包括保留金）的一定比例随月支付陆续扣还，并保证到合同期满前的某一时间（一般为合同期满前3个月）之前全部扣完。

工程预付款在合同累计完成金额达到签约合同价的百分比时开始扣款，直至合同累计完成金额达到签约合同价的百分比时全部扣清。工程预付款扣回的金额为

$$R=\frac{A}{(F_2-F_1)S}(C-F_1S) \tag{6-1}$$

式中 R——每次进度付款中累计扣回的金额；

A——工程预付款总金额；

S——签约合同价；

C——合同累计完成金额；

F_1——开始扣款时合同累计完成金额达到签约合同价格的比例；

F_2——全部扣清时合同累计完成金额达到签约合同价格的比例。

上述合同累计完成金额均指价格调整前未扣质量保证金的金额。

预付款的支付与扣还方式应在合同中明确地规定下来。《水利水电工程标准文件》通用合同条款规定："在颁发合同工程完工证书前，由于不可抗力或其他原因解除合同时，预付款尚未扣清的，尚未扣清的预付款余额应作为承包人的到期应付款。"

【例6-1】 某工程项目合同价1000万元，工程预付款为合同价的10%，工程开工前由发包人一次付清。工程预付款扣回采用公式：

$$R=\frac{A}{(F_2-F_1)S}(C-F_1S)$$

并规定当累计完成工程款金额达到合同价格的20%时开始扣工程预付款，当累计完成工程款金额达到合同价格的90%时扣完。工程进度款按月支付。工程开工第一个月完成工程款金额150万元，第二个月完成工程款金额200万元，第三个月完成工程款金额200万元，则这三个月月支付中应扣工程预付款分别为多少？

解： 第一步，计算合同规定的开始扣工程预付款时合同累计完成金额（计算工程预付款起扣点）：

$$F_1S=20\%\times1000=200(\text{万元})$$

即当累计完成工程款金额 200 万元时开始扣工程预付款。

第二步，计算合同规定的工程预付款全部扣完时合同累计完成的金额：

$$F_2S = 90\% \times 1000 = 900(\text{万元})$$

第一个月完成工程款金额 150 万元<200 万元，本月不扣工程预付款。

第二个月累计完成工程款金额 150+200=350 万元>200 万元，本月应累计扣工程预付款为

$$R = \frac{A}{(F_2 - F_1)S}(C - F_1S) = \frac{1000 \times 10\%}{(90\% - 20\%) \times 1000} \times (350 - 20\% \times 1000) = 21.43(\text{万元})$$

第二个月应扣工程预付款为 21.43 万元。

第三个月累计完成工程款金额 150+200+200=550（万元），本月应累计扣工程预付款为

$$R = \frac{A}{(F_2 - F_1)S}(C - F_1S) = \frac{1000 \times 10\%}{(90\% - 20\%) \times 1000} \times (550 - 20\% \times 1000) = 49.98(\text{万元})$$

第三个月应扣工程预付款为

$$49.98 - 21.43 = 28.55(\text{万元})$$

（二）材料预付款

工程材料预付款主要用于帮助承包人在施工初期购进成为永久工程组成部分的主要工程材料或设施的款项。工程材料预付款的额度应由发包人与承包人在专用合同条款中具体约定。工程材料预付款金额一般可以材料发票上费用的 75%～90%为限，以计入进度付款凭证的方式支付，也可预先一次支付。一般来说，工程材料预付款不需承包人提供工程材料预付款保函，但须规定，承包人的进场工程材料必须报监理人检验且符合合同规定；已在施工现场的工程材料，其所有权属于发包人，不经监理人同意，不得擅自运出施工现场。同时，支付了工程材料预付款，并不意味着对此工程材料和设备的最后批准，如果验收后或在使用过程中发现工程材料或设备不符合规范和合同规定，监理人仍然有权否决这些不合格的工程材料和设备。

1. 材料预付款的支付条件

（1）材料的质量和储存条件均符合有关规范和合同要求。

（2）材料已到达工地，并经承包人和监理人共同验点入库。

（3）承包人按监理人的要求提交了材料的订货单、收据或价格证明文件，以及材料质量合格的证明文件或检验报告。

2. 材料预付款的支付和扣回

材料预付款也是发包人以无息贷款形式，在月支付工程款的同时，专供给承包人的一笔用以购置材料与设备的价款。工程材料预付款的预付办法应由发包人与承包人在专用合同条款中具体约定。例如，双方可约定工程材料到达工地并满足上述条件后，承包人可向监理人提交材料预付款支付申请单并要求支付。监理人审核后，按合同规定的支付比例（一般按实际材料价格的 75%～90%），在月支付款中支付。

工程材料预付款的扣回与还清也应在专用合同条款中约定。发包人在支付工程材料预付款后应按合同规定的时间（一般为 3 个月或几个月）内以平均的方式在月支付中陆续

扣回。

四、质量保证金

质量保证金又称保留金、滞留金或滞付金。按国际惯例，为了确保在施工过程中工程的一些质量缺陷能得到及时的修补，承包人违约造成的发包人的损失能获得及时赔偿，发包人有权在工程进度付款中按工程款的某一百分数扣留一笔款项，这就是质量保证金。质量保证金是发包人持有的一种对施工合同的担保。它是为了促使承包人抓紧工程收尾工作，尽快完成合同任务，确保在工程竣工移交后，在缺陷责任期（工程质量保修期）内承包人仍能履行修补缺陷的义务，且不会因承包人的轻微违约而动用履约担保，对承包人的资信是一种保护。

《水利水电工程标准文件》通用合同条款规定："监理人应从第一个工程进度付款周期开始，在发包人的进度付款中，按专用合同条款的约定扣留质量保证金，直至扣留的质量保证金总额达到专用合同条款约定的金额或比例为止。质量保证金的计算额度不包括预付款的支付与扣回金额。"

随着工程项目的竣工和工程质量保修期满，发包人应退还依据合同约定扣留的质量保证金，一般分两次退还。按《水利水电工程标准文件》通用合同条款的规定，具体方式如下：

（1）合同工程完工证书颁发后 14 天内。发包人将质量保证金总额的一半支付给承包人。在合同约定的缺陷责任期（工程质量保修期）满时，发包人将在 30 个工作日内会同承包人按照合同约定的内容核实承包人是否完成保修责任。如无异议，发包人应当在核实后将剩余的质量保证金支付给承包人。

（2）在合同约定的缺陷责任期（工程质量保修期）满时。承包人没有完成缺陷责任的，发包人有权扣留与未履行责任剩余工作所需金额相应的质量保证金余额，并有权根据合同约定要求延长缺陷责任期（工程质量保修期），直至完成剩余工作为止。

这里要注意，一个合同项目只有一个工程质量保修责任的终止，无论有几次完工验收，以最后一个完工验收的单位工程满足合同规定的保修期限的时间，作为合同的工程质量保修期限。

需要注意的是监理人在颁发了缺陷责任证书后，若仍发现有工程缺陷，应由承包人维修，剩余的保留金仍可暂不退还。

五、工程进度付款

工程进度付款是按照工程施工进度分阶段地对承包人支付的一种付款方式，如月结算、分阶段结算或发包人、承包人在合同中约定的其他方式。在施工合同中应明确约定付款周期，《水利水电工程标准文件》通用合同条款规定，付款周期同计量周期。在施工承包合同中，一般规定按月支付。按月结算是在上月结算的基础上，根据当月的合同履行情况进行的结算。这种支付方式公平合理、风险小、便于操作和控制。

（一）工程进度付款的程序

1. 提交进度付款申请单

《水利水电工程标准文件》通用合同条款的规定：承包人应在每个付款周期末，按监理人批准的格式和专用合同条款约定的份数，向监理人提交进度付款申请单，并附相应的支持性证明文件。除专用合同条款另有约定外，进度付款申请单应包括下列内容：

（1）截至本次付款周期末已实施工程的价款。

（2）按合同约定应增加和扣减的变更金额。

（3）按合同约定应增加和扣减的索赔金额。

（4）按合同约定应支付的预付款和扣减的返还预付款。

（5）按合同约定应扣减的质量保证金。

（6）根据合同应增加和扣减的其他金额。

2. 进度付款申请单核查

监理人在收到承包人进度付款申请单以及相应的支持性证明文件后的 14 天内完成核查，提出发包人到期应支付给承包人的金额以及相应的支持性材料，经发包人审查同意后，由监理人向承包人出具经发包人签认的进度付款证书。监理人有权扣承包人未能按照合同要求履行任何工作或义务的相应金额。

应当注意，一份内容全面、数据准确的进度付款申请应当具备以下特点：

（1）任何一次期中进度付款汇总表，均能说明历史已支付、本期申请支付及当前支付占合同总价的进度比例。监理人据此可判断超付和欠付情况。

（2）报表格式固定，计量计价口径和单位与《工程量清单》一致。

（3）索赔、变更、签证、计日工金额的增减和对《工程量清单》的影响能够一目了然。监理人和发包人能据此评估调整事项对投资目标的影响。

工程进度付款的费用控制是合同管理中投资控制的基础。总费用是一次次的工程进度付款的累计数量，因此，对每次工程进度付款，监理人都应认真审查、核定、分析，严格把关，尤其应加强下列环节的工作，以便准确判断出具或不出具进度付款证书。

3. 进度付款申请单核查重点环节

（1）对进度付款申请单中所开列的各工程的价值，必须以质量检验的结果和计量结果为依据，签认的应该是经监理人认可的合格工程及其计量数量。

（2）必须以预定的进度要求为依据。一般以扣除工程质量保证金的金额及其他本期应扣款额后的总额大于合同中规定的最小支付金额为依据，小于这个金额监理人不开具本期支付证书。

（3）承包人运进现场的用于永久工程的材料必须是合格的：有材料出厂（场）证明，有工地抽检试验证明，有经监理人员检验认可的证明。不合格材料不但得不到材料预付款支付，不准使用，而且必须尽快运出现场。如果承包人到时不能将不合格的材料运出，监理人将雇人将其运出，一切费用由该承包人承担。

（4）未经监理人事先批准的计日工，不给予承包人支付。

（5）把好价格调整和索赔关。

4. 进度款支付

发包人应在监理人收到进度付款申请单后的 28 天内，将进度应付款支付给承包人。发包人不按期支付的，按专用合同条款的约定支付逾期付款违约金。

需要强调的是，《水利水电工程标准文件》通用合同条款有以下规定：

(1) 监理人出具进度付款证书，不应视为监理人已同意、批准或接受了承包人完成的该部分工作。

(2) 进度付款涉及政府投资资金的，按照国库集中支付等国家相关规定和专用合同条款的约定办理。

(二) 工程进度付款的修正

《水利水电工程标准文件》通用合同条款规定，在对以往历次已签发的进度付款证书进行汇总和复核中发现错、漏或重复的，监理人有权予以修正，承包人也有权提出修正申请。经双方复核同意的修正，应在本次进度付款中支付或扣除。

月支付凭证的形式见表 6-4。

表 6-4 ××工程月支付凭证 单位：元

工程或费用名称		本期前累计完成额	本期申请金额	本期末累计完成额	备注
应支付金额	合同单价项目				
	合同合价项目				
	合同新增项目				
	计日工项目				
	索赔项目				
	材料预付款				
	价格调整				
	发包人迟付款利息				
	其他				
应支付金额合计					
应扣除金额	工程预付款				
	材料预付款				
	保留金				
	违约赔偿				
	其他				
应扣除金额合计					
月总支付金额=应支付金额合计-应扣除金额合计					

六、暂列金额（备用金）

(一) 暂列金额的定义

《建设工程工程量清单计价规范》(GB 50500—2013) 规定：暂列金额是指招标人在工程量清单中暂定并包括在合同价款中的一笔款项，用于工程合同签订时尚未确定或者不可预见的所需材料、工程设备、服务的采购，施工中可能发生的工程变更、合同约定调整因素出现时的合同价款调整以及发生的索赔、现场签证确认等的费用。《水利水电工程标准文件》规定：暂列金额指已标价工程量清单中所列的暂列金额，用于在签订协议书时尚未确定或不可预见变更的施工及其所需材料、工程设备、服务等的金额，包括以计日工方式支付的金额。

（二）暂列金额（备用金）的使用

在招投标期间，对于没有足够资料可以准确估价的项目和意外事件，可以采取暂列金额的形式在工程量表中列出，可以分列为计日工和意外事件两项，也可以合并在一起。一般情况下发包人在招标时将暂列金额的数额列入工程量清单中。如果发包人不确定其数额，而让投标人报价，则承包人在投标时，往往为中标而压低其暂列金额部分报价以降低其总价；而当实际发生需要动用暂列金额的情况或事件时，其实际发生的费用仍需由发包人支付。因此，暂列金额要么由发包人在合同项目招标的工程量清单中列入，要么在工程量清单中列出暂列金额为合同项目投标报价的一定比例，使投标人知道合同中有一笔费用，可以在发生合同工作之外的事件时，对所做的工作给予适当的补偿，以减少合同中风险报价的比例，节省工程投资。

一般情况下，暂列金额由监理人按照合同规定，并经发包人或发包人委托监理人审批，在指定的项目或工作中动用。《水利水电工程标准文件》通用合同条款规定，暂列金额只能按照监理人的指示使用，并对合同价格进行相应调整。在实际工程中，可能全部或部分地使用，或根本不予动用。暂列金额的动用，应遵守以下两点：

（1）暂列金额的使用，必须依据合同规定得到发包人或监理人的事先许可，并应按照监理人的指示，进行暂列金额项目的工作。没有发包人或监理人的事先批准，承包人不能进行暂列金额项目的任何工作。对承包人未经批准而进行的任何暂列金额项目的工作，不予支付工程款项。

（2）经发包人或监理人批准后，按照监理人的意见，承包人所完成的暂列金额项目工作的费用，一般按照实际发生的费用，加上合同中规定的费率支付。因此，承包人应按监理人的要求，提交有关暂列金额项目各类开支的全部报价单、发票、凭单、账目及有关实际施工的原始数据资料，监理人将根据上述资料，按照合同的规定确认支付金额。

（3）如果监理人认为需要增加一笔暂列金额时，必须事先得到发包人的同意。

（三）暂列金额与预备费的区别

工程预备费简称预备费，指初步设计及概算内难以预料的费用。暂列金额是施工中尚未确定和可能发生的但投标阶段难以估算的费用，施工中经监理人批准方可动用。

七、计日工支付

计日工亦称点工或散工，指在合同实施的过程中，某些零星的工作在工程量清单（包括单价项目和总价项目）中没有包括，监理人认为这些工作对工程的某些变动有必要，或认为按计日工作制更适宜于承包人开展工作，从而以数量或时间的消耗为基础进行计量与支付的工作。

选用计日工作制的工程项目，常常是在合同规定项目之外的、随时可能发生的、不可预见的工作，并大多属于工程中的辅助性工作，或者说是零星工作。例如，施工中发现了具有考古价值的文物、化石等需要开挖。或发现了难以预见的地下障碍等。

在招标文件中，包含有一套零星的计日工表，表中标明了工程设备类型、材料、人工、施工机械设备等预估项目；有的招标文件还给出了这些设备、材料、人工和机械设备的暂估数量，或称名义工程量。投标人对这个表的单价进行填报，有名义工程量还要计算合价和总价。计日工实质上也属于暂列金额的性质，作为一笔预备费，其总价的支付也包含在暂列金额之内。这笔费用的支付与否，同暂列金额。

对于计日工的支付，一般应符合以下规定：

（1）以计日工的形式进行的任何工作，必须有监理人的指令，没有监理人的批准，承包人不能以计日工的形式进行任何工作，当然也不能支付任何款项。

（2）经监理人批准以计日工的形式进行的工作，承包人在施工过程中，每天应向监理人提交参加该项计日工工作的人员姓名、职业、级别、工作时间和有关的材料、设备清单和使用的消耗量及耗时，同时每月向监理人提交一份关于记录计日工工作所用的劳力、材料、设备价格和数量以及时间消耗的报表；否则承包人无权要求计日工的付款。

关于计日工支付，《水利水电工程标准文件》通用合同条款规定：发包人认为有必要时，由监理人通知承包人以计日工方式实施变更的零星工作。其价款按列入已标价工程量清单中的计日工计价子目及其单价进行计算。采用计日工计价的任何一项变更工作，应从暂列金额中支付，承包人应在该项变更的实施过程中，每天提交以下报表和有关凭证报送监理人审批：①工作名称、内容和数量；②投入该工作所有人员的姓名、工种、级别和耗用工时；③投入该工作的材料类别和数量；④投入该工作的施工设备型号、台数和耗用台时；⑤监理人要求提交的其他资料和凭证。

按合同约定，计日工由承包人汇总后，应按合同的约定列入进度付款申请单，由监理人复核并经发包人同意后列入进度付款，由发包人在工程进度付款中一并支付。

八、预备费的动用

（一）预备费的使用范围

（1）在进行技术设计、施工图设计和施工过程中，在批准的初步设计范围内的一般设计变更、材料代用等增加的费用。

（2）国家允许调价范围以外的设备、材料价格和工资单价的价差，即所谓市场材料浮动价差。

（3）由于一般自然灾害所造成的少量损失和预防自然灾害所采取的措施费用。

（4）在上级主管部门组织竣工验收时，为鉴定工程质量而必须开挖和修复隐蔽工程的费用。

（5）由于图纸的一般错误及现场发生的技术问题处理而产生的经济签证费用。

（二）不包括在预备费中的项目

（1）施工图已被审定生效后，在施工过程中较大的修改设计，提高设计标准，增加建筑面积、体积而增加的概算投资。

（2）地质勘测资料不准，引起地基加固、基础加深所增加的技术处理费用。

（3）国家规定允许调整的材料差价。

（4）进口设备、进口材料的材料价差。

（5）人力不可抗拒的重大自然灾害引起的经济损失，应报上级主管部门处理。

设计概算的预备费的计算方法，一般按照总概算书的第一、第二部分价值的总和乘以规定的费率，一般为5%～8%。

对于不包括在不可预见费中所增加投资，应单独编制补充概算，按正规法定审批手续报上级主管部门审批后追加概算投资。

（三）预备费的作用

（1）在进行技术设计、施工图设计和施工过程中，在批准的初步设计和概算范围内所增加的工程的费用。

（2）设备和材料的价差。

（3）由于一般自然灾害所造成的损失和预防自然灾害所采取的措施费用。

（4）在上级主管部门组织竣工验收时，验收委员会（小组）为鉴定工程质量，必须开挖和修复隐蔽工程的费用。

总概算的预备费以各单项工程概算和其他工程和费用概算之和为基数，依据主管部门规定费率计算。一般民用工程项目为2%～5%，工业工程项目为5%～8%。

第四节 工程变更费用管理

在水利水电施工中，工程变更可能是最普遍的问题。如设计变更、施工进度计划或施工顺序变更、施工技术规程标准变更、实际工程量相对于招标文件中工程量清单所列工程量的增减，由于施工现场条件变化而使施工的工作项目超出了合同指明的工程范围等。由于工程变更所引起的工程量的变化、承包人索赔等，都有可能使项目实际投资超出原有目标，因此，监理人要妥善处理工程变更问题，有效地控制变更项目的费用。

一、工程变更的概念

工程变更是指施工合同履行过程中出现与签订合同时的预计条件不一致的情况，而需要改变原定施工承包范围内的某些工作内容。工程变更指令发出后，应当迅速落实指令，全面修改相关的各种文件；承包人也应当抓紧落实，如果承包人不能全面落实变更指令，则扩大的损失应当由承包人承担。工程变更是影响工程价款结算的重要因素，因此，工程变更费用管理也是施工阶段投资控制的重要内容。

关于工程变更的定义，各种规范规程稍有区别，监理人应当注意区分。

（1）《工程造价咨询业务操作指导规程》（中价协〔2002〕第016号）中工程变更的定义：是指设计变更、进度计划变更、施工条件变更以及原招标文件和工程量清单中未包括的“增减工程”。

（2）《建设工程工程量清单计价规范》（GB 50500—2013）中工程变更的定义：合同工程实施过程中由发包人提出或由承包人提出经发包人批准的：①合同工程任何一项工作的增、减、取消或施工工艺、顺序、时间的改变；②设计图纸的修改；③施工条件的改变；④招标工程量清单的错、漏从而引起合同条件的改变或工程量的增减变化。

（3）《水利水电工程标准文件》中工程变更的范围和内容：除专用合同条款另有约定外，在履行合同中发生以下情形之一，应按规定进行变更：

1）取消合同中任何一项工作，但被取消的工作不能转由发包人或其他人实施。

2）改变合同中任何一项工作的质量或其他特性。

3）改变合同工程的基线、标高、位置或尺寸。

4）改变合同中任何一项工作的施工时间或改变已批准的施工工艺或顺序。

5）为完成工程需要追加的额外工作。

二、水利工程设计变更的概念

（一）水利工程设计变更定义

《水利工程设计变更管理暂行办法》（水规计〔2012〕93号）规定，设计变更是工程施工过程中保证设计和施工质量，完善工程设计，纠正设计错误以及满足现场条件变化而进行的设计修改工作。设计变更费用一般应控制在建安工程总造价的5%以内，由设计变更产生的新增投资不得超过基本预备费的1/3，包括由建设单位、设计单位、监理单位、施工单位及其他单位提出的设计变更。一般主要形式有原设计单位出具的设计变更通知单和由施工单位征得由原设计单位同意的设计变更联络单两种。设计文件一经审查通过，任何单位和个人不得随意更改。由于项目建设条件的改变或施工实际需要更改原设计，必须经过深入的调查研究并充分论证，还必须遵守项目合同中的约定。

（1）建设单位提出的设计变更，主要是引起建设规模、基本原则、主要技术标准、主要功能体系等变化，对外部群体景观、主要使用功能和主要施工方案有重大影响，如建筑物整体布局，道路、管线总体走向或高程，大面积地基处理，桥涵的主要基础型式，设备系统主要工艺及主要参数，主要材料和设备等。

（2）设计单位提出的设计变更，应本着对工程技术、工期、投资等三大控制相结合的原则，对设计过程中的错、漏及优化问题，及时提出变更申请。对变更理由、内容及相关专业影响等，应从全局考虑并详细说明，按程序报批。

（3）监理单位提出的设计变更，主要是在施工过程中，发现现场情况与设计图纸不符合，或为了减少投资，缩短工期，确保质量和安全生产，更好地推进工程建设，根据规范合理提出变更要求。

施工单位在施工过程中，遇到一些原设计未预料到的具体情况需要进行处理而发生的设计变更，如工程管道安装过程中遇到未考虑到的设备和管墩在原设计标高处无安装位置，或由于资源市场的原因，如材料供应或施工条件不成熟需改用其他材料代替等。

（二）设计变更分级分类

工程设计变更分为重大设计变更和一般设计变更。重大设计变更是指工程建设过程中，工程的建设规模、设计标准、总体布局、布置方案、主要建筑物结构型式、重要机电金属结构设备、重大技术问题的处理措施、施工组织设计等方面发生变化，对工程的质量、安全、工期、投资、效益产生重大影响的设计变更。其他设计变更为一般设计变更。

涉及工程开发任务变化和工程规模、设计标准、总体布局等方面较大变化的设计变更，应征得可行性研究报告批复部门的同意。

1. 重大设计变更

（1）工程规模、建筑物等级及设计标准：

1）水库库容、特征水位的变化；引（供）水工程的供水范围、供水量、输水流量、关键节点控制水位的变化；电站或泵站装机容量的变化；灌溉或除涝（治涝）范围与面积的变化；河道及堤防工程治理范围、水位等的变化。

2）工程等别、主要建筑物级别、抗震设计烈度、洪水标准、除涝（治涝）标准的变化。

（2）总体布局、工程布置及主要建筑物：

1）总体布局、主要建设内容、主要建筑物场址、坝线、骨干渠（管）线、堤线的变化。

2）工程布置、主要建筑物型式的变化。

3）主要水工建筑物基础处理方案、消能防冲方案的变化。

4）主要水工建筑物边坡处理方案、地下洞室支护型式或布置方案的变化。

5）除险加固或改（扩）建工程主要技术方案的变化。

（3）机电及金属结构：

1）大型泵站工程或以发电任务为主工程的电厂主要水力机械设备型式和数量的变化。

2）大型泵站工程或以发电任务为主工程的接入电力系统方式、电气主接线和输配电方式及设备型式的变化。

3）主要金属结构设备及布置方案的变化。

（4）施工组织设计：

1）主要料场场地的变化。

2）水利枢纽工程的施工导流方式、导流建筑物方案的变化。

3）主要建筑物施工方案和工程总进度的变化。

2. 一般设计变更

对工程质量、安全、工期、投资、效益影响较小的局部工程设计方案、建筑物结构型式、设备型式、工程内容和工程量等方面的变化为一般设计变更。水利枢纽工程中次要建筑基础处理方案变化、布置及结构型式变化、施工方案变化，附属建设内容变化，一般机电设备及金属结构设计变化；堤防和河道治理工程的局部线路、灌区和引调水工程中非骨干工程的局部线路调整或者局部基础处理方案变化、次要建筑物布置及结构型式变化，施工组织设计变化，中小型泵站、水闸机电及金属结构设计变化等，可视为一般设计变更。

三、工程变更程序

工程施工过程中出现的工程变更可分为监理人指示的工程变更和承包人申请的工程变更两类。

（一）监理人指示的工程变更

监理人根据工程施工的实际需要或建设单位要求实施的工程变更，可以进一步划分为直接指示的工程变更和通过与承包人协商后确定的工程变更两种情况。

1. 监理人直接指示的工程变更

监理人直接指示的工程变更属于必须的变更，如按照建设单位的要求提高质量标准、设计错误需要进行的设计修改、协调施工中的交叉干扰等情况。此时不需征求承包人意见，监理人经过建设单位同意后发出变更指示，要求承包人完成工程变更工作。

2. 与承包人协商后确定的工程变更

此类情况属于可能发生的变更，与承包人协商后再确定是否实施变更，如增加承包范围外的某项新工作等，工程变更程序如下：

（1）监理人首先向承包人发出变更意向书，说明变更的具体内容和建设单位对变更的时间要求等，并附必要的图纸和相关资料。

（2）承包人收到监理人的变更意向书后，如果同意实施变更，则向监理人提出书面变更建议。建议书的内容包括提交包括拟实施变更工作的计划、措施、竣工时间等内容的实施方案以及费用要求。若承包人收到监理人的变更意向书后认为难以实施此项变更，也应立即通知监理人，说明原因并附详细依据，如不具备实施变更项目的施工资质、无相应的施工机具等原因或其他理由。

（3）监理人审查承包人的建议书，若承包人根据变更意向书要求提交的变更实施方案可行并经建设单位同意后，监理人发出变更指示；如果承包人不同意变更，监理人与承包人和建设单位协商后确定撤销、改变或不改变原变更意向书。

（4）变更建议应阐明要求变更的依据，并附必要的图纸和说明。监理人收到承包人书面建议后，应与建设单位共同研究，确认存在变更的，应在收到承包人书面建议后的 14 天内作出变更指示；经研究后不同意作为变更的，应由监理人书面答复承包人。

（二）承包人提出的工程变更

承包人提出的工程变更可能涉及建议变更和要求变更两类。

1. 承包人建议的变更

承包人对建设单位提供的图纸、技术要求等，提出了可能降低合同价格、缩短工期或提高工程经济效益的合理化建议，均应以书面形式提交监理人。合理化建议书的内容应包括建议工作的详细说明、进度计划和效益以及与其他工作的协调等，并附必要的设计文件。

监理人与建设单位协商是否采纳承包人提出的建议。建议被采纳并构成变更的，监理人向承包人发出工程变更指示。

承包人提出的合理化建议使建设单位获得工程造价降低、工期缩短、工程运行效益提高等实际利益，应按专用合同条款中的约定给予奖励。

2. 承包人要求的变更

承包人收到监理人按合同约定发出的图纸和文件，经检查认为其中存在属于变更范围的情形，如提高工程质量标准、增加工作内容、改变工程的位置或尺寸等，可向监理人提出书面变更建议。变更建议应阐明要求变更的依据，并附必要的图纸和说明。

监理人收到承包人的书面建议后，应与建设单位共同研究，确认存在变更的，应在收到承包人书面建议后的 14 天内作出变更指示；经研究后不同意作为变更的，应由监理人书面答复承包人。

四、工程变更单价确定原则

无论何种原因引起的工程变更，都可能导致工程费用和施工进度的变化。监理人一旦签发了工程变更令，就意味着对工程设计和原项目合同内容进行变更。如果导致这种变更的原因是由承包人自身原因引起的，则合同变更引起的工程费用变化，应由承包人负责；如果合同变更是由建设单位或监理人提出的，或其他原因造成了工程费用变化或承包人的损失，则应由建设单位承担，延误的工期应相应顺延。

《水利水电工程标准文件》规定了变更的估价原则，即除专用合同条款另有约定外，因变更引起的价格调整按照以下原则：

1）已标价工程量清单中有适用于变更工作的子目的，采用该子目的单价。

2）已标价工程量清单中无适用于变更工作的子目，但有类似子目的，可在合理范围内参照类似子目的单价，由监理人按合同约定与合同当事人商定或确定变更工作的单价。

3）已标价工程量清单中无适用或类似子目的单价，可按照成本加利润的原则，由监理人按合同约定与合同当事人商定或确定变更工作的单价。

一般情况下，监理人依据发包人授权并按照合同约定对任何事项进行商定或确定时，监理人应与合同当事人协商，尽量达成一致；不能达成一致的，监理人应认真研究后审慎确定。监理人应将商定或确定的事项通知合同当事人，并附详细依据。对监理人的决定有异议的，构成争议，按照合同争议条款处理。在争议解决前，双方应暂按监理人的决定执行，按照合同争议条款对监理人的决定作出修改的，按修改后的结果执行。

监理人在审核变更项目的单价时要注意以下原则：

1）变更项目的单价要与合同中的单价水平相协调，在没有特殊的且具体的施工方案为依据情况下，不要过分高于或低于合同中的单价水平。

2）变更是施工合同的变更，监理人只能以合同第三方的角色，以合同规定为依据，协调合同双方就变更项目的单价达成一致。

3）有些合同条件尽管赋予监理人确定变更单价的权力，监理人在行使这个权力时必须依据合同规定，且从咨询者的角度公正地行使这个权力，尽量避免给合同双方履行合同带来不利影响。

五、工程变更的价款调整方法

（一）分部分项工程费的调整

工程变更引起分部分项工程项目发生变化的，应按照下列规定调整：

（1）已标价工程量清单中有适用于变更工程项目的，且工程变更导致的该清单项目的工程数量变化不足15％时，采用该项目的单价。

（2）已标价工程量清单中没有适用、但有类似于变更工程项目的，可在合理范围内参照类似项目的单价或总价调整。

（3）已标价工程量清单中没有适用、也没有类似于变更工程项目的，由承包人根据变更工程资料、计量规则和计价办法、工程造价管理机构发布的信息（参考）价格和承包人报价浮动率，提出变更工程项目的单价或总价，报发包人确认后调整。

（4）已标价工程量清单中没有适用、也没有类似于变更工程项目，且工程造价管理机构发布的信息（参考）价格缺价的，由承包人根据变更工程资料、计量规则、计价办法和通过市场调查等取得的有合法依据的市场价格提出变更工程项目的单价或总价，报发包人确认后调整。

（二）措施项目费的调整

工程变更引起措施项目发生变化的，承包人提出调整措施项目费的，应事先将拟实施的方案提交发包人确认，并详细说明与原方案措施项目相比的变化情况。拟实施的方案经发承包双方确认后执行，并应按照下列规定调整措施项目费：

（1）安全文明施工费，按照实际发生变化的措施项目调整，不得浮动。

（2）采用单价计算的措施项目费，按照实际发生变化的措施项目按前述分部分项工程费的调整方法确定单价。

（3）按总价（或系数）计算的措施项目费，除安全文明施工费外，按照实际发生变化的措施项目调整；但应考虑承包人报价浮动因素，即调整金额按照规定计算。

如果承包人未事先将拟实施的方案提交给发包人确认，则视为工程变更不引起措施项目费的调整或承包人放弃调整措施项目费的权利。

如果发包人提出的工程变更，因非承包人原因删减了合同中的某项原定工作或工程，致使承包人发生的费用或（和）得到的收益不能被包括在其他已支付或应支付的项目中，也未被包含在任何替代的工作或工程中，则承包人有权提出并得到合理的费用及利润补偿。

六、新增项目的费用控制

（一）新增项目产生的原因

新增项目从性质上讲，也属于工程变更。一个建设项目的建设，要完成的工程内容是广泛的，要完成的工程量是巨大的，特别是水利水电工程项目，自然条件、地形、地质条件多种多样，施工工期较长，工程量大，涉及面广，施工条件复杂，随着施工进程的进展，逐步被揭露的地质情况和其他情况的变化，将会与原招标设计的依据发生差异，这在工程实践中是很难避免的。常见的产生新增项目的原因有以下几种：

（1）工程地质条件发生较大差异，从而产生合同外项目。由于工程地质条件复杂，随着施工进展，不断被揭露的地质情况与原设计文件中的地质条件有较大差异，必须进行修改，否则将造成工程量过度增加，投资费用加大，施工工期延长。在这种情况下，发包人或监理人根据工程整体利益的需要，往往提出设计修改，从而产生新增项目。

（2）施工条件复杂和施工中种种难以预料的因素，造成对原设计的局部修改而产生新增项目。水利水电工程的施工条件都是比较复杂的，工程施工往往受许多外界客观条件限制，如遇到公路、铁路交通线和历史文物、古迹等，施工过程中还可能遇到一些事先难以预料的因素，如塌方、超标洪水等，都可能造成对原设计的局部修改，从而产生合同外项目。

（3）由于招标时合同文件中工程量清单不够确切，造成工程项目漏项，因而出现新增项目。水利水电工程项目的施工部位和分项都相当繁多，招标文件是根据招标设计在施工详图设计之前编制的，很容易出现工程量不够准确或者出现遗漏现象。随着施工详图的不断提供和施工的不断深入进行，将会发现问题，导致新增项目的产生。

（4）由于设计单位不断地对工程设计进行优化而产生的新增项目。在水利水电工程中，随着施工的进展，设计单位发现原设计方案或内容的某些不合理性，从而提出设计优化，造成设计变更，产生新增项目。

（5）发包人或监理人为保证工程进度、使工程按期完工投产而调整合同内容，产生新增项目。

（6）由国家或地方的政策、法规等的变化导致的新增项目。

（二）新增项目的价格调整原则

在工程变更的各种形式中，新增工程最为普遍。监理人在下达的工程变更指令中，经常要求承包人实施某种新增工程。这些新增工程，可能包括各种不同的规模和范围，其工程量也可能相差悬殊。因此，在承包工程施工合同管理工作中，应该对新增工程有严格的、在合同概念上的区分，并采取不同的处理办法。经验证明，对新增工程了解不够，往往导致合同管理上的模糊或混乱，形成合同纠纷。

从合同含义上分析，新增工程应按工程范围划分为附加工程和额外工程两种；属于工程项目合同范围的新增工程，称为附加工程；超出工程项目合同范围以外但仍对项目功能有利的新增工程，称为额外工程。

1. 附加工程

所谓附加工程，就是指建成合同项目所必不可少的工程。缺少了这些工程，该合同项目便不能发挥合同预期的作用。因此，只要是该工程项目必需的工程，都属于附加工程，无论是该工程项目合同文件中的工程量清单中是否列出该项工作，只要监理人发出工程变更指令，承包人应遵照执行，因为它在合同意义上属于合同范围以内的工作。对附加工程，其价格调整原则和本节上述介绍的调价原则是一致的。

2. 额外工程

所谓额外工程，是指工程项目合同文件中“工程范围”未包括的工作。缺少这些额外工程，原合同的工程项目仍然可以运行，并发挥效益，所以额外工程是一个“新增的工程项目”，而不是原合同项目的一个新的“工作项目”。因此，对于一项额外工程，应签订新的承包合同，独立地议定合同价，在合同处置上通常有两种方式：

（1）签订新合同协议书，议定新的合同价，合同文件的主要内容可沿用原来的合同条件。

（2）将额外工程作为原合同工程范围内的一项新增工程，由监理人发出工程变更指令，双方协商确定施工单价或合同总价，由承包人按照原来的合同条件完成施工。

七、工程变更、工程签证、工程洽商的联系与区别

在水利水电施工中，工程签证、工程变更、工程洽商、索赔等常常相伴而生，其中，工程签证（或称现场签证）、工程洽商经常会与工程变更的概念混同。监理人需要理解并区分三者的异同点。

（一）工程签证、工程洽商的定义

由于施工生产的特殊性，施工过程中往往会出现一些与合同工程或合同约定不一致或未约定的事，这时就需要发承包双方用书面形式记录下来，各地对此的称谓不一，如工程签证、施工签证、技术核定单等，《建设工程工程量清单计价规范》（GB 50500—2013）将其定义为现场签证。

签证有多种情形：一是发包人的口头指令，需要承包人将其提出，由发包人转换成书面签证；二是发包人的书面通知，如涉及工程实施，需要承包人就完成此通知需要的人工、材料、机械设备等内容向发包人提出，取得发包人的签证确认；三是合同工程招标工程量清单中已有、但施工中发现与其不符，如土方类别、出现流沙等，需承包人及时向发包人提出签证确认，以便调整合同价款；四是由于发包人原因未按合同约定提供场地、材料、设备或停水、停电等造成承包人停工，需承包人及时向发包人提出签证确认，以便计算索赔费用；五是合同中约定材料、设备等价格，由于市场发生变化，需承包人向发包人提出采纳数量及其单价，以便发包人核对后取得发包人的签证确认；六是其他由于施工条件、合同条件变化需现场签证的事项等。可以说，如何处理现场签证，是一个工程管理水平高低的衡量标准，是有效减少合同纠纷的手段。

《工程造价咨询业务操作指导规程》（中价协〔2002〕第 016 号）中，工程签证是指"按承发包合同约定，一般由发承包双方代表就施工过程中涉及合同价款之外的责任事件所作的签认证明"。《建设工程工程量清单计价规范》（GB 50500—2013）中，现场签证是指"发包人现场代表（或其授权的监理人、工程造价咨询人）与承包人现场代表就施工过程中涉及的责任事件所作的签认证明"。工程签证单可视为补充协议，如增加额外工作、额外费用支出的补偿、工程变更、材料替换或代用等，应具有与协议书同等的优先解释权。

工程洽商，主要是指施工企业就施工图纸、设计变更所确定的工程内容以外，施工图预算或预算定额取费中未包含的，而施工中又实际发生费用的施工内容所办理的书面说明。工程洽商是施工设计图纸的补充，与施工图纸有同等重要作用。工程洽商，就是工程实施过程中的洽谈商量。参建各方就项目实施过程中的未尽事宜进行洽谈商量。在取得一致意见后或经相关部门审批确认后的洽商可作为合同文件的组成部分之一。

（二）联系和区别

工程签证属"签认证明"，工程洽商是"洽商书面说明"，而工程变更强调"增减变化"，符合程序、手续齐备的工程签证和工程洽商文件都可以作为合同协议附件。

工程签证和工程洽商都会引发工程变更，或者说会成为工程变更资料的重要组成部分。通常，工程签证确认的工作量具有"合同外"或"工程量清单外"的显著特点。工程洽商既有经济洽商也有技术洽商。总体来说，工程变更的定义比较明确和具体。

八、关于签证争议鉴定的规定

《建设工程造价鉴定规范》（GB/T 51262—2017），对签证争议鉴定的规定如下。

（1）当事人因现场签证费用发生争议，鉴定人应按以下规定进行鉴定：

1）现场签证明确了人工、材料、机械台班数量及其价格的，按签证的数量和价格计算。

2）现场签证只有用工数量没有人工单价的，其人工单价按照工作技术要求比照鉴定项目相应工程人工单价适当上浮计算。

3）现场签证只有材料和机械台班用量没有价格的，其材料和台班价格按照鉴定项目相应工程材料和台班价格计算。

4）现场签证只有总价款而无明细表述的，按总价款计算。

（2）当事人因现场签证存在瑕疵发生争议的，鉴定人应按以下规定进行鉴定：

1）现场签证发包人只签字证明收到，但未表示同意，承包人有证据证明该签证已经完成，鉴定人可作出鉴定并单列，供委托人判断认定。

2）现场签证既无数量，又无价格，只有工作事项的，由当事人双方协商；协商不成的，鉴定人可根据该事项进行专业分析，提出推断性意见。

当事人一方仅以对方当事人口头指令完成了某项零星工作，要求费用支付，而对方当事人又不认可且无实证证据的，鉴定人应以法律证据缺失，作出否定性鉴定。

第五节 索赔费用管理

索赔是在施工合同履行中，当事人一方由于另一方未履行合同所规定的义务或者出现了应当由对方承担的风险而遭受损失时，向另一方提出赔偿要求的行为。在工程承包合同履行中，由于施工现场条件的变化、国家政策及法律法规的变更、合同的缺陷、设计变更等诸多因素的影响，使得工程承包合同履行中不可避免地出现索赔，进而导致项目的投资发生变化。因此，索赔费用管理是施工阶段投资控制的一项重要工作。

《民法通则》规定："当事人一方不履行合同义务或履行合同义务不符合合同约定条件的，另一方有权要求履行或者采取补救措施，并有权要求赔偿损失"。因此，索赔是合同双方依据合同约定维护自身合法利益的行为，其性质属于经济补偿行为，而非惩罚。

通常，索赔是双向的，既包括施工承包人向发包人的索赔，也包括发包人向承包人的索赔。但在工程实践中，建设单位索赔数量较小，而且可通过冲账、扣拨工程款、扣保证金等实现对承包人的索赔；而承包人对发包人的索赔则相对困难一些。

一、索赔产生的原因

索赔是由于发生了施工过程中有关方面不能控制的干扰事件，这些干扰事件影响了合同的正常履行，造成了工期延长、费用增加，成为工程索赔的理由。产生索赔的原因主要包括以下五类。

（一）发包人违约

在工程实施过程中，由于建设单位或监理人没有尽到合同义务，导致索赔事件发生。例如：未按合同规定提供设计资料、图纸，未及时下达指令、答复请示等，致使工程延期；未按合同规定的日期交付施工场地和行驶道路、提供水电、提供应由建设单位提供的材料和设备，使承包人不能及时开工或造成工程中断；未按合同规定按时支付工程款，或不再继续履行合同；下达错误指令，提供错误信息；建设单位或监理人协调工作不力等。

（二）合同缺陷

合同缺陷表现为合同文件规定不严谨甚至矛盾、合同条款遗漏或错误，设计图纸错误造成设计修改、工程返工、窝工等。

（三）工程变更

工程变更也有可能导致索赔事件发生。例如：建设单位指令增加、减少工作量，增加新的工程，提高设计标准、质量标准；由于非承包人原因，建设单位指令中止工程施工；建设单位要求承包人采取加速措施，其原因是非承包人责任的工程拖延，或建设单位希望在合同工期前交付工程；建设单位要求修改施工方案，打乱施工顺序；建设单位要求承包人完成合同规定以外的义务或工作。

（四）工程环境的变化

工程环境的变化有材料价格和人工工日单价的大幅度上涨，国家法令的修改，货币贬值，外汇汇率变化等。

（五）不可抗力或不利的物质条件

不可抗力又可以分为自然事件和社会事件。自然事件主要是工程施工过程中不可避免并不能克服的自然灾害，包括地震、海啸、瘟疫、水灾等。社会事件则包括国家政策、法律、法令的变更，战争、罢工等。不利的物质条件通常是指承包人在施工现场遇到的不可预见的自然物质条件、非自然的物质障碍和污染物，包括地下和水文条件。

二、索赔的分类

（一）按索赔的合同依据分类

工程索赔可分为合同中明示的索赔和合同中默示的索赔。

1. 合同中明示的索赔

指承包人所提出的索赔要求，在该工程项目施工合同文件中有文字依据。这些在合同文件中有文字规定的合同条款，称为明示条款。

2. 合同中默示的索赔

指承包人所提出的索赔要求，虽然在工程项目施工合同条款中没有专门的文字叙述，但可根据该合同中某些条款的含义，推论出承包人有索赔权。这种索赔要求同样有法律效力，承包人有权得到相应的经济补偿。这种有经济补偿含义的条款，被称为“默示条款”或“隐含条款”。

（二）按索赔的目的分类

工程索赔可分为工期索赔和费用索赔。

1. 工期索赔

由于非承包人的原因导致施工进度拖延，要求批准延长合同工期的索赔，称为工期索赔。工期索赔形式上是对权利的要求，以避免在原定合同竣工日不能完工时，被建设单位追究拖期违约责任。一旦获得批准合同工期延长后，承包人不仅可免除承担拖期违约赔偿费的严重风险，而且可因提前交工获得奖励，最终仍反映在经济收益上。

2. 费用索赔

费用索赔是承包人要求建设单位补偿其经济损失。当施工的客观条件改变导致承包人增加开支时，要求对超出计划成本的附加开支给予补偿，以挽回不应由其承担的经济损失。

（二）按索赔事件的性质分类

工程索赔可分为工程延期索赔、工程变更索赔、合同被迫终止索赔、工程加速索赔、意外风险和不可预见因素索赔、其他索赔。

1. 工程延期索赔

因建设单位未按合同要求提供施工条件，如未及时交付设计图纸、施工现场、道路等，或因建设单位指令工程暂停或不可抗力事件等原因造成工期拖延的，承包人对此提出索赔。这是工程实施中常见的一类索赔。

2. 工程变更索赔

由于建设单位或监理人指令增加或减少工程量或增加附加工程、修改设计、变更工程顺序等，造成工期延长和费用增加，且争议处理未能取得一致的，承包人对此提出索赔。

3. 合同被迫终止索赔

由于建设单位违约及不可抗力事件等原因造成合同非正常终止，承包人因其蒙受经济损失而向建设单位提出索赔。

4. 工程加速索赔

由于建设单位或监理人指令承包人加快施工速度，缩短工期，引起承包人人、财、物的额外开支而提出的索赔。

5. 意外风险和不可预见因素索赔

在工程实施过程中，因人力不可抗拒的自然灾害、特殊风险以及一个有经验的承包人通常不能合理预见的不利施工条件或外界障碍，如地下水、地质断层、溶洞、地下障碍物等引起的索赔。

6. 其他索赔

因货币贬值、汇率变化、物价上涨、政策法令变化等原因引起的索赔。

三、承包人向发包人的索赔

（一）可以索赔的费用

从理论上讲，确定承包人可以索赔什么费用及索赔多少，有两条主要原则：

（1）所发生的费用应该是承包人履行合同所必需的，即如果没有该费用支出，就无法合理履行合同，无法使工程达到合同要求。

（2）给予补偿后，应该使承包人处于与假定未发生索赔事项情况下的同等有利或不利地位（承包人自己在投标中所确立的地位），即承包人不因索赔事项的发生而额外受益或额外受损。

从索赔发生的原因来看，承包人索赔可以简单分为损失索赔和额外工作索赔。按照一般的法律原则，对损失索赔，发包人应当给予赔偿损失，包括实际损失和可得利益（又称所失利益）。实际损失是指承包人多支出的额外成本；可得利益是指如果发包人不违反合同，承包人本应取得的，但因发包人违约而丧失了的利益。对额外工程索赔，发包人应以原合同中的适用价格为基础，或者以监理人依据合同变更价格确定的原则，与合同当事人双方协商确定的合理价格给予付款。

计算损失索赔和额外工作索赔的主要区别是：前者的计算基础是成本，而后者的计算基础是价格（包括直接成本、管理费和利润）。计算损失索赔要求对假定无违约成本和实际有违约成本（不一定是承包人投标成本或实际发生成本，应是合理成本）进行比较，对两者之差给予补偿，与各工程项目的价格毫不相干，原则上不得包括额外成本的相应利润

(除非承包人原合理预期利润的实现已经因此受到影响——这种情况只有当违约引起整个工程的延迟或完工前的合同解除时才会发生)。计算额外工作索赔则允许包括额外工作的相应利润，甚至在该工作可以顺利列入承包人的工作计划、不会引起总工期延长、从而事实上承包人并未遭受到损失时也是如此。《水利水电工程标准文件》中合同条款规定的可以合理补偿承包人索赔的条款见表6-5。

表6-5 《水利水电工程标准文件》中合同条款规定的可以合理补偿承包人索赔的条款

序号	条款号	主要内容	可补偿内容		
			工期	费用	利润
1	1.10.1	施工过程发现文物、古迹以及其他遗迹、化石、钱币或物品	√	√	
2	4.11.2	承包人遇到不利物质条件	√	√	
3	5.2.4	发包人要求向承包人提前交付材料和工程设备		√	
4	5.2.6	发包人提供的材料和工程设备不符合合同要求	√	√	√
5	8.3	发包人提供资料错误导致承包人的返工或造成工程损失	√	√	√
6	11.3	发包人的原因造成工期延误	√	√	√
7	11.4	异常恶劣的气候条件	√		
8	11.6	发包人要求承包人提前竣工		√	
9	12.2	发包人原因引起的暂停施工	√	√	√
10	12.4.2	发包人原因引起造成暂停施工后无法按时复工	√	√	√
11	13.1.3	发包人原因造成工程质量达不到合同约定验收标准的	√	√	√
12	13.5.3	监理人对隐蔽工程重新检查。进检验证明工程质量符合合同要求的	√	√	√
13	16.2	法律变化引起的价格调整		√	
14	18.4.2	发包人在全部工程竣工前，使用已接受的单位工程导致承包人费用增加的	√	√	√
15	18.6.2	发包人原因导致试运行失败的		√	√
16	19.2	发包人原因导致的工程缺陷和损失		√	√
17	21.3.1	不可抗力	√		

索赔仅仅是承包人要求对实际损失或额外费用给予补偿。承包人究竟可以就哪些损失提出索赔，这取决于合同规定和有关适用法律。无论损失的金额有多大，也无论是什么原因引起的，合同规定都是决定这种损失是否可以得到补偿的最重要的依据。

无论对承包人还是监理人（发包人），根据合同和有关法律规定，事先列出一个将来可能索赔的损失项目的清单，这是索赔管理中的一种良好做法，可以帮助防止遗漏或多列某些损失项目。以下列举了常见的损失项目（并非全部），可供参考。

(1) 人工费。人工费在工程费用中所占的比重较人，人工费的索赔，也是施工索赔中数额最多者之一，一般包括以下项目：

1) 额外劳动力雇佣。

2）劳动效率降低。

3）人员闲置。

4）加班工作。

5）人员人身保险和各种社会保险支出。

（2）材料费。材料费的索赔关键在于确定由于发包人方面修改工程内容，而使工程材料增加的数量，这个增加的数量，一般可通过原来材料的数量与实际使用的材料数量的比较来确定。材料费一般包括以下项目：

1）额外材料使用。

2）材料破损估价。

3）材料涨价。

4）材料保管、运输费用。

（3）设备费。设备费是除人工费外的又一大项索赔内容，通常包括以下项目：

1）额外设备使用。

2）设备使用时间延长。

3）设备闲置。

4）设备折旧和修理费分摊。

5）设备租赁实际费用增加。

6）设备保险增加。

（4）低值易耗品。低值易耗品一般包括以下项目：

1）额外低值易耗品使用。

2）小型工具。

3）仓库保管成本。

（5）现场管理费。现场管理费一般包括以下项目：

1）工期延长期的现场管理费。

2）办公设施。

3）办公用品。

4）临时供热、供水及照明。

5）人员保险。

6）额外管理人员雇佣。

7）管理人员工作时间延长。

8）工资和有关福利待遇的提高。

（6）总部管理费。总部管理费一般包括以下几项：

1）合同期间的总部管理费超支。

2）延长期中的总部管理费。

（7）融资成本。融资成本一般包括以下几项：

1）贷款利息。

2）自有资金利息。

（8）额外担保费用。

(9) 利润损失。

(二) 不允许索赔的费用

一般情况下，下列费用是不允许索赔的。

1. 承包人的索赔准备费用

毫无疑问，对每项索赔，从预测索赔机会、保持原始记录、提交索赔意向通知、提交索赔账单、进行成本和时间分析，到提交正式索赔报告、进行索赔谈判，直至达成索赔处理协议，承包人都需要花费大量的精力进行认真细致的准备工作。有时，这个索赔的准备和处理过程还会比较长，而且发包人也可能提出许多这样那样的问题，承包人可能需要聘请专门的索赔专家来进行索赔的咨询工作。所以，索赔准备费用可能是承包人的一项不小的开支。但是，除非合同另有规定，通常都不允许承包人对这种费用进行索赔。从理论上说，索赔准备费用是作为现场管理费的一个组成部分得到补偿的。

2. 工程保险费用

由于工程保险费用是按照工程（合同）的最终价值计算和收取的，如果合同变更和索赔的金额较大，就会造成承包人保险费用的增加。与索赔准备费用一样，这种保险费用也是作为现场管理费的一个组成部分得到补偿的，不允许单独索赔。当然，也有的合同会把工程保险费用作为一个单独的工作项目在工程量表中列出。在这种情况下，它就不包括在现场管理费中，可以单独索赔。

3. 因合同变更或索赔事项引起的工程计划调整、分包合同修改等费用

这类费用也是包括在现场管理费中得到补偿的，不允许单独索赔。

4. 因承包人的不适当行为而扩大的损失

如果发生了有关索赔事项，承包人应及时采取适当措施防止损失的扩大，如果没有及时采取措施而导致损失扩大的，承包人无权就扩大的损失要求赔偿。承包人负有采取措施减少损失的义务，这是一般的法律和合同的基本要求。这种措施可能包括保护未完工程、合理及时地重新采购器材、及时取消订货单、重新分配施工力量（人员和材料、设备）等。例如，某单位工程暂时停工时，承包人也许可以将该工程的施工力量调往其他工作项目。如果承包人能够做到而没有做，则他就不能对因此而闲置的人员和设备的费用进行索赔。当然，承包人可以要求发包人对其“采取这种减少损失措施”本身产生的费用给予补偿。

5. 索赔金额在索赔处理期间的利息

索赔的处理总是有一个过程的，有时甚至是一个比较长的过程。一般合同中对索赔的处理时间没有严格的限制，但监理人作为一个公正的合同实施监督者，应该在合理的时间内作出处理，不得有意拖延。在一般情况下，不允许对索赔额计算处理期间的利息，除非有证据证明发包人或监理人恶意地拖延了对索赔的处理。除了上述索赔处理期间的利息外，还有从索赔事项的发生至承包人提出索赔期间的利息问题，以及如果对监理人的处理决定发生争议并提交了仲裁后这一期间的利息问题。实际工作中，对这四个阶段的利息是否可以索赔，是发包人（监理人）和承包人之间非常容易发生分歧的领域，要根据适用法律和仲裁规则等来确定。

（三）承包人索赔的提出

《水利水电工程标准条件》通用合同条款规定：根据合同约定，承包人认为有权得到追加付款和（或）延长工期的，应按以下程序向发包人提出索赔：

（1）承包人应在知道或应当知道索赔事件发生后28天内，向监理人递交索赔意向通知书，并说明发生索赔事件的事由。承包人未在前述28天内发出索赔意向通知书的，丧失要求追加付款和（或）延长工期的权利。

（2）承包人应在发出索赔意向通知书后28天内，向监理人正式递交索赔通知书。索赔通知书应详细说明索赔理由以及要求追加的付款金额和（或）延长的工期，并附必要的记录和证明材料。

（3）索赔事件具有连续影响的，承包人应按合理时间间隔继续递交延续索赔通知，说明连续影响的实际情况和记录，列出累计的追加付款金额和（或）工期延长天数。

（4）在索赔事件影响结束后的28天内，承包人应向监理人递交最终索赔通知书，说明最终要求索赔的追加付款金额和延长的工期，并附必要的记录和证明材料。

（四）承包人提出索赔的期限

（1）承包人按合同约定接受了完工付款证书后，应被认为已无权再提出在合同工程完工证书颁发前所发生的任何索赔。

（2）承包人按合同约定提交的最终结清申请单中，只限于提出合同工程完工证书颁发后发生的索赔。提出索赔的期限自接受最终结清证书时终止。

（五）承包人索赔处理程序

（1）监理人收到承包人提交的索赔通知书后，应及时审查索赔通知书的内容、查验承包人的记录和证明材料，必要时监理人可要求承包人提交全部原始记录副本。

（2）监理人应按合同规定商定或确定追加的付款和（或）延长的工期，并在收到上述索赔通知书或有关索赔的进一步证明材料后的42天内，将索赔处理结果答复承包人。

（3）承包人接受索赔处理结果的，发包人应在作出索赔处理结果答复后28天内完成赔付。承包人不接受索赔处理结果的，按合同争议解决的约定办理。

四、发包人向承包人的索赔

由于承包人不履行或不完全履行合同约定的义务，或由于承包人的行为使发包人受到损失时，发包人可以向承包人提出索赔。一般常见的索赔有以下几种。

（一）工程拖期索赔

土建工程的施工原定计划进度及完工日期拖后，可能影响到发包人对该工程的投产计划，给发包人带来了经济损失时，按照国际工程标准合同条款的规定，发包人有权对承包人进行索赔“拖期损失赔偿费”。

土建工程施工进度滞后是常见的现象。关于拖期的原因，应进行具体分析，以确定责任属于合同哪一方承担，这是进行工程拖期索赔或反索赔的前提。如果工程拖期的责任在承包人一方，则发包人有权向承包人提出工程拖期索赔。如果工程拖期的责任在发包人一方，如未按规定时间提供施工场地、指令完成大量的附加工程或额外工程、对施工进展人为干扰、发包人违约等，则承包人有权向发包人提出工程拖期索赔。如果工程拖期是由于客观原因引起，不是承包人的责任，如天灾、工人罢工、工程所在地政局动荡等，则发包人不仅不能向承包人提出工程拖期索赔，反而承包人有提出工期补偿的权力。

至于拖期损失赔偿的计价方法，在各个工程项目的合同文件中均有具体规定。一般规定，每拖期完工1天，应赔偿一定款额的损失赔偿费；拖期损失赔偿费的总额，一般不能超过该工程项目合同价格的一定比例（通常为10%）。

（二）施工缺陷索赔

施工合同条件一般都规定，如果承包人施工质量不符合施工技术条款的规定，或使用的设备和材料不符合合同规定，或者在保修期满以前未完成应进行修补的工程时，发包人有权向承包人追究责任，要求补偿发包人所受的经济损失。如果承包人在规定的期限内仍未完成修补缺陷工作，发包人有权雇佣他人来完成工作，发生的费用由承包人承担。

（三）承包人不履行的保险费用索赔

如果承包人未能按照合同条款指定的项目投保，并保证保险有效，发包人可以投保并保证保险有效，发包人所支付的必要的保险费可在应付给承包人的款项中扣回。

（四）对指定分包商的付款索赔

在工程承包人未能提供已向指定分包商付款的合理证明时，发包人可以直接按照监理人的证明书，将承包人未付给指定分包商的所有款项（扣除保留金）付给这个分包商，并从应付给承包人的任何款项中如数扣回。

（五）发包人合理终止合同或承包人不正当地放弃工程的索赔

如果发包人合理地终止承包人的承包，或者承包人不合理地放弃工程，则发包人有权从承包人手中收回由新的承包人完成工程所需的工程款与原合同未付部分的差额。

（六）其他损失索赔

（1）承包人运送自己的施工设备和材料时，损坏了沿途公共的公路或桥梁。

（2）承包人的建筑材料或设备不符合合同要求而要重复检验时，所带来的检测费用开支。

（3）由于承包人的原因造成工程拖期时，在超出计划工期的拖期时段内的监理人服务费用，发包人要求由承包人承担。

（七）索赔规定

《水利水电工程标准条件》通用合同条款对发包人的索赔作了如下规定：

（1）发生索赔事件后，监理人应及时书面通知承包人，详细说明发包人有权得到的索赔金额和（或）延长缺陷责任期的细节和依据。发包人提出索赔的期限和要求与承包人提出索赔的期限相同，延长缺陷责任期的通知应在缺陷责任期届满前发出。

（2）监理人按合同条款商定或确定发包人从承包人处得到赔付的金额和（或）缺陷责任期的延长期。承包人应付给发包人的金额可从拟支付给承包人的合同价款中扣除，或由承包人以其他方式支付给发包人。

（3）承包人对监理人按第（1）项发出的索赔书面通知内容持异议时，应在收到书面通知后的14天内，将持有异议的书面报告及其证明材料提交监理人。监理人应在收到承包人书面报告后的14天内，将异议的处理意见通知承包人，并按第（2）项的约定执行赔付。若承包人不接受监理人的索赔处理意见，可按本合同争议解决的规定办理。

五、索赔费用的计算

索赔款额的计算方法很多，每个工程项目的索赔款计算方法也往往视具体情况而有所不同。但是，索赔款额的计算方法通常都沿用几种通用的原则。

（一）总费用法

总费用法即总成本法。它是在发生多次索赔事件以后，重新计算该工程的实际总费用，实际总费用减去投标报价时的估算总费用，即为索赔金额，即

索赔金额＝实际总费用－投标报价估算费用

对这种计算原则，不少人持批评态度，因为实际发生的总费用中，可能包括了由于承包人的原因（如组织不善、工效太低，或材料浪费等）而增加了费用；同时，投标报价时的估算费用却因竞争得标而过低。因此，按照总费用法计算索赔款，往往遇到较多困难。

虽然如此，总费用法仍然在一定的条件下被采用着，在国际工程施工索赔中保留着它的地位。这是因为，对于某些特定的索赔事项，要精确地计算出索赔款额是很困难的，有时甚至是不可能的。在这种情况下，逐项核实已开支的实际总费用，取消其不合理部分，然后减去投标时的估算费用，仍可以比较合理地进行索赔支付。

概括地说，采用总费用法时，一般要有以下条件：

（1）由于该项索赔在施工时的特殊性质，难于或不可能精确地计算出损失款额。

（2）承包人的该项报价估算费用是比较合理的。

（3）已开支的实际总费用经过逐项审核，认为是比较合理的。

（4）承包人对已发生的费用增加没有责任。

（二）修正总费用法

修正总费用法是对总费用法进行了相应的修改和调整，使其更合理。其修正事项主要包括以下内容：

（1）计算索赔款的时段仅局限于受到外界影响的时期，而不是整个施工工期。

（2）只计算受影响时段内某项工作所受影响的损失，而不是计算该时段内所有施工工作所受的损失。

（3）在所影响时段内的受影响的某项施工中，使用的人工、设备、材料等资源均有可靠的记录资料，如监理人的监理日志、承包人的施工日志等现场施工记录。

（4）与该项工作无关的费用，不列入总费用中。

（5）对投标报价时估算费用重新进行核算：按受影响时段期间该项工作的实际单价进行计算，乘以实际完成的该项工作的工程量，得出调整后的报价费用。

上述调整、修正后的总费用基本上准确地反映出实际增加的费用，可以作为给承包人补偿的款额。

据此，按修正后的总费用法支付索赔金额的公式为

索赔金额＝某项工作调整后的实际总费用－该项工作调整后报价费用

（三）实际费用法

实际费用法亦称实际成本法。它是以承包人为某项索赔工作所支付的实际开支为根据，分别分析计算索赔值的方法，故亦称分项法。

实际费用法是承包人以索赔事项的施工引起的附加开支为基础，加上应付的间接费和利润，向业主提出索赔款的数额，其特点如下：

（1）它比总费用法复杂，处理起来困难。

（2）它反映实际情况，比较合理、科学。

（3）它为索赔报告的进一步分析评价、审核，双方责任的划分，双方谈判和最终解决提供方便。

（4）应用面广，人们在逻辑上容易接受。

因此，实际费用法能客观地反映承包人的费用损失，为取得经济补偿提供可靠的依据，被国际工程界广泛采用。实际费用法计算索赔的依据是实际的成本记录或单据，包括工资单、工时记录、设备运转记录、材料消耗记录、工程进展表、工程量表、开支发票等一系列实际支出证据，系统地反映某项工作在施工过程中受非承包人责任的外界原因（如工程变更、不利的自然条件、发包人拖延或违约等）所引起的附加开支。

但由于利益的驱动，这种依靠诚信较为科学的方法，在实际索赔工作中遇到了难以克服的障碍，即索赔所依据的基础数据的真实性。鉴于该方法的局限性，实际应用较多的方法是修正总费用法。

【例 6-2】 某国际承包工程的合同条件为 FIDIC 土木工程施工合同条件，承包人进场后营地出现位置变更，根据合同文件招标图纸的规定，原营地位于 Y 营地，因 Y 营地未能按期提交，经协商变更后的营地位于 C 营地。营地的变更是以发包人提出口头建议，承包人采纳建议并向工程师提出书面申请、经工程师批准的方式解决的。承包人在提出营地变更使用申请时，未附加任何条件。在变更实施后的第十个月，提出索赔，就 C 营地建设中拆除原建筑物、土方开挖和回填提出了人民币 377445.23 元的索赔额，未提供任何支持材料。

工程师收到承包人的索赔报告后，回函澄清了发包人提供两块场地供承包人选择的原因，承包人是无条件自愿选择 C 营地的，此外，承包商未按合同规定提出索赔意向。因此，工程师不支持承包商对 C 营地的索赔。

又 1 个月后，承包人第二次发文坚持 C 营地索赔，承包人表示：投标时的报价是依据 Y 营地进行报价的，使用 C 营地增加了费用，这些费用没有包括在投标报价内；承包人之所以没有及时提出索赔通知，是由于承包人要将所有资料收集齐全后才能通知工程师并提交索赔金额的总量。

工程师再次收到这个事件的索赔报告后，进一步回函，认为获得补偿的前提是有损失的事实依据；要求承包人按合同规定提交索赔临时报告和最终报告，出具索赔证明材料，并抄送发包人。

又 3 个月后，承包商第三次提交了 C 营地索赔附加费用的详细报告，要求补偿人民币 1043866.62 元。承包商提交了费用计算说明，未提供相关的财务资料。承包商计算补偿费用为：

补偿金额＝建设 C 营地的实际开支－投标时的初始报价－不应由发包人承担的费用

承包人对以上费用的计算是基于总费用法提出的索赔。

工程师进一步回函对该索赔提出处理意见，由于营地位置变更，才引起承包商建设C营地的费用超出了初始预见费，承包人有得到费用补偿的权利。鉴于承包人在寻求该项索赔时未能遵守合同有关条款的规定，工程师可根据合同条款的规定，按承包人提交的材料和工程师的同期记录处理该索赔。

营地的建设费用包括在合同文件工程量清单“进场与退场费”中。“进场与退场费”属总价包干项目，在合同文件中有该项目的单价分析。应工程师的要求，承包人提交了工程量清单中总价包干项目的分解，其中承包商建设营地的初始预见费为人民币3275192元。

承包人因营地变更损失的费用包括使用砖场后因平整场地、土方开挖等出现的附加费用，冬季建设C营地的赶工费用及出现质量问题后的修复费用等。这些费用除了由于场地变更引起的场地平整、土方开挖等直接费应由发包人予以补偿外，其他费用由承包人自己承担。承包人的该项索赔也仅就使用砖场后因平整场地、土方开挖等出现的附加费用提出补偿要求，但采用的是实际建设费用减去初始预见费的办法。工程师认为这种计算方法不可取，因为即便不更换场地，实际建设费用也不可能等同于初始预见费用，因为其他问题均可能导致实际建设费用的增减。工程师根据两块场地的地形，估算出增减的工程量，按工程师确定的单价进行补偿额的计算，不考虑承包人扩大临建工程的费用。经工程师计算可补偿的费用为41.7万元。

另外在给予承包人应补偿的费用时，对于承包商使用C营地后减少支出的部分费用应予扣回。扣回的费用包括：承包人距各工作面的距离缩短减少了施工期的交通费用、车辆维修费用，承包人使用C营地从原建筑物拆除的石料作为建筑物的基础，以及减少了建筑物的基础投资等费用。经工程师计算应扣回的费用为7.2万元。

综上所述，对承包人关于C营地索赔发包人应给予承包人补偿金额为人民币34.5万元。

以上索赔案例中，监理人在处理时应用修正总费用法，对实际的消耗按合同的责任界定，剔除承包人的自身原因增加的费用和变更项目的实施给承包人带来的利益。这种分析法既克服了实际费用法对基础资料要求的苛刻，又克服了总费用法的含糊不清。

（四）索赔争议

《建设工程造价鉴定规范》（GB/T 51262—2017）对索赔争议作出了如下规定：

（1）当事人一方提出索赔，因对方当事人不答复发生争议的，鉴定人应按以下规定进行鉴定：

1）当事人一方在合同约定的期限后提出索赔的，鉴定人应以超过索赔时效作出否定性鉴定。

2）当事人一方在合同约定的期限内提出索赔，对方当事人未在合同约定的期限内答复的，鉴定人应对此索赔作出肯定性鉴定。

（2）当事人一方在合同约定的期限内提出索赔，对方当事人也在合同约定的期限内答复，但双方未能达成一致，鉴定人应按以下规定进行鉴定：

1）对方当事人以不符合事实为由不同意索赔的，鉴定人应在厘清证据的基础上作出鉴定。

2）对方当事人以该索赔事项存在，但认为不存在赔偿的，或认为索赔过高的，鉴定人应根据专业判断作出鉴定。

（3）当事人对暂停施工索赔费用有争议的，鉴定人应按以下规定进行鉴定：

1）因非承包人原因引起的暂停施工，费用由发包人承担，包括：保管暂停工程的费用、施工机具租赁费、现场生产工人与管理人员工资、承包人为复工所需的准备费用等。

2）因承包人原因引起的暂停施工，费用由承包人承担。

因非承包人原因，发包人删减了工程合同中的某项工作或工程项目，承包人提出应由发包人给予合理的费用及利润补偿委托人认定该事实成立的，鉴定人进行鉴定时，其费用可按相关工程企业管理费的一定比例，利润按相关工程项目的报价或工程所在地建筑企业统计年报的利润率计算。

第六节 合同价格调整

在施工承包合同中，合同价格的调整是合同管理的重要内容。它涉及合同当事人双方的经济利益，处理不好，就会引起合同争端，会给项目实施带来严重的困难。

一、引起合同价格调整的原因

水利工程项目建设周期长，合同价格在整个建设周期内会受到多种因素的影响，其调整、变动的因素主要包括五大类：一是法规变化类（法律法规变化）；二是工程变更类（工程变更、项目特征不符、工程量清单缺项、工程量偏差、计日工）；三是物价变化类（物价变化、暂估价）；四是工程索赔类［不可抗力、提前竣工（赶工补偿）、误期赔偿、索赔等］；五是其他类（现场签证等）。

（一）法规变化

工程所在国的法律、法规和政策有改变（包括施用新法规、废止或修改现有的法规），或对此类法规的司法或政府解释有所改变，从而影响承包人履行合同的费用。

（二）工程变更

在水利水电工程项目的实施过程中，由于工程变更类原因引起合同价格的调整，是最为普遍的现象，主要包括工程变更、项目特征不符、工程量清单缺项、工程量偏差和计日工等。

1. 工程变更

工程变更是造成的合同价格调整最主要的原因之一，其引起的合同价格调整可分为两个方面。

（1）工程量变化。在水利水电土建工程施工承包合同中，工程变更在大型土建工程施工过程中是一种比较普遍的现象。施工期少则几年，多则十几年，在长达数年的施工中不可避免地会发生工程量的增加或减少，当这一数额超过规定限额时，必然引起合同价格的调整。工程量的变化一般是由工程变更引起的。此外，由于招标文件中工程量清单所列的工程量是依据设计的深度按图纸计算的，相对于实际工程量来说是一个近似值，在施工过程中经过实测，实际工程量会发生相当大的变化，即使按照工程量清单所列的单价结算，实际合同价格与投标合同价格之间也会有相当大的变化。

（2）新增项目。水利水电工程施工条件复杂、项目繁多，加之工期长，自然条件复杂，随着施工的进展，做切合实际的工程变更是经常发生的。这样就出现了招标文件规定的工作范围以外的工作项目，这类项目称为新增项目。这些新增项目的实施经常会引起合同价格的调整。

2. 项目特征不符

项目的特征描述是确定综合单价的重要依据之一，是清单项目价值的本质特征，单价的高低与其有必然联系。如果在合同履行期间出现设计图纸（含设计变更）与招标工程量清单任一项目的特征不符，就会造成价格变化。例如：招标时，某现浇混凝土构件项目特征描述中描述混凝土强度等级为C25，但施工图纸本来就标明（或在施工过程中发包人变更）混凝土强度等级为C30，很显然，这时应重新确定综合单价，因为C25与C30的混凝土价格是不一样的。

3. 工程量清单缺项

在施工合同履行期间由于工程量清单缺项造成新增工程清单项目，工程量随之增加，工程造价也必然会增加。

（1）清单缺项漏项的责任。招标工程量清单必须作为招标文件的组成部分，其准确性和完整性由招标人负责。因此，招标工程量清单是否准确和完整，其责任应当由提供工程量清单的发包人负责，作为投标人的承包人不应承担因工程量清单的缺项、漏项以及计算错误带来的风险与损失。

（2）合同价款的调整方法：

1）分部分项工程费的调整。施工合同履行期间，由于招标工程量清单中分部分项工程出现缺项漏项，造成新增工程清单项目的，应按照工程变更事件中关于分部分项工程费的调整方法，调整合同价款。

2）措施项目费的调整。由于招标工程量清单中分部分项工程出现缺项漏项，引起措施项目发生变化的，应当按照工程变更事件中关于措施项目费的调整方法，在承包人提交的实施方案被发包人批准后，调整合同价款；由于招标工程量清单中措施项目缺项，承包人应将新增措施项目实施方案提交发包人批准后，按照工程变更事件中的有关规定调整合同价款。

4. 工程量偏差

工程量偏差是指承包人根据发包人提供的图纸（包括由承包人提供经发包人批准的图纸）进行施工，按照现行国家计量规范规定的工程量计算规则，计算得到的完成合同工程项目应予计量的工程量与相应招标工程量清单项目列出的工程量的差值。

施工过程中，由于施工条件、地质水文、工程变更等变化以及招标工程量清单编制人专业水平的差异，往往在合同履行期间，应予计量的工程量与招标工程量清单出现偏差。工程量偏差过大，对综合成本的分摊带来影响：如果突然增加过多，仍然按原综合单价计价，对发包人不公平；而如果突然减少过多，仍然按原综合单价计价，对承包人不公平。并且，有经验的承包人可能乘机进行不平衡报价。因此，为维护合同的公平，当工程量发生偏差时，应当按相关规定对合同价格作出合理调整。是否调整综合单价以及如何调整，发承包双方应当在施工合同中约定。如果合同中没有约定或约定不明的，可以按以下原则办理：

(1) 综合单价的调整原则。当应予计算的实际工程量与招标工程量清单出现偏差（包括因工程变更等原因导致的工程量偏差）超过15%时，对综合单价的调整原则为：①当工程量增加15%以上时，其增加部分的工程量的综合单价应予调低；②当工程量减少15%以上时，减少后剩余部分的工程量的综合单价应予调高。至于具体的调整方法，则应由双方当事人在专用合同条款中约定。

(2) 措施项目费的调整。当应予计算的实际工程量与招标工程量清单出现偏差（包括因工程变更等原因导致的工程量偏差）超过15%，且该变化引起措施项目相应发生变化，如该措施项目是按系数或单一总价方式计价的，对措施项目费的调整原则为：①工程量增加的，措施项目费调增；②工程量减少的，措施项目费调减。至于具体的调整方法，则应由双方当事人在专用合同条款中约定。

5. 计日工

计日工是指在施工过程中，承包人完成发包人提出的工程合同范围以外的零星工程或工作，按合同中约定的单价计价的一种方式。以计日工方式实施的零星工程或工作是属于合同范围之外内容，会增加工程造价。

(三) 物价变化

工程所在国的物价波动是经济社会发展的一种普遍的现象。物价上涨引起物资、建筑材料及人工劳务价格的增长，往往使工程成本大量增加。此外，招标人在工程量清单中提供的用于支付必然发生但暂时不能确定价格的材料、工程设备的单价以及专业工程的金额，通常以暂估价的形式列支，其实际价格随市场价格变化而变化。

(四) 工程索赔

工程索赔是工程承包中经常发生并随处可见的正常现象。在合同履行期间，合同双方对于非己方的过错而应由对方承担责任的情况造成的损失，有权向对方提出补偿的要求。索赔是发承包双方行使正当权利的行为，承包人可向发包人索赔。由于不可抗力，施工进度的变化（提前竣工或工期延误），以及合同条款、规范、标准文件和施工图纸的变更、差异等因素的影响，工程承包中不可避免地出现索赔，进而导致项目的费用发生变化。

(五) 现场签证

由于施工生产的特殊性，在施工过程中往往会出现一些与合同工程或合同约定不一致或未约定的事项，发包人现场代表（或其授权的监理人、工程造价咨询人）与承包人现场代表就这类事项进行现场签认证明，这也是引起合同价格调整的原因之一。

二、法规变化类合同价格的调整

因国家法律、法规和政策发生变化影响合同价格的风险，发承包双方应在合同中约定由发包人承担。

（一）基准日的确定

为了合理划分发承包双方的合同风险，施工合同中应当约定一个基准日，对于基准日之后发生的、有经验的承包人在招标投标阶段不可能合理预见的风险，应当由发包人承担。对于招标工程，一般以投标截止前的第 28 天（以招标文件规定的天数为准）作为基准日；对于非招标工程，一般以施工合同签订前的第 28 天作为基准日。

（二）合同价格调整方法

施工合同履行期间，国家颁布的法律、法规和有关政策在合同工程基准日之后发生变化，且因执行相应的法律、法规、规章和政策引起工程造价发生增减变化的，合同双方当事人应当按国家或省级、行业主管部门的规定或合同约定调整合同价格。但是，如果有关价格（如人工、材料和工程设备等价格）的变化已经包含在物价波动事件的调价公式中，则不再予以考虑。

（三）工程延误期间的特殊处理

如果由于承包人的原因导致工期延误，按不利于承包人的原则调整合同价格。在工程延误期间国家的法律、法规、规章和政策发生变化引起工程造价变化的：如果造成合同价格增加，则合同价格不予调整；如果造成合同价格减少，则合同价格予以调整。

三、工程变更类合同价格的调整

（一）工程变更

工程变更的价格调整方法详见第六章第四节相关内容。

（二）项目特征不符

1. 项目特征描述

项目的特征描述是确定综合单价的重要依据之一。承包人在投标报价时应依据发包人提供的招标工程量单中的项目特征描述，确定其清单项目的综合单价。发包人在招标工程量清单中对项目特征的描述，应被认为是准确的和全面的，并且与实际施工要求相符。承包人应按照发包人提供的招标工程量清单，根据其项目特征描述的内容及有关要求实施合同工程，直到其被改变为止。

2. 合同价格的调整方法

若施工中出现施工图纸（含合同变更、设计变更、技术要求）与合同条款和工程量清单项目特征描述不符的，发承包双方应按新的项目特征以及合同约定，重新确定工程量清单项目的综合单价，调整合同价格。

（三）工程量清单缺项

1. 清单缺项漏项的责任

招标工程量清单作为招标文件的组成部分，其准确性和完整性应当由招标人负责。因此，招标工程量清单是否准确和完整，其责任应当由提供工程量清单的发包人负责，作为投标人的承包人不应承担因工程量清单的缺项、漏项以及计算错误带来的风险与损失。

2. 合同价格的调整方法

(1) 分部分项工程费的调整。施工合同履行期间，由于招标工程量清单中分部分项工程出现缺项漏项，造成新增工程清单项目的，应按工程变更事件中关于分部分期工程费的调整方法，调整合同价格。

（2）措施项目费的调整。新增分部分项工程项目清单后，引起措施项目发生变化的，应当按照工程变更事件中关于措施项目费的调整方法，在承包人提交的实施方案被发包人批准后，调整合同价格；对于招标工程量清单中措施项目缺项的，承包人应在新增措施项目实施方案经监理人审核、发包人批准后，按照工程变更事件中的有关规定调整合同价格。

（四）工程量偏差

1．工程量偏差的概念

工程量偏差是指承包人根据发包人提供的图纸（包括由承包人提供经发包人批准的图纸）进行施工，按照现行水利工程工程量计算规范规定的工程量计算规则，计算得到的完成合同工程项目应予计量的工程量与相应的招标工程量清单列出的工程量的差值。

2．合同价格的调整方法

因非承包人原因引起工程量增减，该项工程量变化在合同约定的幅度以内的，应执行原有综合单价；该项工程量变化在合同约定幅度以外的，其综合单价及措施项目费按合同约定的原则予以调整。如果合同中没有约定或约定不明确的，可以按以下原则办理：

（1）综合单价的调整原则。当应予计算的实际工程量与招标工程量清单出现偏差（包括因工程变更等原因导致的工程量偏差）超过15%时，对综合单价的调整原则为：当工程量增加15%以上时，其增加部分工程量的综合单价应予调低；当工程量减少15%以上时，减少后剩余部分工程量的综合单价应予调高。具体的调整方法可参见下式：

1）当 $Q_1>1.15Q_0$ 时：

$$S=1.15Q_0P_0+(Q_1-1.15Q_0)P_1 \tag{6-2}$$

2）当 $Q_1<0.85Q_0$ 时：

$$S=Q_1P_1 \tag{6-3}$$

式中 S——调整后的某一分部分项工程费结算价；

Q_1——最终完成的工程量；

Q_0——招标工程量清单中列出的工程量；

P_1——按照最终完成工程量重新调整后的综合单价；

P_0——承包人在工程量清单中填报的综合单价。

（2）新综合单价 P_1 的确定方法。一是发承包双方协商确定，二是与招标控制价相联系，当工程量偏差项目出现承包人在工程量清单中填报的综合单价与发包人招标控制价相应清单项目的综合单价偏差超过15%时，工程量偏差项目综合单价的调整可参考下式：

1）当 $P_0<P_2\times(1-L)\times(1-15\%)$ 时，该类项目的综合单价按 $P_2\times(1-L)\times(1-15\%)$ 调整。

2）当 $P_0>P_2\times(1+15\%)$ 时，该类项目的综合单价按 $P_2\times(1+15\%)$ 调整。

3）$P_0>P_2\times(1-L)\times(1-15\%)$ 或 $P_0<P_2\times(1+15\%)$ 时，可不予调整。

式中 P_0——承包人在工程量清单中填报的综合单价；

P_2——承包人在招标控制价相应项目的综合单价；

L——计价规范中定义的承包人报价浮动率。

(3) 总价措施项目费的调整。当应予计算的实际工程量与招标工程量清单出现偏差(包括因工程变更等原因导致的工程量偏差)超过15%时，且该变化引起措施项目相应发生变化，如该措施项目是按系数或单一总价方式计价的，对措施项目费的调整原则为：工程量增加的，措施项目费调增；工程量减少的，措施项目费调减。至于具体的调整方法，则应由双方当事人在专用合同条款中约定。

(五) 计日工

1. 计日工费用的产生

发包人通知承包人以计日工方式实施零星工作，承包人应予执行。采用计日工计价的任何一项变更工作，在该项变更的实施过程中，承包人应按合同约定提交下列报表和有关凭证送发包人复核：

(1) 工作名称、内容和数量。

(2) 投入该工作所有人员的姓名、工种、级别和耗用工时。

(3) 投入该工作的材料名称、类别和数量。

(4) 投入该工作的施工设备型号、台数和耗用台时。

(5) 发包人要求提交的其他资料和凭证。

2. 计日工费用的确认和支付

任一计日工项目持续进行时，承包人应在该项工作实施结束后的24小时内，向发包人提交有计日工记录汇总的现场签证报告，一式三份。发包人在收到承包人提交现场签证报告后的2天内予以确认并将其中一份返还给承包人，作为计日工计价和支付的依据。发包人逾期未确认也未提出修改意见的，应视为承包人提交的现场签证报告已被发包人认可。

每个支付期末，承包人应按照规范中进度款的相关条款规定向发包人提交本期间所有计日工记录的签证汇总表，以说明本期间自己认为有权得到的计日工金额，并按照签证汇总表调整合同价格，列入进度款支付。

四、物价变化类合同价格的调整

(一) 物价波动

建设项目的建设周期一般都比较长，在此期间，根据市场经济的特点，在项目招标时应该认真考虑物价上涨风险的承担问题，并且将物价上涨的风险，写入合同文件中。

要公正合理地处理好物价上涨的风险问题，必须认真掌握影响价格变化的主要因素，以便在工程招标时，能够正确评价承包人的投标报价，在工程结算时能够严格、合理地控制费用的结算。通常引起价格变化的主要因素有以下几方面：

(1) 由于人工劳务费用和材料设备费用的上涨，引起价格的变化。

(2) 由于动力、燃料费用等的价格上涨，引起价格的变化。

(3) 由于国家或省(自治区、直辖市)政策、法令的改变，引起工程费用的上涨。

(4) 由于外币汇率的变化引起价格的变化。

(5) 由于运输费的价格变化引起施工费用变化。

一般情况下，施工期限在一年左右的建设项目，以及实行总价合同的建设项目，通常都不考虑价格调整的问题，也就是说劳务、设备及材料等的价格以签订合同时的单价和总价为准，物价上涨的风险全部由承包人来承担。因此，承包人在投标报价时，应根据现实情况和自己的经验，把物价上涨因素考虑进去。施工期限超过一年的建设项目，在合同中要明确物价波动后合同价格调整的方式和方法，使投标人知道因物价波动不会使其承担大的风险，从而合理地规避物价波动的风险，降低投标报价。

物价波动对合同价格的调整常采用两种方法，即调价公式法和文件凭据法。调价公式法适用于社会经济信息健全，物价波动时有专业的机构发布物价波动的信息记录，包括材料、劳务、设备等。对没有物价信息记录或一些突发事件造成的物价波动，诸如立法的变更，只有采用文件凭据法进行调整了。

1. 调价公式法

（1）调价公式的基本形式。调价公式法的基础是采用物价指数来调整合同价格，其最简单的原理就是使合同价格的增加比例与施工成本指数增加的比例相同。通常在调价公式中选用一些主要变化因素，来代替合同价格的各个部分，用完成工作时的指数值除以编标时候的指数值所得的比例代表合同价格超过投标价格的比例。

世界银行推荐的调价基本公式为

$$P = P_0 \frac{I}{I_0} \tag{6-4}$$

式中 P——调整的价格；

P_0——按接受投标时的价格标准要付给承包人的标价（即合同支付价格）；

I——成本或价格的现行物价指数；

I_0——编标（或投标）时的物价指数。

建设项目的合同价格中有些费用相对比较稳定、变化不大，也就是说不存在太大的风险，如合同价格中的利润和总部管理费等，这些费用不应参加调价。为此，世界银行项目在调价公式中引入非调整因子，以保持这一部分合同价格不变，通常这部分比例为10%～20%。具体方法是在调价公式中增加一个只有加权系数而没有调价指数的子项来表示。

另外，为了反映出建设项目中各项费用分别占合同价格的比例，需要确定各项相应工程内容的权重系数，以及这些工程内容各自的物价指数，世界银行项目给出非调整因子——多指数调价公式。公式中以 MLE 分别代表所使用的材料、劳动力和设备的物价指数，其公式为

$$P = P_0\left(a + \sum_{i=1}^{n} b_i \frac{MLE_i}{MLE_{i0}}\right) \tag{6-5}$$

式中 P——调整后的价格；

P_0——按接受投标时的价格标准要付给承包人的标价（即合同支付价格）；

MLE_i——建设项目的材料或劳动力或设备现行物价指数；

MLE_{i0}——建设项目编标（或投标）时的材料或劳动力或设备物价指数；

n——合同中需要进行调整材料、劳动力、设备的个数，也称可变因子的个数；

b_i——合同中第 i 个调整因子（可变因子）的权重系数；

a——合同中不需要调整的（非调整因子）权重系数，为10%～20%。

式（6－3）中各项因素的加权系数常常在招标文件中固定下来，无论谁中标均不再变化，且 $a+\sum_{i=1}^{n}b_i=1.00$ 恒成立。

《水利水电工程标准文件》通用合同条款的规定：由于物价波动原因引起合同价格需要调整的，其价格调整方式在专用合同条款中约定。

1）采用价格指数调整价格差额：

a. 价格调整公式。因人工、材料和设备等价格波动影响合同价格时，根据投标函附录中的价格指数和权重表约定的数据，按以下价格调整公式计算差额并调整合同价格。

$$\Delta P=P_0\left[A+\left(B_1\frac{F_{t1}}{F_{01}}+B_2\frac{F_{t2}}{F_{02}}+B_3\frac{F_{t3}}{F_{03}}+\cdots+B_n\frac{F_{tn}}{F_{0n}}\right)-1\right] \tag{6-6}$$

式中 ΔP——需调整的价格差额；

P_0——第17.3.3项、第17.5.2项和第17.6.2项约定的付款证书中承包人应得到的已完成工程量的金额。此项金额应不包括价格调整、不计质量保证金的扣留和支付、预付款的支付和扣回。第15条约定的变更及其他金额已按现行价格计价的，也不计在内；

A——定值权重（即不调部分的权重）；

$B_1,B_2,B_3,\cdots,B_n$——各可调因子的变值权重（即可调部分的权重）为各可调因子在投标函投标总报价中所占的比例；

$F_{t1},F_{t2},F_{t3},\cdots,F_{tn}$——各可调因子的现行价格指数，指第17.3.3项、第17.5.2项和第17.6.2项约定的付款证书相关周期最后一天的前42天的各可调因子的价格指数；

$F_{01},F_{02},F_{03},\cdots,F_{0n}$——各可调因子的基本价格指数，指基准日期的各可调因子的价格指数。

以上价格调整公式中的各可调因子、定值和变值权重，以及基本价格指数及其来源在投标函附录价格指数和权重表中约定。价格指数应首先采用有关部门提供的价格指数，缺乏上述价格指数时，可采用有关部门提供的价格代替。

b. 暂时确定调整差额。在计算调整差额时得不到现行价格指数的，《水利水电工程标准文件》通用合同条款规定：可暂用上一次价格指数计算，并在以后的付款中再按实际价格指数进行调整。

c. 权重的调整。在权重的调整方面，《水利水电工程标准文件》通用合同条款规定：按合同约定的变更导致原定合同中的权重不合理时，由监理人与承包人和发包人协商后进行调整。

d. 承包人工期延误后的价格调整。承包人工期延误后的价格调整，《水利水电工程标准文件》通用合同条款规定：由于承包人原因未在约定的工期内竣工的，则对原约定竣工日期后继续施工的工程，在使用式（6－4）价格调整公式时，应采用原约定竣工日期与实际竣工日期的两个价格指数中较低的一个作为现行价格指数。

2）采用造价信息调整价格差额。《水利水电工程标准文件》通用合同条款规定：施工期内，因人工、材料、设备和机械台班价格波动影响合同价格时，人工、机械使用费按照国家或省（自治区、直辖市）建设行政管理部门、行业建设管理部门或其授权的工程造价管理机构发布的人工成本信息、机械台班单价或机械使用费系数进行调整；需要进行价格调整的材料，其单价和采购数应由监理人复核，监理人确认需调整的材料单价及数量，作为调整工程合同价格差额的依据。

工程造价信息的来源以及价格调整的项目和系数在专用合同条款款中约定。

【例 6-3】 某工程项目合同规定，因人工、材料等价格波动影响合同价时，采用公式 $\Delta P=P_0\left(A+\sum B_n\dfrac{F_{tn}}{F_{0n}}-1\right)$ 计算差额，调整合同价格。规定定值权重 $A=0.2$ 可调值因子有人工费、钢材和水泥，其变值权重分别为 0.4、0.3 和 0.1。各可调值因子的基本价格指数是：人工费 100，钢材 150，水泥 120。工程进展到某月结算时，该月完成合同金额 100 万元，无其他应扣或应支付款额，各可调值因子的现行价格指数是：人工费 120，钢材 165，水泥 150，则按合同规定该月应调整的价格差额为

$$\Delta P=100\times\left(0.2+0.40\times\frac{120}{100}+0.30\times\frac{165}{150}+0.10\times\frac{150}{120}-1\right)=13.5(\text{万元})$$

（2）调价公式法调价的基本工作程序。调价公式法价格调整的计算工作比较复杂，其程序如下：

1）确定计算物价指数的品种。一般来说，品种不宜太多，只确立那些对项目投资影响较大的因素，如设备、水泥、钢材、木材和工资等。

2）要明确两个问题。一是合同价格条款中，应写明经双方商定的调整因素，在签订合同时要写明考核几种物价波动到何种程度才进行调整（一般都在±10%左右），也有的合同规定，在应调金额不超过合同原始价 5%时，由承包人自己承担；在 5%～20%时承包人负担 10%，发包人（业主）负担 90%；超过 20%时，则必须另签附加条款。二是考核的地点和时点：地点一般指工程所在地，或指定的某地市场价格；时点指的是某月某日的市场价格。这里要确定两个时点价格，即签订合同时某个时点的市场价格（基础价格）和每次支付前一定时间段（通常是支付前 10 天或若干天）的时点价格。

3）确定每个可调品种的系数和固定系数。可调品种的系数要根据该品种价格对总造价的影响程度而定。各品种系数之和加上固定系数必须等于 1。

在实行国际性招标的大型合同中，监理人应负责按下述步骤编制调价公式：①分析施工中必需的投入，并决定选用一个公式，还是选用几个公式；②估计各项投入占工程总成本的相对比重，以及国内投入和国外投入的分配，并决定对国内成本与国外成本是否分别采用单独的公式；③选择能代表主要投入的物价指数；④确定合同价中固定部分和不同投入因素的物价指数的变化范围；⑤规定公式的应用范围和用法；⑥如有必要，规定外汇汇率的调整。

（3）调价公式法举例。下面介绍几个工程中使用过的调价公式。

【例 6-4】 鲁布革水电站工程 C1 合同外币部分的调价公式

$$PVRF=FC_1C\left(0.17+0.15\frac{EP_1}{EP_0}+0.12\frac{C_1}{C_0}+0.10\frac{S_1}{S_0}+0.4\frac{P_1}{P_0}+0.06\frac{M_1}{M_0}-1\right)$$

式中 $PVRF$——该工程月进度付款中外币部分的价格浮动；

FC_1C——月进度付款的（合同项目）外币部分（即扣滞留金、预付款之前，当月实际按合同完成的总投资额）；

EP_1——外籍人员工资的现行（当月的）价格指数；

EP_0——外籍人员工资的基本价格指数，采用投标结束前45天时的价格指数；

C_1——水泥的现行（当月的）价格指数；

C_0——水泥的基本价格指数，采用投标结束前45天时的价格指数；

S_1——钢材的现行（当月的）价格指数；

S_0——钢材的基本价格指数，采用投标结束前45天时的价格指数；

P_1——施工设备的现行（当月的）价格指数；

P_0——施工设备的基本价格指数，采用投标结束前45天时的价格指数；

M_1——海上运输费的现行（当月的）价格指数；

M_0——海上运输费的基本价格指数，采用投标结束前45天时的价格指数。

公式中各分数式前边的系数，即为各项的加权系数，在签订合同时即已在合同中规定好了，各项加权系数之和等于1。公式中各项的价格指数（物价指数），应采用各项主要货源国官方公布的物价指数。

【例 6-5】 黄河某大型水利工程调价公式

1. 主坝合同的调价公式

$$P=x+a\frac{EL}{EL_0}+b\frac{EQ}{EQ_0}+c\frac{MT}{MT_0}+d\frac{MI}{MI_0}$$

式中 P——该工程合同当月进度付款的价格调整系数；

x——不调整部分的固定权重系数，采用0.15；a、b、c、d分别为外籍人员的劳务、设备、海运费及其他杂项费用等费用元素，在总投资费用中所占的权重系数；

EL——外籍人员的现行（当月的）劳务的价格指数；

EL_0——外籍人员劳务的基本价格指数；

EQ——承包人设备、各种配件及永久工程设备的现行（当月的）价格指数；

EQ_0——承包人设备、各种配件及永久工程设备的基本价格指数；

MT——海上运输费的现行（当月的）价格指数；

MT_0——海上运输费的基本价格指数；

MI——其他杂项费用的现行（当月的）价格指数；

MI_0——其他杂项费用的基本价格指数。

公式中各项费用因素的基本价格指数，是采用投标截止日期之前某个月官方某机构公布的物价指数。权重系数a、b、c、d的取值范围：$a=0.15\sim0.35$；$b=0.25\sim0.45$；$c=0.02\sim0.05$；$d=0.10\sim0.30$。

其中，a、b、c、d由投标人依据招标文件的规定自行测定选择，且保证$x+a+b+c+d=1.0$。

2. 进出口、洞群和溢洪道合同的调价公式

$$P' = x' + a' \frac{EL'}{EL'_0} + b' \frac{EQ'}{EQ'_0} + c' \frac{MT'}{MT'_0} + d' \frac{ST'}{ST'_0} + e' \frac{MI'}{MI'_0}$$

式中 P'——该工程合同当月进度付款的价格调整系数；

x'——不调整部分的固定权重系数，采用 0.15；a'、b'、c'、d'、e'分别为外籍人员的劳务、设备、海运费、钢材和其他杂项费用，在总投资费用中所占的权重系数；

EL'——外籍人员的现行的（当月的）劳务价格指数；

EL'_0——外籍人员劳务的基本价格指数；

EQ'——承包人设备、各种配件及永久工程设备的现行（当月的）价格指数；

EQ'_0——承包人设备、各种配件及永久工程设备的基本价格指数；

MT'——海上运输费的现行（当月的）价格指数；

MT'_0——海上运输费的基本价格指数；

ST'——钢材的现行（当月的）价格指数；

ST'_0——钢材的基本价格指数；

MI'——其他杂项费用的现行（当月的）价格指数；

MI'_0——其他杂项费用的基本价格指数。

公式中各项费用因素的基本价格指数是采用投标截止日期之前那个月的官方某机构公布的物价指数。

权重系数 a'、b'、c'、d'、e' 的取值范围：$a'=0.20\sim0.35$；$b'=0.25\sim0.45$；$c'=0.02\sim0.06$；$d'=0.02\sim0.04$；$e'=0.10\sim0.30$。

其中，a'、b'、c'、d'、e'由投标人根据招标文件给定的范围自行选取，且保证 $x+a'+b'+c'+d'+e'=1.0$。

2. 文件凭据法

在一些发展中国家，有时难以得到官方的确实可靠的物价指数，则无法利用调价公式；有时这些国家劳务工资和材料价格均由政府明令规定。在这种情况下，合同价格可以根据实际的证明文件，如根据材料、设备等的发票收据来调价。

（1）文件凭证法价格调整的范围和基准。采用文件凭据法调价首先要仔细研究和明确合同文件中规定的价格调整的范围，哪些项要调，哪些项不调，采用何种方法调。在水电工程实施中，价格调整涉及的范围很广，包括下列各方面：

1）材料。水电工程建设中使用的材料除钢材、木材、水泥、油料、水工材料、粉煤灰等大宗材料以外，还有更多种类的建筑材料、电工器材。每种材料又有不同的品种和规格，其种类可多逾千种。

2）劳务。包括不同工种、不同等级的劳务费用。

3）税及费。需要交纳的税款包括关税、增值税、地方附加税、企业所得税、个人所得税、车辆牌照税、印花税等。费用有海关检验费、进口手续费、口岸管理费、车辆购置附加费、注册登记费，养路费等。

4）运输费。包括海运、空运、公路、铁路、内河航运的运费及各种附加费用。

5）通信和邮政费。包括国内外邮政及电信费用，如电话、电报、传真、函件、包裹、网络通信等。

6）施工用电。

7）其他费用。包括医疗费、零配件、杂项开支等。

以上涉及的各方面费用在施工期间价格都可能发生变化，在市场经济的条件下，对合同价格采用固定价格，涨价风险都由承包人承担显然是不合理的，也是不可行的。但是如果采用文件凭据法，对施工中所有发生的费用都允许调价，也是不合理的，并且也是不可行的。因为价格涉及范围太广，仅上千种不同品种和规格的材料要一笔一笔核实价差和数量，其管理的工作量已是非常繁重，往往使管理单位不堪重负，直接影响对现场施工的管理和监督。所以，一般在招标文件中都限定调价的范围，医疗费、零配件、杂项开支等都明确不予调价，对材料价格的调整也明确限定一定的种类，其他材料涨价的风险由投标人承担，或打入投标报价中。

对于可调的项目，必须明确调价的基准点，即补差的基本价格或原始价格，以及用以计算税费的文件公布日期，材料价格一般均在招标文件或投标文件中开列基本价格，同时招标文件还规定以开标前 28 天的立法状况或价格水平作为投标报价的依据，以此作为进行价格调整的基准。

（2）文件凭据法价差和补差数量的审核和计算：

$$\Delta M=(M-M_0)Q \tag{6-7}$$

式中 ΔM——应补偿差价；

M——现行价格；

M_0——合同文件中规定的投标基本价格；

Q——合同文件中规定允许补差的数量。

M_0 可以在招标文件中规定，投标人以此为基本价格报价，投标人也可以在投标文件中列出，经业主认可作为调价的基本价格。M 为现行价格，由于市场条件复杂，采购的地点和厂家不一，所以同一种产品可能现行价格差别很大，因此对承包人提交的发票应认真审核，通常只对经物价部门认可的发票才予承认。为了对承包人的采购进行有效的监督，防止承包人串通供货商抬高采购价格，从业主处多得到补偿，有的业主设立了物资和材料价格中心，承包人在进行采购时，其采购价格事先要得到价格中心的认可才可予以补偿。

对于应补价差的最终计算结果来说，对补差材料、物资数量的审核同样极为重要，不能认为承包人采购的所有材料或物资都要补差，因为用于工程不同部位的材料和物资数量的精确计算是很困难的，同时承包人采购数量中还包含着损耗和浪费。另外，由于市场现行价格和合同基本价格之间的差价有时很大，这个差价是由发包人来承担的，这就必须防止有的承包人或者雇员见有利可图，增加采购数额，转手倒卖，从中牟利，从而损害发包人和国家的利益。因此，通常要在合同文件中规定只对用于主体工程、并以图纸或其他容易核实的方法计量的材料或物资才予以价格补差。

（二）暂估价

1. 给定暂估价的材料、工程设备

（1）不属于依法必须招标的项目。发包人在招标工程量清单中给定暂估价的材料和工程设备不属于依法必须招标的，由承包人按照合同约定采购，经发包人确认后以此为依据取代暂估价，调整合同价格。

（2）属于依法必须招标的项目。发包人在招标工程量清单中给定暂估价的材料和工程设备属于依法必须招标的，由发承包双方以招标的方式选择供应商。依法确定中标价格后，以此为依据取代暂估价，调整合同价格。

2. 给定暂估价的专业工程

（1）不属于依法必须招标的项目。发包人在工程量清单中给定暂估价的专业工程不属于依法必须招标的，应按照前述工程变更事件的合同价格调整方法，确定专业工程价款，并以此为依据取代专业工程暂估价，调整合同价格。

（2）属于依法必须招标的项目。发包人在招标工程量清单中给定暂估价的专业工程属于依法必须招标的，应当由发承包双方依法组织招标选择专业分包人，并接受有建设工程招标投标管理机构的监督。

1）除合同另有约定外，承包人不参加投标的专业工程，应由承包人作为招标人，但拟定的招标文件、评标方法、评标结果应报送发包人批准，与组织招标工作有关的费用应被认为已经包括在承包人的签约合同价（投标总报价）中。

2）承包人参加投标的专业工程，应由发包人作为招标人，与组织招标工作有关的费用由发包人承担。同等条件下，应优先选择承包人中标。

3）专业工程依法进行招标后，以中标价为依据取代专业工程暂估价，调整合同价格。

五、工程索赔类合同价格的调整

（一）不可抗力

1. 不可抗力的范围

不可抗力的范围一般包括战争、骚乱、暴动、社会性突发事件和非发承包双方责任或原因造成的罢工、停工、爆炸、火灾等，以及风、雨、雪、洪、震等自然灾害。风、雨、雪、洪、震等发生后是否构成不可抗力事件应依据当地有关行政主管部门的规定的情形。双方当事人应当在专用合同条款中明确约定不可抗力的范围以及具体的判断标准。

2. 不可抗力造成损失的承担

（1）费用损失承担的原则。因不可抗力事件导致的费用，发承包双方应按以下原则分别承担并调整工程价款：

1）工程本身损害，因工程损害导致第三方人员伤亡和财产损失，以及运至施工场地用于施工的材料和待安装的设备的损害，由发包人承担。

2）发包人、承包人人员伤亡由其所在单位负责并承担相应费用。

3）承包人的施工机械设备损坏及停工损失，由承包人承担。

4）停工期间，承包人应发包人要求留在施工场地的必要的管理人员的费用，由发包人承担。

5）工程所需的清理、修复费用，由发包人承担。

（2）工期的处理。因发生不可抗力事件导致工期延误的，工期相应顺延。发包人要求赶工的，承包人应采取赶工措施，赶工费用由发包人承担。

（二）提前竣工（赶工补偿）与误期赔偿

1. 提前竣工（赶工补偿）

发包人应当依据相关工程的工期定额合理计算工期。如需要压缩的工期天数超过一定限额，应在招标文件中明示增加赶工费用。赶工费用的主要内容包括：

（1）人工费的增加，如新增加投入人工的报酬、不经济使用人工的补贴等。

（2）材料费的增加，如不经济使用材料的过大损耗、材料提前交货可能增加的费用、材料运输费的增加等。

（3）机械费的增加，如可能增加的机械设备投入、不经济使用机械等。

2. 误期赔偿

承包人未按照合同约定施工，导致实际进度迟于计划进度的，承包人应加快进度，实现合同工期。合同工程发生误期，承包人应赔偿发包人由此造成的损失，并应按照合同约定向发包人支付误期赔偿费。即使承包人支付误期赔偿费，也不能免除承包人按照合同约定应承担的任何责任和应履行的任何义务。

发承包双方应在合同中约定误期赔偿费，明确每日历天应赔偿额度。如果承包人的实际进度迟于计划进度，发包人有权向承包人索取并得到实际延误天数和合同约定的每日历天应赔偿额度的乘积计算的误期赔偿费。一般来说，双方还应当在合同中约定误期赔偿费的最高限额（如合同价格的5%）。误期赔偿费列入竣工结算文件中，并应在结算款中扣除。

如果在工程竣工之前，合同工程内的某单项（或单位）工程已通过了竣工验收，且该单项（或单位）工程竣工证书中表明的竣工日期并未延误，而是合同工程的其他部分产生了工期延误，则误期赔偿费应按照已颁发工程竣工证书的单项（或单位）工程造价占合同价格的比例予以扣减。

六、其他类合同价格的调整

其他类合同价格调整事项主要指现场签证。现场签证是指发包人或其授权现场代表（包括工程监理人、工程造价咨询人）与承包人或其授权现场代表就施工过程中涉及的责任事件所做的签认证明。施工合同履行期间出现现场签证事件的，发承包双方应调整合同价格。

（一）现场签证的提出

承包人应发包人要求完成合同以外的零星项目、非承包人责任事件等工作的，发包人应及时以书面形式向承包人发出指令，要求承包人提供现场签证所需的相关资料；承包人在收到指令后，应按合同约定及时向发包人提出现场签证要求。

承包人在施工过程中，若发现工程内容因场地条件、地质水文、发包人要求等与合同表述不一致，应提供所需的相关资料，提交发包人签证认可，并作为合同价格调整的依据。

（二）现场签证的价款计算

现场签证的工作如果已有相应的计日工单价，现场签证报告中仅列明完成签证工作所需的人工、材料、工程设备和施工机具台班的数量。

如果现场签证的工作没有相应的计日工单价，应当在现场签证报告中列明完成该签证工作所需的人工、材料、工程设备和施工机具台班的数量及其单价。

承包人应按照现场签证内容计算价款，报送发包人确认后，作为增加的合同价格，与进度款同期支付。

（三）现场签证的限制

合同工程发生现场签证事项，未经发包人签证确认，承包人便擅自实施相关工作的，除非征得发包人书面同意，否则发生的费用由承包人承担。

第七节 合同结算管理

在建设工程投资控制中，伴随着计量、支付，工程价款结算是一项常态化、周期性的活动。合同结算包括期中结算、竣工结算、最终结清等多个方面，并与财务决算息息相关。图 6-3 从概念角度示意在整个工程投资领域合同结算的基本流程和相互关联情况。

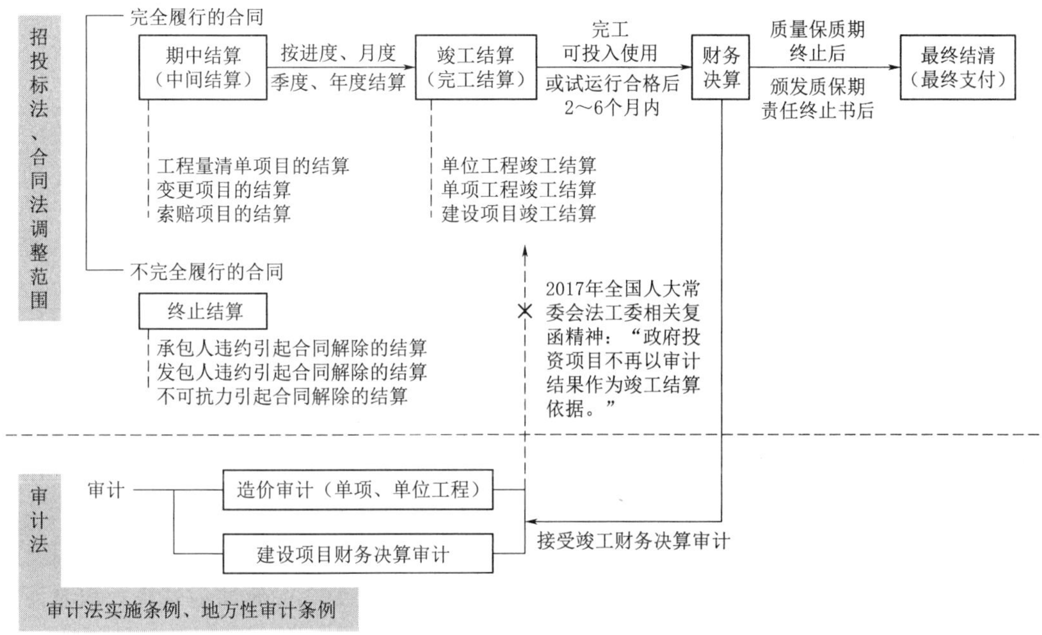

图 6-3 结算、决算、审计概念示意图

一、结算

（一）结算的定义

结算的定义存在广义和狭义之分，狭义即通常所说的"竣工结算"，可以理解为竣工节点特定的工作。应当注意，"竣工结算"不是"竣工（财务）决算"。从广义看，结算是一项持续性活动，既有"过程结"，又有"清算"之意。按照《建设工程价款结算暂行办法》（财建〔2004〕369 号）、《建设工程工程量清单计价规范》（GB 50500—2013）中的定义，工程价款结算是指依据基本建设工程承发包合同等进行工程预付款、进度款、竣工价款结算的活动。

工程结算分为期中结算、终止结算和竣工结算。期中结算又称中间结算，包括月度、季度、年度结算和形象进度结算。终止结算是合同解除后的结算。竣工结算是指工程竣工验收合格、发承包双方依据合同约定办理的工程结算，是期中结算的汇总。

（二）完全履行的合同结算

完全履行的合同结算主要是对工程量清单项目的结算、变更项目的结算和索赔项目的结算。

1. 工程量清单项目的结算

工程量清单项目的结算，要依据合同工程量清单各个项目的合同规定，工作范围、单价还是总价，计量计价原则、方法、具体的计价工作内容等，分项分部进行计算。单价项目价款用支付工程量乘以单价；总价项目按合同规定结算。在单价项目的计算中要附有必要的支持性材料，包括每个部位的计算简图、计算公式、计算式，合同规定的支付工程量的规定。总价项目一般按合同清单量支付。

2. 变更项目的结算

工程变更项目的结算与工程量清单项目的结算类似，需要注意的变更项目的单价必须经合同双方签字认可后才可以进入结算，过程中的临时单价是不能作为结算单价的。所有变更项目的结算必须附支持性材料，包括变更批复文件、变更指令、变更单价、变更工程量的计量规则、设计签章的图纸和文件、合同双方关于变更项目的补充协议。对变更项目的结算文件可单独装订成册。

3. 索赔项目的结算

索赔项目（工作）的结算按最后合同双方对索赔事件的最终一致性意见进行汇总。注意与工程量清单项目和变更项目的计量范围的界定，诸如有些索赔是变更项目引起的，在变更项目中支付工程量已确定，单价按合同规定的单价结算；承包人对该变更项目的单价提出索赔，并经协商最后确定单价进行调整，在索赔计算时要注意，如变更项目已按支付工程量和合同规定的单价结算，索赔计算只计算增加或减少的那部分单价所引起的费用就可以；也可以将变更和索赔统一考虑在索赔项目中结算或在变更项目中结算。

（三）不完全履行的合同结算

合同因非正常结束进行的结算，包括合同一方违约引起的合同解除后结算，以及不可抗力发生引起的合同解除后结算。

解除合同是指在履行合同过程中，由于某些原因而使继续履行合同成为不合适或不可能，从而终止合同的履行。对施工承包合同，有三种情况下的解除合同，即承包人违约、发包人违约和不可抗力引起的解除合同。合同因非正常解除进行的结算包括合同一方违约引起的合同解除后结算及不可抗力引起的合同解除后结算。

1. 违约引起的合同解除后结算

（1）承包人违约引起解除合同后的估价、付款和结算。在施工合同履行过程中，承包人发生合同约定的违约情况时，发包人可通知承包人立即解除合同，并按有关法律处理。如果承包人发生除合同约定以外的其他违约情况时，监理人可向承包人发出整改通知，要求其在指定的期限内改正。在此情况下，承包人应承担其违约所引起的费用增加和（或）工期延误。经检查证明承包人已采取了有效措施纠正违约行为、具备复工条件的，可由监理人签发复工通知复工。

因承包人违约造成施工合同解除的，监理人应就合同解除前承包人应得到但未支付的工程价款和费用签发付款证书，但应扣除根据施工合同约定应由承包人承担的违约费用。

《水利水电工程标准文件》通用合同条款规定：

1）合同解除后，监理人按合同的约定，商定或确定承包人实际完成工作的价值，以及承包人已提供的材料、施工设备、工程设备和临时工程等的价值。

2）合同解除后，发包人应暂停对承包人的一切付款，查清各项付款和已扣款金额，包括承包人应支付的违约金。

3）合同解除后，发包人应按合同的约定向承包人索赔由于解除合同给发包人造成的损失。

4）合同双方确认上述往来款项后，出具最终结清付款证书，结清全部合同款项。

5）发包人和承包人未能就解除合同后的结清达成一致而形成争议的，按合同的约定办理。

(2) 发包人违约解除合同后的结算。发包人发生合同约定的违约情况时，承包人可书面通知发包人解除合同。发包人违约承包人按合同的约定暂停施工 28 天后，发包人仍不纠正违约行为的，承包人可向发包人发出解除合同通知。但承包人的这一行动不免除发包人承担的违约责任，也不影响承包人根据合同约定享有的索赔权利。

因发包人违约解除合同的，监理人应就合同解除前承包人所应得到但未支付的工程价款和费用签发付款证书。根据《水利水电工程标准文件》通用合同条款规定，发包人应在解除合同后 28 天内向承包人支付下列金额，承包人应在此期限内及时向发包人提交要求支付下列金额的有关资料和凭证：

1）合同解除日以前所完成工作的价款。

2）承包人为该工程施工订购并已付款的材料、工程设备和其他物品的金额。发包人付还后，该材料、工程设备和其他物品归发包人所有。

3）承包人为完成工程所发生的，而发包人未支付的金额。

4）承包人撤离施工场地以及遣散承包人人员的金额。

5）由于解除合同应赔偿的承包人损失。

6）按合同约定在合同解除日前应支付给承包人的其他金额。

发包人应按本项约定支付上述金额并退还质量保证金和履约担保，但有权要求承包人支付应偿还给发包人的各项金额。

因发包人违约而解除合同后，承包人应妥善做好已竣工工程和已购材料、设备的保护和移交工作，按发包人要求将承包人设备和人员撤出施工场地。承包人撤出施工场地应遵守合同的约定，发包人应为承包人撤出提供必要条件。

2. 不可抗力引起解除合同后的结算

在履行合同过程中，发生不可抗力事件使一方或双方无法继续履行合同时，可解除合同。因不可抗力致使施工合同解除的，监理人应根据施工合同约定，就承包人应得到但未支付的工程价款和费用签发付款证书。

(1) 不可抗力的确认。不可抗力是指承包人和发包人在订立合同时不可预见，在工程施工过程中不可避免并不能克服的自然灾害和社会性突发事件，如地震、海啸、瘟疫、水灾、骚乱、暴动、战争和专用合同条款约定的其他情形。不可抗力发生后，发包人和承包人应及时认真统计所造成的损失，收集不可抗力造成损失的证据。合同双方对是否属于不可抗力或其损失的意见不一致的，由监理人按合同约定进行商定或确定。发生争议时，按合同的约定办理。

（2）不可抗力的通知。合同一方当事人遇到不可抗力事件，使其履行合同义务受到阻碍时，应立即通知合同另一方当事人和监理人，书面说明不可抗力和受阻碍的详细情况，并提供必要的证明。如不可抗力持续发生，合同一方当事人应及时向合同另一方当事人和监理人提交中间报告，说明不可抗力和履行合同受阻的情况，并于不可抗力事件结束后28天内提交最终报告及有关资料。

（3）不可抗力后果及其处理。对于不可抗力造成损害的责任，《水利水电工程标准文件》通用合同条款规定，除专用合同条款另有约定外，不可抗力导致的人员伤亡、财产损失、费用增加和（或）工期延误等后果，由合同双方按以下原则承担：

1）永久工程，包括已运至施工场地的材料和工程设备的损害，以及因工程损害造成的第三者人员伤亡和财产损失由发包人承担。

2）承包人设备的损坏由承包人承担。

3）发包人和承包人各自承担其人员伤亡和其他财产损失及其相关费用。

4）承包人的停工损失由承包人承担，但停工期间应监理人要求照管工程和清理、修复工程的金额由发包人承担。

5）不能按期竣工的，应合理延长工期，承包人不需支付逾期竣工违约金。发包人要求赶工的，承包人应采取赶工措施，赶工费用由发包人承担。

合同一方当事人延迟履行，在延迟履行期间发生不可抗力的，不免除其责任。不可抗力发生后，发包人和承包人均应采取措施尽量避免和减少损失的扩大，任何一方没有采取有效措施导致损失扩大的，应对扩大的损失承担责任。

合同一方当事人因不可抗力不能履行合同的，应当及时通知对方解除合同。合同解除后，承包人应按照合同约定撤离施工场地。已经订货的材料、设备由订货方负责退货或解除订货合同，不能退还的货款和因退货、解除订货合同发生的费用，由发包人承担，因未及时退货造成的损失由责任方承担。合同解除后的付款，由监理人按照合同的约定，与发包人和承包人商定或确定。

（四）竣工结算（完工结算）

关于完工和竣工的含义在现行的验收规范和合同范本中并没有统一，根据目前水利部有关验收规范和合同范本对完工和竣工的表述，完工验收一般是对某一个合同内容进行的复核、检查，由发包人或发包人委托监理人组织进行，包括规范规定的单元工程完工验收、分部工程完工验收、单位工程完工验收和合同项目的完工验收。

竣工验收一般是对一个项目的各个内容进行的复核、检查，由规范规定的验收主持机构组织进行，包括各类项目实施过程中的阶段验收（截流、水库蓄水、机组运行），单位工程投入使用验收，竣工验收。这类验收在验收规范中规定，是项目投入运行的标志。特别是竣工验收，是任何一个项目必须经过的一个阶段，国家强制性条款规定，没有经过竣工验收的项目，或竣工验收不合格的项目不准投入运行和交付使用。

对国家建设项目、国际组织和外国政府援助、贷款项目，在竣工验收时要完成项目的竣工决算，并完成竣工决算审计。因此，合同项目的完工支付与项目的竣工结算也要有机结合，特别是一个项目有多个合同标段时，更应该注意各个合同完成时间与竣工验收的时间协调。

在永久工程完工、验收、移交后，监理人应开具完工支付证书，在发包人与承包人之间进行完工结算。完工支付证书是对发包人以前支付过的所有款额以及承包人按合同有权得到的款额的确认，指出发包人还应支付给承包人或承包人还应支付给发包人的余额，具有结算的性质。如果一个项目只有一个合同标段，完工结算和竣工结算是一样的；一个项目有多个合同时，完工结算和实际的竣工结算是有区别的。

（五）竣工结算价

《建设工程工程量清单计价规范》（GB 50500—2013）中对竣工结算价的定义是，在承包人完成施工合同约定的全部工程内容，发包人依法组织竣工验收合格后，由发承包双方按照合同约定的工程造价条款，即合同价、合同价款调整以及索赔和现场签证等事项确定的最终工程造价。

（六）支付证书的管理

中期付款证书是以监理审核结果为准的，可以将承包人申请的不合理款项删掉，可以对前一个阶段付款进行修正，也可以将认为质量修复满意了的项目加在下一个阶段付款证书中。

阶段付款证书的支付项目与支付金额，按合同规定以及视监理人满意或不满意审核认定。

完工支付证书与中期付款证书不同。完工支付证书的结算性质决定了监理人已无后续证书可以修正，因此完工支付证书必须与承包人在其提出的合同项目竣工报告草稿的基础上协商并达成一致的意见。

完工支付证书必须以所有阶段付款证书为基础，但又必须处理好各种有争议的款项。在支付证书中不再出现未经解决的有争议的款项。完工支付证书是对监理人费用控制工作的全面总结，要全面清理和准确审核工程全过程发生的实际费用。

1. 完工支付的内容

（1）确认按照合同规定应支付给承包人的款额。

（2）确认发包人以前支付的所有款额。

（3）确认发包人还应支付给承包人或者承包人还应支付给发包人的余额，双方以此余额相互找清。

2. 完工支付的程序

（1）承包人提交完工（竣工）付款申请单。在合同工程完工证书颁发后的规定时间内，承包人应提交完工付款申请单，申请办理完工结算。《水利水电工程标准文件》通用合同条款规定：

1）承包人应在合同工程完工证书颁发后28天内，按专用合同条款约定的份数向监理人提交完工付款申请单，并提供相关证明材料。完工付款申请单应包括：完工结算合同总价；发包人已支付承包人的工程价款；应扣留的质量保证金；应支付的完工付款金额。

2）监理人对完工付款申请单有异议的，有权要求承包人进行修正和提供补充资料。经监理人和承包人协商后，由承包人向监理人提交修正后的完工付款申请单。

竣工报表是完工支付申请的必要支持性材料，承包人必须按有关满足审计要求的格式提交，各项工程量的计算应附有计算简图和结算公式，支付工程量和支付的价款应附有合同依据。

《水利水电工程标准文件》通用合同条款规定：承包人按约定接受了完工付款证书后，应被认为已无权再提出在合同工程完工证书颁发前所发生的任何索赔。

(2) 监理人核查付款申请并出具完工付款证书。监理人在收到承包人提交的完工付款申请单后的规定时间内完成核查，应对全部支付项目进行核查，防止漏项和重复；对所有工程数量与费用计算进行核查，对所有有争议的项目与计算进一步检验与取证，并与合同双方进一步协商，确定最终处理办法。在此工作基础上，监理人在完工付款申请单上签字并出具完工付款证书报送发包人审核。

按照《水利水电工程标准文件》通用合同条款规定：监理人在收到承包人提交的完工付款申请单后的 14 天内完成核查，提出发包人到期应支付给承包人的价款送发包人审核并抄送承包人。发包人应在收到后 14 天内审核完毕，由监理人向承包人出具经发包人签认的完工付款证书。监理人未在约定时间内核查，又未提出具体意见的，视为承包人提交的完工付款申请单已经监理人核查同意；发包人未在约定时间内审核又未提出具体意见的，监理人提出发包人到期应支付给承包人的价款视为已经发包人同意。

发包人应在收到监理人出具的完工付款证书后的规定时间内，支付给承包人。若发包人不按期支付，则应按合同规定的办法将逾期付款违约金加付给承包人。《水利水电工程标准文件》通用合同条款规定：发包人应在监理人出具完工付款证书后的 14 天内，将应支付款支付给承包人。发包人若不按期支付，应按合同的约定，将逾期付款违约金支付给承包人。承包人对发包人签认的完工付款证书有异议的，发包人可出具完工付款申请单中承包人已同意部分的临时付款证书。存在争议的部分，按合同约定的争议解决条款办理。完工付款涉及政府投资资金的，应按合同具体的约定办理。

二、最终结清（最终支付）

在工程质量保修期（缺陷责任期）终止后，并且发包人或监理人颁发了工程质量保修责任终止证书，施工合同双方可进行工程的最终结算，其程序如下：

(1) 承包人提交最终结清申请单。工程质量保修责任期终止证书签发后，承包人应按监理人批准的格式提交最终结清申请单。提交最终结清申请单的份数具体应在合同专用合同条款中约定。

发包人（或监理人）对最终结清申请单内容有异议的，有权要求承包人进行修正和提供补充资料，由承包人向监理人提交修正后的最终结清申请单。需要注意的是，承包人按合同约定提交的最终结清申请单中，只限于提出合同工程完工证书颁发后发生的索赔。

(2) 最终结清证书和支付时间。监理人收到承包人提交的最终结清申请单后的 14 天内，提出发包人应支付给承包人的价款送发包人审核并抄送承包人。发包人应在收到后 14 天内审核完毕，由监理人向承包人出具经发包人签认的最终结清证书。监理人未在约定时间内核查，又未提出具体意见的，视为承包人提交的最终结清申请已经监理人核查同意；发包人未在约定时间内审核又未提出具体意见的，监理人提出应支付给承包人的价款视为已经发包人同意。

发包人应在监理人出具最终结清证书后的 14 天内，将应支付款支付给承包人。发包人不按期支付的，按合同约定，将逾期付款违约金支付给承包人。

承包人对发包人签认的最终结清证书有异议或最终结清付款涉及政府投资资金的，均应按合同约定办理。

第八节 投资偏差分析

在确定了投资控制目标之后，为了有效地进行投资控制，监理人就必须定期地进行投资计划值与实际值的比较，当发现实际值偏离计划值时，应分析产生偏差的原因，采取适当的纠偏措施，以使投资超额量尽可能小。

一、投资偏差的概念

在投资控制中，把投资的实际值与计划值的差值叫做投资偏差，即

$$投资偏差=已完工程实际投资-已完工程计划投资 \tag{6-8}$$

结果为正表示投资超支，结果为负表示投资节约。但是，必须特别指出，进度偏差对投资偏差分析的结果有重要影响，如果不加考虑就不能正确反映投资偏差的实际情况。比如，某一阶段的投资超支，可能是由于进度超前导致的，所以，必须引入进度偏差的概念，即

$$进度偏差=已完工程实际时间-已完工程计划时间 \tag{6-9}$$

为了与投资偏差联系起来，进度偏差也可表示为

$$进度偏差=工程计划投资-已完工程计划投资 \tag{6-10}$$

工程计划投资，是指根据进度计划安排在某一确定时间内所应完成的工程内容的计划投资，即

$$工程计划投资=计划工程量\times计划单价 \tag{6-11}$$

$$已完工程计划投资=已完工程量\times计划单价 \tag{6-12}$$

进度偏差结果为正值，表示工期拖后；进度偏差结果为负值，表示工期提前。但是，用上述公式来表示进度偏差，其思路是可以接受的，但表达并不十分严格。在实际应用时，为了便于工期调整，还需将用投资差额表示的进度偏差转换为所需要的时间。

另外，在进行投资偏差分析时，还要考虑以下几组投资偏差参数。

(1) 局部偏差和累计偏差。所谓局部偏差，有两层含义：一是对于整个项目而言，指各单项工程、单位工程及分部分项工程的投资偏差；二是对于整个项目已经实施的时间而言，是指每个控制周期所发生的投资偏差。累计偏差是一个动态的概念，其数值总是与具体的时间联系在一起，第一个累计偏差在数值上等于局部偏差，最终的累计偏差就是整个项目的投资偏差。

局部偏差的引入，可使项目投资管理人员清楚地了解偏差发生的时间、所在的单项工程，这有利于分析其发生的原因。而累计偏差所涉及的工程内容较多、范围较大，且原因也较复杂，因而累计偏差分析必须以局部偏差分析为基础。另外，因为累计偏差分析是建

立在对局部偏差进行综合分析的基础上，所以其结果更能显示出代表性和规律性，对投资控制工作具有指导作用。

（2）绝对偏差和相对偏差。绝对偏差是指投资实际值与计划值比较所得到的差额，绝对偏差的结果很直观，有助于投资管理人员了解项目投资出现偏差的绝对数额，并依此采取一定措施，制定或调整投资支付计划和资金筹措计划。但是，绝对偏差有其不容忽视的局限性，如同样是1万元的投资偏差，对于总投资10万元的项目和总投资1000万元的项目而言，其影响显然是不同的。

二、投资偏差的分析方法

投资偏差分析可以采用不同的方法，常用的方法有横道图法、表格法和投资曲线法。这里主要介绍投资曲线法（赢值法）。

（一）投资曲线法分析步骤

投资曲线法是用投资累计曲线来进行投资偏差分析的一种方法，见图6-4。

其中曲线a代表投资实际值，曲线p代表投资计划值，两条曲线之间的竖向距离表示投资偏差。

投资实际值曲线在投资计划值曲线上方，表明实际投资已超过计划投资，在某一时刻的差值就是增加的投资数额；反之就是节约的投资数额。

用投资曲线进行投资偏差分析的步骤如下：

（1）先绘制工程计划投资（计划工程量×计划单价）曲线图p。

（2）在工程计划投资曲线图上，绘制已完工程实际投资（已完工程量×实际单价）曲线a和已完工程计划投资（已完工程量×计划单价）曲线c。

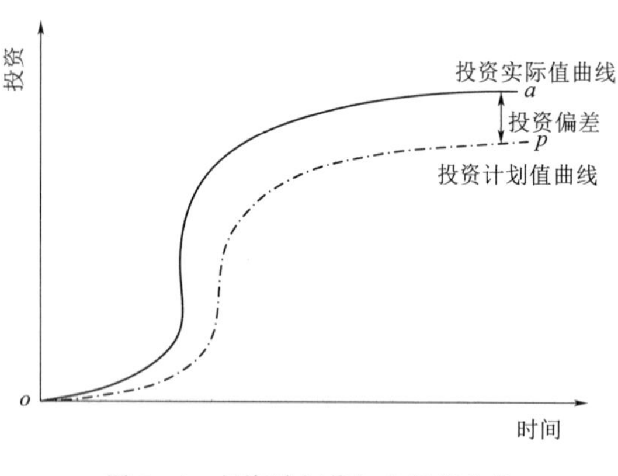

图6-4　投资计划值与实际值曲线

（3）利用投资曲线分析投资偏差和进度偏差，分析方法见图6-4。

随着项目计划的实施，在加强施工监督和必要的施工检测的同时，收集和掌握实施中各种现场实际信息，经整理统计，就可在绘有计划控制曲线的进度与费用控制图上，对应绘制实际进度与费用支出曲线，见图6-5。根据计划完成的各项作业的计划费用支出（计划工作量乘以计划单价），绘制计划费用曲线p。其次根据实际完成或部分完成的各项作业的原计划费用支出（完成工作量乘以计划单价），绘制已完工和部分完工作业的计划费用曲线c。再次根据实际完成或部分完成的各项作业的实际费用支出（完成工作量乘以实际单价），绘制已完工和部分完工作业的实际支出费用曲线a。

从图6-5上进行对比分析可以看出，随着工程的开展，a、c曲线不断延伸。如果c、p、a三条曲线彼此接近或重合，则说明工程按计划进行。实际上，这三条曲线通常是会发生偏离的。当工程进展到某一时刻时，a、p两曲线发生了纵向偏离，其差值说明该项工程实际已超支。c、p 两曲线的横向偏离说明实际完成计划工作量的时间比计划推迟了。应指出的是，这种推迟并不一定说明工程拖期。如果是横道图，要查出这种推迟是否会影响总工期是比较麻烦的。若采用网络计划技术，只要检查出关键作业按计划进行，或者非关键作业未超越允许的浮动时间，则说明这种推迟不会影响总工期。如果检查结果说明工程进度与费用已偏离计划，就应分析并找出产生费用超支和工程拖期的原因。

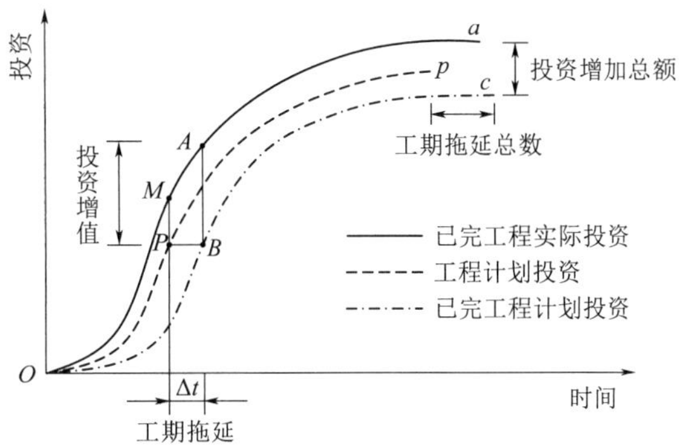

图 6-5　用三条投资曲线进行投资偏差和进度偏差分析

（二）偏差原因分析

偏差分析的一个重要目的就是要找出引起偏差的原因，从而采取有针对性的措施进行纠偏，以实现投资的动态控制。一般情况，产生投资偏差的原因有以下几种：

（1）物价上涨。包括人工、材料、设备涨价和利率、汇率变化等。

（2）设计原因。包括设计错误、设计漏项、设计标准变化等。

（3）发包人原因。包括增加项目内容、未及时提供施工场地、组织管理不当、投资规划不当等。

（4）施工原因。包括施工方案不当、赶进度、工期拖延等。

（5）客观原因。包括社会因素、自然因素、地质条件、法规变化等。

（三）提出对未完工程进度与费用的改进措施

如果检查结果说明工程进度与费用已偏离计划，就应分析并找出产生费用超支和工程拖期的原因。查清了造成工程拖期和费用超支的原因，就要对已开工的未完作业和未开工的作业重新研究降低费用和加快进度的措施。例如，采取提高工效或加大施工力量或改变施工方法等措施来压缩后续作业的工期，提高工效与机械效率，减少材料损耗，节约管理费及其间接费开支，确定新的计划参数，修改未完工程的进度计划。

【例 6-6】　某工程计划投资与实际投资见表 6-6，试计算第 8 个月末的投资偏差和进度偏差。

表 6-6　**某工程计划投资与实际投资**　单位：万元

项目		投资额								
工作名称	月份	1	2	3	4	5	6	7	8	9
A	计划投资	430	430							
	实际投资	495	452							
B	计划投资	450	450							
	实际投资	518	473							

续表

项目		投资额								
工作名称	月份	1	2	3	4	5	6	7	8	9
C	计划投资			180	180	180				
	实际投资			198	207	198				
D	计划投资			250	250	250	250			
	实际投资			275	264	275	275			
E	计划投资			260	260					
	实际投资			286	299					
F	计划投资							310	310	
	实际投资							341	372	
G	计划投资							100		
	实际投资							100		
H	计划投资					120	120	120		
	实际投资						198	198	216	137

解：

1. 计算每月工程计划投资。

从表6-6可知：

1月，只安排了工作A和B，工作A计划投资430万元，工作B计划投资450元，所以1月工程计划投资为：430+450=880（万元）。

2月，同1月。

3月，计划安排有工作C、D和E。工作C计划投资180万元，工作D计划投资250万元，工作E计划投资260万元，3月工程计划投资为：180+250+260=690（万元）。

其他各月的计划投资计算方法同上，计算结果见表6-7中的每月工程计划投资栏。

逐月累计工程计划投资。计算结果见表6-7中的累计工程计划投资栏。

2. 计算每月已完工程实际投资。

从表6-6可知：

1月，工作A实际投资495万元，工作B实际投资518万元，所以1月已完工程实际投资：495+518=1013（万元）。

2月，工作A实际投资452万元，工作B实际投资473万元，所以2月已完工程实际投资：452+473=925（万元）。

3月，工作C实际投资198万元，工作D实际投资275万元，工作E实际投资286万元，所以3月已完工程实际投资：198+275+286=759（万元）。

4月，工作C实际投资207万元，工作D实际投资264万元，工作E实际投资299万元，所以4月已完工程实际投资：207+264+299=770（万元）。

5月，计划安排有工作C、D和H，但工作H在本月实际没有投资，工作C实际投资198万元，工作D实际投资275万元，所以5月已完工程实际投资：198＋275＝473（万元）。

6月，工作D实际投资275万元，工作H实际投资198万元，所以6月已完工程实际投资：275＋198＝473（万元）。

7月，工作F实际投资341万元，工作G实际投资100万元，工作H实际投资198万元，所以7月已完工程实际投资：341＋100＋198＝639（万元）。

8月，计划安排只有工作F，但工作H在本月有实际投资。本月工作F实际投资372万元，工作H实际投资216万元，所以8月已完工程实际投资：372＋216＝588（万元）。

9月，只有工作H实际投资137万元。

以上计算结果见表6－7。

表6－7　　计　算　结　果　　单位：万元

项　　目	投资数据								
	1月	2月	3月	4月	5月	6月	7月	8月	9月
每月工程计划投资	880	880	690	690	550	370	530	310	—
累计工程计划投资	880	1760	2450	3140	3690	4060	4590	4900	—
每月已完工程实际投资	1013	925	759	770	473	473	639	588	137
累计已完工程实际投资	1013	1938	2697	3467	3940	4413	5052	5640	5777
每月已完工程计划投资	880	880	690	690	430	370	530	310	120
累计已完工程计划投资	880	1670	2450	3140	3570	3940	4470	4780	4900

3. 计算第8个月末的投资偏差和进度偏差。

投资偏差＝已完工程实际投资－已完工程计划投资＝5640－4780＝860（万元）

第8个月末投资超支860万元。

进度偏差＝工程计划投资－已完工程计划投资＝4900－4780＝120（万元）

第8个月末进度拖后120万元。

思　考　题

6－1　工程计量的依据和方法有哪些？

6－2　简述工程变更价款的确定原则。

6－3　简述工程变更、工程签证、工程洽商的联系和区别。

6－4　简述合理补偿承包人索赔的内容和可补偿内容。

6－5　简述索赔费用的计算方法。

6－6　简述合同结算、竣工结算的各种情况。

6－7　投资偏差分析的方法有哪些？

第七章　竣工财务决算和项目后评价

竣工财务决算是工程项目在竣工验收前对工程项目从筹建到竣工投产全过程中所花费的所有费用的汇总，是核定工程项目总造价的重要工作。项目后评价是项目正常投产后项目实际效果和预期收益的综合评价，是对项目前期工作和建设工程的一个综合评价。

第一节　建设项目竣工财务决算

一、竣工财务决算的概念

项目竣工财务决算是正确核定项目资产价值、反映竣工项目建设成果的文件，是办理资产移交和产权登记的依据。竣工财务决算是确认投资支出、资产价值和结余资金，办理资产移交和投资核销的最终依据。

竣工财务决算是反映建设项目实际工程造价的技术经济文件，应包括建设项目的投资使用情况和投资效果，以及项目从筹建到竣工验收的全部费用，即建筑工程费、安装工程费、设备费、临时工程费、独立费用、预备费、建设期融资利息和移民征地补偿费、水土保持费用、环境保护费用。竣工财务决算是竣工验收报告的重要组成部分。竣工财务决算的主要作用包括总结竣工项目设计概算和实际造价的情况；考核投资效益；经审定的竣工财务决算是正确核定新增资产价值、资产移交和投资核销的依据。竣工财务决算的时间段是项目建设的全过程，包括从筹建到竣工验收的全部时间；其范围是整个建设项目，包括主体工程、附属工程以及建设项目前期费用和相关的全部费用。

《国务院批转国家计委、财政部、水利部、建设部关于加强公益性水利工程建设管理若干意见的通知》(国发〔2000〕20号）规定："项目法人要按照财政部关于基本建设财务管理的规定提出工程竣工财务决算报告"。依据国家有关规定，水利部于2001年颁发了《水利基本建设项目竣工财务决算编制规程》(SL 19—2001)，在水利工程建设中贯彻执行，并取得了良好的效果。为加强水利基本建设财务管理，考核水利投资效益，核定新增资产价值，反映竣工项目概（预）算执行成果，规范竣工财务决算编制行为，根据国家有关规定，结合水利行业实际情况，重新修订的《水利基本建设项目竣工财务决算编制规程》(SL 19—2014）明确规定："本标准适用于基本建设投资和财政专项资金安排的水利基本建设项目竣工财务决算的编制。利用外资的项目竣工财务决算的编制除执行本规程外，还应执行国家外资项目管理的有关规定。"也就是说，所有水利基本建设项目，不论其投资来源、投资主体、规模大小，不论是工程项目还是非工程项目，只要列入国家基本建设计划，都应按《水利基本建设项目竣工财务决算编制规程》(SL 19—2014）执行。水利基本建设项目编制竣工财务决算除应符合本规程外，还应符合国家现行有关标准的规定。

水利基本建设项目竣工财务决算（以下简称：竣工财务决算）由项目法人或项目责任单位（以下简称：项目法人）组织编制。项目法人应组织财务、计划、统计、工程技术和合同管理等专门人员，组成专门班子或机构共同完成此项工作。参与建设项目的设计、监理、施工等有关单位应积极配合，向项目法人提供有关资料。在竣工财务决算批复之前，项目法人已经撤销的，由撤销该项目法人的单位指定有关单位承接相关的责任。

在竣工财务决算审计前，项目法人应将竣工财务决算提交竣工验收主持单位审查。竣工财务决算应作为项目资产形成、资产移交和投资核销的依据。竣工财务决算必须按国家相关要求，整理归档，永久保存。

二、竣工财务决算的编制依据

竣工财务决算的编制依据应包括下列内容：

（1）国家有关法律法规等有关规定。

（2）经批准的设计文件。

（3）年度投资和资金安排文件。

（4）合同（协议）。

（5）会计核算及财务管理资料。

（6）其他资料。

三、编制竣工财务决算的条件

编制竣工财务决算应具备下列条件：

（1）经批准的初步设计、项目任务书所确定的内容已完成。

（2）建设资金全部到位。

（3）竣工（完工）结算已完成。

（4）未完工程投资和预留费用不超过规定的比例。

（5）涉及法律诉讼、工程质量、移民安置的事项已处理完毕。

（6）其他影响竣工财务决算编制的重大问题已解决。

四、竣工财务决算的编制要求

水利基本建设项目竣工财务决算应按以下要求编制：

（1）水利基本建设项目竣工财务决算应严格按《水利基本建设项目竣工财务决算编制规程》（SL 19—2014）规定的内容、格式编制。非工程类项目可根据项目实际情况和有关规定适当简化，原则上不得改变编制规程规定的格式，不得减少应编报的内容。

（2）建设项目完成并满足竣工财务决算编制条件后，项目法人应在规定的期限内完成竣工财务决算的编制工作。大中型项目的期限为 3 个月，小型项目的期限为 1 个月。如有特殊情况不能在规定期限内完成编制工作的，报经竣工验收主持单位同意后可适当延期。

（3）项目法人应从项目筹建起，指定专人负责竣工财务决算的编制工作，并应明确财务、计划、工程技术等部门的相应职责。竣工财务决算的编制人员应保持相对稳定。

(4) 竣工财务决算应区分大中、小型项目，应按项目规模分别编制。项目规模以批复的设计文件为准。设计文件未明确的，非经营性项目投资额在3000万元（含3000万元）以上、经营性项目投资额在5000万元（含5000万元）以上的为大中型项目；其他项目为小型项目。

(5) 建设项目包括两个或两个以上独立概算的单项工程的，单项工程竣工时，可编制单项工程竣工财务决算。建设项目全部竣工后，应编制该项目的竣工财务总决算。建设项目是大中型项目而单项工程是小型项目的，应按大中型项目的编制要求编制单项工程竣工财务决算。

(6) 未完工程投资及预留费用可预计纳入竣工财务决算。大中型项目应控制在总概算的3%以内，小型项目应控制在5%以内。

五、竣工财务决算的内容

竣工财务决算反映项目从筹建到竣工验收的全部费用。竣工财务决算由下列4部分组成：

(1) 竣工财务决算封面及目录。

(2) 竣工工程的平面示意图及主体工程照片。

(3) 竣工财务决算说明书。

(4) 竣工财务决算报表。

(一) 竣工财务决算说明书

竣工财务决算说明书应反映下列主要内容：

(1) 项目基本情况。

(2) 财务管理情况。

(3) 年度投资计划、预算（资金）下达及资金到位情况。

(4) 概（预）算执行情况。

(5) 招（投）标、政府采购及合同（协议）执行情况。

(6) 征地补偿和移民安置情况。

(7) 重大设计变更及预备费动用情况。

(8) 未完工程投资及预留费用情况。

(9) 审计、稽查、财务检查等发现问题及整改落实情况。

(10) 其他需说明的事项。

(11) 报表编制说明。

(二) 竣工财务决算报表

(1) 竣工财务决算报表应包括以下8张表格：

1) 水利基本建设项目概况表，反映竣工项目的主要特性、建设过程和建设成果等基本情况。

2) 水利基本建设项目财务决算表，反映竣工项目的财务收支状况。

3) 水利基本建设项目投资分析表，反映竣工项目建设概（预）算执行情况。

4) 水利基本建设项目未完工程投资及预留费用表，反映预计纳入竣工财务决算的未完工程投资及预留费用的明细情况。

5）水利基本建设项目成本表，反映竣工项目建设成本构成情况。

6）水利基本建设项目交付使用资产表，反映竣工项目向不同资产接收单位交付使用资产情况。

7）水利基本建设项目待核销基建支出表，反映竣工项目发生的待核销基建支出明细情况。

8）水利基本建设项目转出投资表，反映竣工项目发生的转出投资明细情况。

（2）按《水利基本建设项目竣工财务决算编制规程》（SL 19—2014）要求，大中、小型项目应按下列要求分别编制报表。

1）大中型项目应编制《水利基本建设项目竣工财务决算编制规程》（SL 19—2014）规定的全部表格。

2）小型项目应须编制“水利基本建设竣工项目概况表”“水利基本建设项目竣工财务决算表”“水利基本建设竣工项目交付使用资产表”“水利基本建设竣工项目未完工程投资及预留费用表”。

（3）在工作中，项目法人可根据项目实际情况增设有关反映重要事项的辅助报表。

六、竣工财务决算编制方法

（一）竣工财务决算的程序

竣工财务决算应遵循下列程序：

（1）制定竣工财务决算编制方案。

（2）收集整理与竣工财务决算有关的项目资料。

（3）确定竣工财务决算基准日期

（4）竣工财务清理。

（5）编制竣工财务决算报表。

（6）编写竣工财务决算说明书。

（二）竣工财务清理

竣工财务清理应主要包括下列内容：

（1）清理合同（协议）。

（2）清理债权债务。

（3）清理竣工结余资金。

（4）清理应移交的资产。

（三）概（预）算与核算口径的对应分析

概（预）算与核算的口径差异，应依据项目概（预）算口径，通过辅助核算调整会计核算指标，并应按概（预）算口径形成对应关系。

（四）确定竣工财务决算基准日期

确定竣工财务决算基准日期，凡与项目建设成本、资产价值相关联的会计业务应在竣工财务决算基准日之前入账。

（五）计列未完工程投资及预留费用

未完工程投资和预留费用应满足项目实施和管理的需要，以项目概（预）算、合同等为依据合理计列。已签订合同（协议）的，应按相关条款的约定进行测算；尚未签订合同（协议）的，未完工程投资不应突破相应的概（预）算标准。

（六）分摊待摊投资

待摊投资应由受益的各项交付使用资产共同负担。其中，能够确定由某项资产负担的待摊费用，应直接计入该资产成本；不能确定负担对象的待摊费用，应分摊计入受益的各项资产成本。

1. 待摊投资的分摊对象

待摊投资的分摊对象应为以下几项内容：

（1）房屋、建筑物。

（2）水、电专用设备。

（3）需要安装的通用设备。

（4）其他分摊对象等。

2. 分摊待摊投资的计算方法

分摊待摊投资应根据项目特点采用合理的方法。常见的方法有按实际数比例分摊和按概算数比例分摊两种。

（1）第一种方法：按实际数的比例分摊。可按式（7－1）和式（7－2）计算：

$$D_f = DX_s F_s \tag{7-1}$$

$$F_s = \frac{D_s}{DX_s} \times 100\% \tag{7-2}$$

式中 D_f——某资产应分摊的待摊投资；

DX_s——某资产应负担的待摊投资部分的实际价值；

F_s——实际分配率；

D_s——上期结转和本期发生的待摊投资合计（扣除可直接计入的待摊投资）；

DX_s——上期结转和本期发生的建筑安装工程投资、安装设备投资和其他投资中应负担待摊费用的合计。

分摊待摊投资的计算公式为

某资产应分摊待摊投资＝该资产应负担的待摊投资的实际价值×实际分配率

（2）第二种方法：按概算数的比例分摊。可按式（7－3）和式（7－4）计算：

$$D_f = DX_s F_y \tag{7-3}$$

$$F_y = \frac{D_y}{DX_y} \times 100\% \tag{7-4}$$

式中 F_y——预定分配率；

D_y——概算中各项待摊投资项目的合计（扣除可直接计入的待摊投资）；

DX_y——概算中建筑安装工程投资、安装设备投资和其他投资中应负担待摊投资的合计。

分摊待摊投资的计算公式为

某资产应分摊待摊投资＝该资产应负担的待摊投资的实际价值×预定分配率

按《水利基本建设项目竣工财务决算编制规程》（SL 19—2014）规定：交付使用资产应以具有独立使用价值的固定资产、流动资产、无形资产和递延资产作为计算和交付对象。独立使用价值的确定依据应是：具有较完整的使用功能，能够按照设计要求，独立地发挥作用。具有防洪、发电、灌溉、供水等多种效益的项目，应根据项目实际情况，合理选择分摊建设成本的方法，主要包括以下3种：

（1）按各功能占用水量的比例分摊。

（2）按各功能占用库容的比例分摊。

（3）按各功能可获得效益现值的比例分摊。

（七）编制竣工财务总决算

按规定格式和内容填列竣工财务决算报表，编写竣工财务决算说明书，加上目录、附图等，装订成册，即成为水利基本建设项目竣工财务决算。项目法人就可以按照规定的期限，上报主管部门及验收主持单位审批。按《水利基本建设项目竣工财务决算编制规程》（SL 19—2014）的要求，编制竣工财务总决算应做好以下工作：

（1）明确汇编单位和人员。

（2）审核各项目法人的竣工财务决算。

（3）确定竣工财务总决算项目划分的口径和级次。

（4）统一基准日期并调整各项目法人的竣工财务决算。

（5）分析汇总具体指标。

七、竣工财务决算审查要点

设计、监理、施工、征地和移民安置实施等单位应配合项目法人的竣工财务决算工作。可通过合同（协议）明确规定配合工作的具体内容。财政部门和项目主管部门是项目竣工财务决算的审核批复部门。财务决算审查重点内容如下：

（1）工程价款结算是否准确，是否按照合同约定和国家有关规定进行，有无多算和重复计算工程量、高估冒算建筑材料价格现象。

（2）待摊费用支出及其分摊是否合理、正确。

（3）项目是否按照批准的概算（预）算内容实施，有无超标准、超规模、超概（预）算建设现象。

（4）项目资金是否全部到位，核算是否规范，资金使用是否合理，有无挤占、挪用现象。

（5）项目形成资产是否得到全面反映，计价是否准确，资产接受单位是否落实。

（6）项目在建设过程中历次检查和审计所提的重大问题是否已经整改落实。

（7）待核销基建支出和转出投资有无依据，是否合理。

（8）竣工财务决算报表所填列的数据是否完整，表间勾稽关系是否清晰、正确。

（9）尾工工程及预留费用是否控制在概算确定的范围内，预留的金额和比例是否合理。

（10）项目建设是否履行基本建设程序，是否符合国家有关建设管理制度要求等。

（11）决算的内容和格式是否符合国家有关规定。

（12）决算资料报送是否完整、决算数据是否存在错误。

（13）相关主管部门或者第三方专业机构是否出具审核意见。

八、竣工财务决算审计

（一）决算审计内容

按照《中华人民共和国审计法》《中华人民共和国审计法实施条例》及相关规定，审计机关对国家建设项目预算的执行情况和决算进行审计监督，对国际组织和外国政府援助、贷款项目的财务收支进行审计监督。工程竣工决算审计主要包括以下内容：

（1）审查决算编制工作是否符合国家的有关规定，资料是否齐全，手续是否完备。

（2）审查项目建设概算执行情况：工程建设是否严格按批准的概算内容执行，是否超概算，有无概算外项目和提高建设标准、扩大基建规模的问题，有无重大质量事故和经济损失。

（3）审查交付使用财产是否真实、完整，是否符合交付条件，移交手续是否齐全、合规；核实在建工程投资完成额，有无挤占建设成本、提高造价、转移投资，查明未能全部建成及时交付使用的原因。

（4）审查尾工工程未完工程量的真实性，有无虚列建设成本。

（5）审查基建结余资金真实性，有无隐瞒、转移、挪用、隐匿结余资金。

（6）审查基建收入是否真实、完整，有无隐瞒、转移收入。

（7）审查核实投资包干结余，是否按投资包干协议或合同有关规定计取、分配、上交投资包干结余。

（8）审查竣工决算报表的真实性、完整性、合规性。

（9）评价项目投资效益。

（二）审计结果不再作为竣工结算的调整

近年来，北京、上海、山东、江西等多个地区先后出台了地方性审计条例或审计监督条例，规定政府投资和以政府投资为主的建设项目“以审计结果作为工程竣工结算依据”。

2015 年 5 月，中国建筑业协会向全国人大常委会法工委（简称法工委）提交《关于申请对规定“以审计结果作为建设工程竣工结算依据”的地方性法规进行立法审查的函》。2015 年 6 月，中国建筑业协会收到法工委《关于对地方性法规中以审计结果作为政府投资建设项目竣工结算依据有关规定提出的审查建议的复函》，该复函提出，地方性法规中直接以审计结果作为竣工结算依据和应当在招标文件中载明或者在合同中约定以审计结果作为竣工结算依据的规定，限制了民事权利，超越了地方立法权限，应当予以纠正。

2017 年 2 月，法工委印发《对地方性法规中以审计结果作为政府投资建设项目竣工结算依据有关规定的研究意见》，要求各省、自治区、直辖市人大常委会对所制定或者批准的与审计相关的地方性法规开展自查，对有关条款进行清理纠正。

关于审计与竣工结算的争议主要在于以下几个方面：

（1）在一定程度上混淆了行政法律关系与民事法律关系的界限，即《中华人民共和国审计法》和《中华人民共和国合同法》的关系界限。

（2）《政府投资项目审计规定》规定："审计机关对列入年度审计计划的竣工决算审计项目，一般应当在审计通知书确定的审计实施日起3个月内出具审计报告"，但却未明确通知书的下达时间。审计工作进程直接影响工程结算的进度，进而影响施工单位的利益，导致如农民工工资无法及时支付等问题。

（3）审计工作增加，影响时间效率和准确性。将审计规定纳入工程合同，审计工作量将大大增加，在有限的审计力量下，存在审计结论准确性降低的趋势。

（4）施工单位缺乏相应的行政复议救济途径。审计规定要求以审计结果作为工程竣工结算的依据，对于施工企业的利益产生重大影响。一旦施工单位对于审计结果持有异议，现行规定却没有同等赋予施工方与被审计单位同等的权利救济方式或者提供其他救济途径。这也是自2012年开始审计结果作为竣工结算依据至今拖而不决的体制原因。

（5）结算价与审计结论的差异客观存在，不可避免。工程竣工资料纷繁，结算工作复杂。工程造价计算具有专业性。对于工程造价中的某些问题，不同的机构可能抱持不同的意见。建设单位与承包人最后确认的工程结算价可能仍然不是绝对客观准确的数据，所谓的最终一致意见，往往是相互妥协的结果。可以说，合同当事人的结算结果与任何第三方独立得出的结论有所差异是很正常的。这种差异性如果不被理解或者被不恰当地理解就极易导致冲突与纠纷。

第二节 项目后评价

建设项目后评价是在项目已经建成，通过竣工验收，并经过一段时间的生产运行后，对项目全过程进行总结和评价。国家发展改革委在有关国家重点建设项目的管理法规中明确，项目后评价是基本建设程序之一。水利部《水利工程建设程序管理暂行规定》（水建〔1998〕16号）也明确，项目后评价是水利工程建设程序的重要阶段，是国家固定资产投资管理的一项重要内容，水利建设项目竣工验收并投入使用后，都应该进行项目后评价，以便为本项目的管理和其他项目的决策提供科学依据。水利工程建设项目后评价（以下简称：项目后评价）应当遵照国家和水利部的有关规定以及遵循独立、公正、客观、科学的原则进行。

一、项目后评价的目的

为健全政府投资项目后评价制度，规范项目后评价工作，提高政府投资决策水平和投资效益，加强中央政府投资项目全过程管理，国家发展改革委根据《国务院关于投资体制改革的决定》的要求，于2008年11月7日制定了《中央政府投资项目后评价管理办法（试行）》（发改投资〔2008〕2959号），并于2014年9月21日制定了《中央政府投资项目后评价管理办法》，要求国务院各部门、直属机构，各中央管理企业按照执行。为了贯彻国家发展改革委《中央政府投资项目后评价管理办法》精神，进一步推动水利建设项目后评价工作，水利部印发了《水利建设项目后评价管理办法（试行）》（水规计〔2010〕51号），并要求凡是中央政府投资建设的水利建设项目，包括防洪、排涝、水力发电、引（供）水、滩涂治理、水土保持、水资源保护等方面有中央投资或中央补助投资的项目，均应按照本办法进行项目后评价，其他投资来源的水利建设项目可参照执行。

项目后评价是基本建设程序的一个重要阶段和加强建设项目管理的重要环节，也是改进投资决策水平、提高投资效益的重要手段。水利建设项目竣工验收并投入使用后，运用规范、科学、系统的方法，对项目决策、建设实施和运行管理等各阶段及工程建成后的效益、作用和影响进行综合评价，以达到总结经验，汲取教训，不断提高项目决策和建设管理水平的目的。

开展项目后评价工作，可以为改进建设项目的决策、设计、施工、管理等工作创造条件，为改进建设投资管理的信息反馈机制、建立和完善政府投资监管体系和责任追究制度奠定基础。项目后评价应当遵循独立、客观、科学、公正的原则，保持顺畅的信息沟通和反馈，为建立和完善政府投资监管体系服务。

二、项目后评价的组织和项目选择

水利部负责组织开展中央政府投资水利建设项目的后评价工作，指导全国水利建设项目后评价工作。《水利建设项目后评价管理办法（试行）》（水规计〔2010〕51号）指出：水利部每年研究确定需要开展后评价工作的项目名单，制定项目后评价年度计划，印送有关项目主管部门和项目单位。水利部组织开展水利建设项目后评价工作，主要从以下项目中选择：

（1）对行业和地区社会经济发展有重大指导意义的项目。

（2）对资源、环境有重大影响的项目。

（3）对优化水资源配置、保障防洪安全、供水安全有重要作用的项目。

（4）建设规模大、条件复杂、工期长、投资多以及项目建设过程中发生重大方案调整的项目。

（5）征地、拆迁、移民安置规模大的项目。

（6）采用新技术、新材料、新型投融资和建设管理模式以及其他有示范意义的项目。

（7）单项投资比较小但数量多、受益面广、投资周期长、关系社会民生的项目。

（8）社会影响大，舆论普遍关注的项目。

三、项目后评价的类型

（一）自我总结评价

水利部每年确定项目后评价年度计划后，项目管理单位应在后评价年度计划下达后3个月内，开展项目自我总结评价工作，完成自我总结评价报告，报告主管部门，并报送水利部。自我总结评价报告的主要内容如下：

（1）项目概况，包括项目目标、建设内容、投资估算、审批情况、资金来源及到位情况、实施进度、批准概算及执行情况等。

（2）项目实施过程总结，包括前期准备、建设实施、项目运行等。

（3）项目效果评价，包括技术水平、财务及经济效益、移民安置情况、社会影响、环境影响、水土保持、可持续能力等。

（4）项目目标评价，包括目标实现程度、差距及原因等。

（5）项目总结，包括项目建设存在的主要问题、经验与教训和相关建议。

（二）委托咨询机构进行项目后评价

除了项目管理单位按规定进行项目自我总结评价外，还必须按规定委托具有相应能力的工程咨询机构承担项目后评价工作。水利工程建设项目后评价由水利部进行委托。受委托的项目后评价机构应按以下要求优质完成后评价工作：

（1）项目后评价机构应按照委托要求，对照批准的项目立项及建设相关文件资料，参考项目自我总结评价报告，全面收集调查有关资料和数据，按照有关技术要求开展后评价工作，编制后评价报告。

（2）项目后评价机构在开展项目后评价的过程中，应当采取适当方式听取社会公众和行业专家的意见，并在后评价报告中设立独立篇章予以客观反映。

（3）项目后评价机构应对项目后评价相关结论负责，并履行对国家秘密、商业秘密等的保密义务。

（4）参与同一项目前期咨询、设计、审查、评估或建设实施的单位和个人，不得从事该项目的后评价工作。

（5）项目后评价机构在项目后评价过程中，若发现项目存在重大问题，应及时向水利部报告。

（6）项目后评价机构在开展项目后评价工作中，如有弄虚作假行为或评价结论严重失实等情形时，视情节和后果，依法追究相关单位和人员的法律责任。

（7）项目后评价机构及其人员，不得收受水利部支付项目后评价经费之外的其他任何费用。

项目管理单位应向项目后评价机构真实、完整、准确地提供项目前期、建设实施及运行阶段的各项正式文件、技术经济资料和数据，如有虚报瞒报等弄虚作假行为，视情节和后果，依法追究相关单位和人员的法律责任。任何单位和个人不得妨碍或干预后评价机构独立作出评价意见。

四、项目后评价的依据

按《水利建设项目后评价管理办法（试行）》（水规计〔2010〕51号）、《水利工程建设项目后评价报告编制规程》（SL 489—2010）规定，项目后评价的主要依据有以下几个方面：

（1）国家和行业的有关法律、法规及技术标准。

（2）流域或区域的相关规划。

（3）批准的项目立项、投资计划、建设实施及运行管理有关文件资料。

（4）水利建设投资统计有关资料等。

五、项目后评价的内容

项目后评价的内容大体上可以分为两种类型。一类是全过程评价，即从项目的立项决策、勘测设计等前期工作开始到项目建成投产运行若干年以后的全过程进行评价，其主要内容包括过程评价、经济评价、环境影响评价、水土保持评价、移民安置评价、社会影响评价、目标和可持续性评价等方面。另一类是阶段性评价或专项评价，可分为勘测设计和立项决策评价、施工监理评价、生产经营评价、经济后评价、管理后评价、防洪后评价、灌溉后评价、发电后评价、资金筹措使用和还贷情况后评价等。我国目前推行的后评价主要是全过程后评价，在某些特定条件下也可进行阶段性或专项评价。项目后评价系统反馈控制程序见图 7-1。

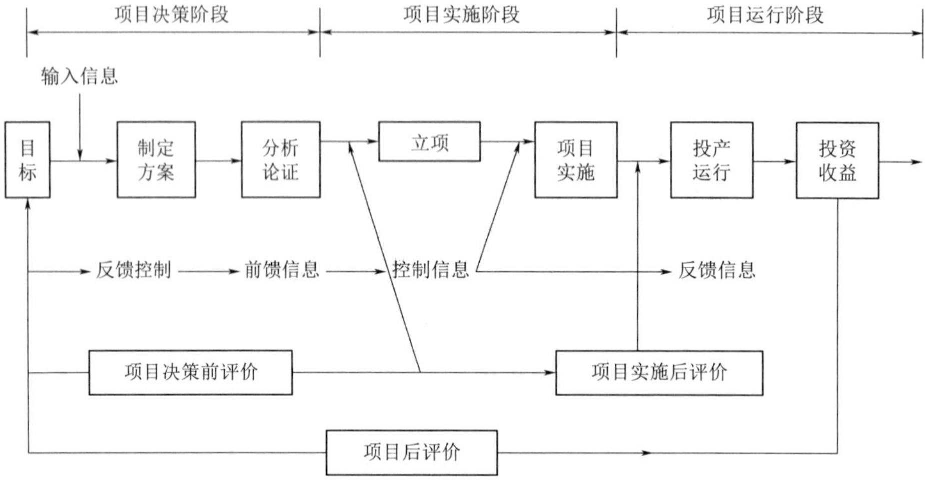

图 7-1 项目后评价系统反馈控制程序

（一）过程评价

过程评价包括前期工作评价、建设实施评价、运行管理评价三部分。

1. 前期工作评价

（1）项目建设的必要性和立项依据评价。前期工作评价应从流域或区域的社会经济、资源和工程现状等情况出发，考虑未来流域或区域国民经济发展要求，对提出的项目修建的必要性和合理性进行评价，并评价项目立项的正确性。

（2）前期工作各阶段主要工作内容评价。分析比较项目建议书、可行性研究报告和初步设计等各阶段的工程任务与规模、工程总体布置方案、主要建筑物结构型式、建设征地范围、投资等技术经济指标及其重大变化，结合工程运行情况，评价前期工作各阶段的工作深度、质量是否满足要求。

1）根据项目建议书的编制依据、编制原则、工程建设条件、工程任务与规模和作用，评价工程立项决策的理由是否充分；建设条件和勘测工作深度是否满足要求；选定的工程建设地点和建设时间是否合适；对工程主要技术指标与规划阶段进行比较，评价项目建设的必要性和合理性。

2）重点评价可行性研究报告的编制基础，编制工作内容的深度。对项目建议书审查和评估意见所提出的问题是否进行复核和修改，对项目方案是否进行优化比选。将可行性研究阶段与项目建议书阶段的主要技术经济指标进行比较，对比较结果和推荐方案的技术可行性进行评价。

3）初步设计阶段是否进一步到现场进行调查、补充勘察和试验研究工作；对取得的基本资料可靠性是否进行分析；对可行性研究报告的审查和评价意见是否进行深入分析和比较论证；对工程布置、工程结构、设备、材料、施工工艺等是否进行优化比选；对新技术、新工艺、新材料、新设备采用的可靠性、经济性是否进行比选。对以上分析及比选结果进行评价。

（3）前期各阶段工作过程的评价。评价前期工作程序是否符合国家有关法律法规、部门规章，是否符合基本建设程序，是否按照国家现行的项目建议书、可行性研究、初步设计编制技术标准要求开展工作。根据对前期工作各阶段基本情况掌握的基础上，依据行业的有关法律法规和规程规范，对前期工作程序、勘察设计单位的资质等级及业务范围、勘察设计成果质量和深度进行全面评价。主要评价前期工作各阶段程序是否符合水利部水利工程建设有关程序管理规定的要求；勘察设计单位的资质等级及业务范围，是否严格按照建设部颁发的有关管理办法中水利行业承担工程勘察设计项目规模分级规定执行；前期工作各阶段勘察设计产品的质量情况。

对前期工作各阶段勘察设计产品的质量可从勘察设计产品的内容深度、工程总体方案论证、勘察设计依据的可靠性、基本资料的完整准确性和勘测设计文件审批手续是否健全以及归档情况等方面进行综合评价。其中，规划阶段重点评价规划方案的合理性和立项依据，项目建议书阶段重点评价工程建设的必要性和可行性，可行性研究阶段重点评价工程总布置方案的合理性和技术可行性，初步设计阶段重点评价工程建筑物的优化设计、新技术、新材料、新工艺和科研成果的采用及工程项目经济可行性。勘测设计产品的质量情况具体包括以下内容：

1）勘察设计产品是否符合国家、水利行业建设法规、勘察设计规程规范以及有关合同规定，是否达到相应阶段规定的内容、深度和要求。

2）工程总体方案论证是否充分，布置是否合理，是否有利于节约土地和投资、有利于环境保护和维护生态平衡及方便施工等。

3）勘察设计依据是否充分可靠，基本资料是否完整、准确，勘测设计文件的审核、会签、批准等手续是否健全等。

4）各阶段勘测设计完成后，是否按照有关规定进行档案资料整理并及时归档。

2. 建设实施评价

项目建设实施评价主要包括以下内容：

（1）施工准备评价。建设项目实施准备阶段的评价重点是评价项目建设管理体制（包括项目法人或其代理机构分级管理权限、机构设置、管理制度等）的建立及运行情况；评价水利建设工程建设征地和移民征地、“四通一平”、设备设施准备等情况；评价施工准备阶段其他工作。施工准备阶段，在项目法人或其代理机构的工作内容中，筹集资金、建设征地、招标及合同是重点。

（2）项目建设实施评价。建设实施评价主要包括以下内容：

1）根据实施情况，评价项目采购招标和合同管理工作。重点是评价项目采购招标和合同管理效果，其内容包括组织招标设计、咨询、设备、物资采购等服务，组织招标并选定建设监理单位和施工承包队伍，根据工程实施效果评价其适宜性。

2）对比施工进度计划，评价工期控制情况。评价工程项目的进度控制、投资控制等，并与批复的初步设计施工进度计划、概算，与合同约定的进度、合同资金等进行对比分析和评价；对初步设计、调整概算等各阶段批准的投资和竣工决算的投资进行分析比较，分析超支或节余的原因，评价项目的投资控制情况。对于多种资金来源的工程，要分别评价不同资金的管理和使用情况。

3）根据工程验收、工程质量缺陷备案、工程质量事故处理以及工程遗留问题等情况，分析评价质量控制情况。评价目标质量、质量控制及工程建设标准执行情况、分析重大设计变更等情况。

4）分析工程建设资金筹措方式、到位和使用情况，与经批准的概算进行对比分析，评价项目的投资控制情况。

5）分析项目建设中的新技术、新工艺、新材料、新设备的应用情况，评价其对技术进步的影响。

（3）生产准备评价。根据项目运行管理机构的筹建和生产准备工作情况，以及工程运行状况，分析评价生产准备工作。重点对项目运行管理机构筹建和生产准备情况进行评价。生产准备包括生产组织准备、招收和培训人员、生产技术准备、生产的物资准备、正常的生活福利设施准备等内容。

（4）验收工作评价。分析阶段验收、专项验收、竣工验收情况及主要结论，评价验收工作及有关遗留问题的处理情况。重点评价项目各项验收工作是否及时、验收条件是否具备、验收人员组成是否符合规定、验收程序是否规范、验收资料是否齐全、验收结论是否明确等。对于大型工程，可根据具体情况将先期进行的单项工程验收材料作为附件。要尽可能全面地收集各项验收的资料，如阶段验收、完工验收、专项验收、竣工验收的各种报告，技术总结及工程质量检验与评定资料等，进行系统分析整理，提出评价意见。

以上验收工作评价可从工程建设项目是否按照批准的设计建设，已完工程在设计、施工、设备制造、设备安装等方面的质量是否满足要求，各单位工程能否正常运行，历次验收发现的问题和处理情况，工程建设征地及移民安置等问题是否已处理完毕，以及是否有遗留问题等方面进行评价。

3. 运行管理评价

（1）评价工程运行管理体制的建立及运行情况对项目投入运行后的总体运行状况（如管理体制、机构设置、职工数量及素质、规章制度建设及执行情况等方面）作出评价，也可以针对发现的问题提出改进的措施和科学合理的建议。

（2）分析评价工程管理范围和工程保护范围，生产、生活设施等能否满足有关技术规定和工程安全运行的需要。工程管理范围和工程保护范围是否按有关规定确权划界，生产、生活设施能否满足工程安全运行管理的要求，若发现问题则提出改进的建议。工程管理范围是指水利工程设施本身占地、有关管理和观测设施占地、管理单位本身建设占地的总面积；工程保护范围是指为了确保水利工程正常运行，需要禁止其他单位和个人进行有碍工程设施安全的活动的限制范围。

（3）根据工程运行、维修养护情况和安全监测资料，评价工程运行情况。对项目投入运行后的维护、管理、运营、安全监测、项目功能实现程度等进行系统的评价，并针对具体问题提出评价和建议。同时还要对工程运行效果进行评价，特别应重视对工程运行期安全监测资料的整编分析，并与设计的参数进行对比分析，以判断工程安全运行状况。

（二）经济评价

经济评价主要包括财务评价和国民经济评价。

1. 财务评价

（1）投资和费用计算。财务投资和费用应按实际发生值计列，但对于建设时间较早的工程项目，应考虑采用物价指数进行调整，以反映项目的实际财务状况。投资和费用计算应包括说明项目的实际投资及现有资产价值情况；根据选定的基准年，分别按实际运行期和预测运行期，提出项目总成本费用及流动资金、税金等其他有关费用，并说明预测值的计算方法和参数；对综合利用工程，提出财务投资和年运行费分摊的原则、方法和数额。

（2）效益计算。分析项目的财务收入，根据选定的基准年，分别按实际运行期和预测运行期提出实际发生值和预测值，并说明预测值的计算方法和参数。

（3）财务评价。根据财务评价指标，分析项目的财务可行性。说明财务评价指标计算的方法，根据选定的基准年计算财务评价指标，说明财务盈利能力、清偿能力，提出财务不确定性分析成果和财务评价结论。评价项目财务可行性，将后评价中有关财务评价的指标和结论与初步设计阶段按预测数据进行财务评价的指标和结论相比较，并针对指标前后发生的变化分析其差别和成因。针对项目在运行、还贷、收费等其他方面存在的问题，提出相应改进措施和建议。

对有贷款的项目，要依据财务评价分析结论对项目的资本金和贷款（债务）的比例是否合适进行评价；没有贷款的项目可不做分析。

2. 国民经济评价

（1）投资和费用计算。说明项目的国民经济投资和流动资金情况。根据选定的基准年，分别按实际运行期和预测运行期提出项目年运行费用，并说明预测值的计算方法和参数。对于综合利用工程，提出投资和年运行费用分摊的原则、方法和分摊方案。项目的投资是指竣工决算的实际投资值及实际分年度使用情况。对于建设时间较早的工程项目，其投资价值应采用重置成本法或其他固定资产评估方法重新计算，以反映项目评价时的实际价值。调整计算时，应注意采用与财务评价相同的价格水平年。根据经济评价的性质，项目投资应注意按影子价格进行调整，并剔除价差预备费和属于国民经济内部转移的支付。年运行管理费用采用分段计算的办法，实际运行期按实际发生值计算，预测运行期按合适的预测方法提出预测值。

（2）效益计算。分析项目的国民经济效益，根据选定的基准年，分别按实际运行期和预测运行期提出项目的总经济效益、分部门效益和分年效益流程的实际值和预测值，并说明预测值的计算方法和参数。效益应与年运行管理费用一致，采用分段计算的方法，实际运行期按实际发生值计算，预测运行期按一定的预测方法提出预测值并按影子价格进行调整，与投资、费用采取相同的价格水平年。

（3）国民经济评价。国民经济评价时，应根据需要，注意同时计算阶段性评价指标和全期评价指标，以尽量准确地反映项目整个运营期的经济状况。根据选定的基准年，说明国民经济评价指标的计算方法，计算国民经济评价指标，提出国民经济不确定性分析成果，提出国民经济评价结论。

阶段性评价指标是指依据基本计算系列计算出的相应经济指标。基本计算系列指自建设起始年至评价年的实际发生系列，但这个系列仅包括相对于设计运行期很短的一段前期运行期，而且这段运行期的工程效益通常又相对较小，可是固定资产投资却是针对整个设计运行期的，因此，阶段性指标不足以代表整个工程的经济特性，尚需设定更能相对正确表达整个工程经济特性的指标，即全期评价指标，它是针对整个运行期进行评价所得出的经济指标。将后评价中有关国民经济评价的指标和结论与初步设计阶段按预测数据进行国民经济评价的指标和结论相比较，并针对指标的前后变化分析其差别和成因。

综合评价可用附图和附表来辅助说明评价成果，附图指用图来表示的经济指标发展趋势，可根据需要选择；附表一般包括国民经济效益费用流量表、财务现金流量表、损益表、资金来源与运用表、资产负债表、总成本费用表、借款还本付息计算表等，可根据项目具体情况删减或增加。

（三）环境影响评价

环境影响评价应主要阐述工程建成后已经显现或今后可能带来的环境影响，并与项目前评估时的评价结论进行对比，提出进一步减免或消除不利影响的措施。

（1）根据工程影响区的主要环境特征、环境敏感目标及其与工程建设的关系，说明工程影响区存在的与本工程建设相关的主要环境问题。环境敏感目标是指依法设立的各级各类自然、文化保护地，以及对建设项目的某类污染因子或者生态影响因子特别敏感的区域，主要包括以下区域：

1）自然保护区、风景名胜区、世界文化和自然遗产地、饮用水水源保护区。

2）基本农田保护区、基本草原、森林公园、地质公园、重要湿地、天然林、珍稀濒危野生动植物天然集中分布区、重要水生生物的自然产卵场及索饵场、越冬场和洄游通道、天然渔场、资源性缺水地区、水土流失重点防治区、沙化土地封禁保护区、封闭及半封闭海域、富营养化水域。

3）以居住、医疗卫生、文化教育、科研、行政办公等为主要功能的区域，文物保护单位，具有特殊历史、文化、科学、民族意义的保护地。

（2）评价工程建设与运行管理过程中有关环境保护法律、法规方面的执行情况。环境保护执行情况评价的内容应包括：

1）工程环境影响评价工作的开展、审查及批复情况，环评过程中有无引起争论的重大环境问题。

2）环评及其批复中提出的环境保护措施，已实施的环境保护措施。

3）环评及批复中提出的环境监测、管理等措施及其执行情况。

4）针对工程环境影响及环境保护措施进行公众意见调查。

（3）分析工程建设与运行引起的自然环境、社会环境、生态环境和其他方面的变化，评价项目对环境产生的主要有利影响和不利影响，并预测其发展趋势。对照项目环境影响评价文件，分析其与环境影响调查结果的差别及变化的原因。

自然环境应包括水文、泥沙情势，局地气候，水温、水质，环境地质，土壤环境与土地利用等；生态环境应包括陆生生物、水生生物，景观生态，区域生态变化趋势等；社会环境应包括社会经济发展，人群健康，景观与文物古迹等；其他方面应包括自然保护区、风景名胜区、重要政治文化设施等。

（4）评价环境保护措施、环境管理措施和环境监测方案的实施情况及其效果。对项目引起的各环境因子的变化和新出现的环境问题，应分析其产生的原因并提出减缓不利影响的补充措施和监测方案。对策和措施应具有针对性，根据工程造成不利影响的对象、范围、历时、程度、要求达到的保护目标等，提出相应的预防、减缓、恢复、补偿、管理、监测等措施。

（5）提出环境影响评价结论。提出项目运行管理中应关注的重点环境问题和需要采取的措施。评价结论应包括以下主要内容：

1）工程主要环境影响因素及影响源。

2）工程影响区域环境本底状况及存在的主要环境问题。

3）工程环境保护工作执行情况评价结论。

4）工程环境保护措施实施情况及其实施效果。

5）工程环境影响评价结论。

6）工程环境保护措施、环境管理和环境监测措施评价结论。

（四）水土保持评价

水土保持是指对自然因素和人为活动造成水土流失所采取的预防和治理措施。依据《中华人民共和国水土保持法》的规定，在山区、丘陵区、风沙区修建铁路、公路、水工程，开办矿山企业、电力企业和其他大中型工业企业，在建设项目环境影响报告书中，必须有水行政主管部门同意的水土保持方案；建设项目中的水土保持设施，必须与主体工程同时设计、同时施工、同时投产使用；建设工程竣工验收时，应当同时验收水土保持设施，并有水行政主管部门参加。

水土保持评价应主要阐述在水土保持方案实施后，已经产生或今后可能产生的影响，并对照项目前评估时的结论进行对比评价，提出改进措施和建议。

（1）根据工程影响区水土流失特征和成因，说明工程建设与运行管理中的主要水土流失问题。项目区自然状况调查及评价中，应将调查及评价的重点放在项目建设征占地范围和建设活动扰动范围，着重调查具体扰动区域的地形、地貌、地面坡度、土地利用情况、土壤结构、植被类型及覆盖度、水系分布状况等。

（2）评价工程建设与运行管理过程中水土保持法律、法规的执行情况。调查评价内容应包含水土保持方案编制情况、水土保持措施执行情况、水土保持监测措施执行情况等。

（3）分析工程建设与运行引起的地貌、植被、土壤等的变化情况，对照批准的水土保持方案，评价水土保持措施的实施情况及其效果。对后评价中发现的新的水土流失问题，应分析其产生的原因并提出水土保持措施，水土保持措施应具有针对性。

（4）提出水土保持评价结论。对水土保持管理和监测提出建议和意见。评价结论应包括以下主要内容：

1）工程区自然条件及水土流失特征。

2）水土保持执行情况评价结论。

3）新增水土流失的重点部位和重点时段。

4）水土保持措施实施情况及实施效果。

5）水土保持监测方案评价结论。

6）水土保持管理评价结论。

7）水土保持效益分析结论。

（五）移民安置评价

（1）分析移民安置规划实施前后实物指标的变化情况，评价移民安置总体规划、农村移民安置规划、城市集镇迁建规划、专业项目规划等实施情况，评价移民安置规划的合理性。

水利工程移民安置规划是水利工程项目设计的重要组成部分，移民安置规划评价主要内容包括：评价工程影响实物指标的特点，对实物指标调查成果同实施时的实物指标进行对比分析，得出差距形成的原因。评价移民安置规划目标和安置标准确定的合理性；评价生产安置标准和搬迁安置标准的合理性；评价移民工程建设规模和标准的合理性；评价农村移民安置规划原则和移民居民点选址的合理性；评价农村移民安置人口计算的合理性；评价农村移民环境容量分析的合理性；评价农村移民安置规划中对少数民族的生产生活方式和风俗习惯的处理方式；评价农村移民安置方案的合理性；评价农村移民生产安置规划的合理性；评价城市集镇迁建选址和迁建规模和标准的合理性；评价专业项目处理的铁路、公路、水运、电力、电信、广播电视等专业项目处理方式以及处理的规模标准的合理性；评价库底清理规划的合理性；评价建设征地移民安置补偿费用的合理性。

（2）根据移民安置组织机构设置、制度建设、人员配备情况，评价其适宜性和职能的履行情况。主要是对移民安置组织机构的评价：评价各级移民机构的设置及职责；评价各级移民实施机构之间的协调性；评价移民实施机构人员配置及素质情况与所承担的工作的适应性；评价移民安置的管理体制。

（3）评价各级政府所制定的移民安置政策及其实施效果，总结实施过程中的成功经验和存在的主要问题。国家提倡和支持采取开发性移民方针，对移民实施前期补偿、补助后期生产扶持的办法为移民创造新的就业机会和生产、生活条件，恢复并提高移民的社会经济生活，使移民和安置区居民逐步达到并超过原有的生产生活水平。地方政府为了做好征地及移民安置工作，根据移民工作的法律、法规、政策、规定和本行政区的实际情况，因地制宜地制定出符合本行政区实际的征地和移民安置政策，以满足移民安置实施工作的需要。评价地方政府制订的建设征地移民安置政策是否符合当地的实际情况；评价建设征地移民安置政策的效果。

（4）评价农村移民安置、城市集镇的迁建、移民专业项目在管理体制、采购招标、计划管理、资金管理、质量管理、验收、公众参与等方面的实施情况和效果，总结实施过程中的成功经验和存在的主要问题。移民安置工作评价主要包括以下方面：

1）农村移民安置。评价农村移民生产安置人口、搬迁安置人口的合适性；对生产安置进行评价；评价土地开发整理的效果；评价第二产业安置、第三产业安置和其他途径安置的效果与经验教训；评价农村移民搬迁安置的新址选择及居民点建设的适宜性；评价农村移民土地调整的方式及其适宜性；评价农村移民安置实施的参与性。

2）城市集镇的迁建评价。对城市集镇迁建规模和标准进行评价；评价城市集镇的用地规模、道路标准、给排水标准、电力、电信、广播电视标准、环境保护标准及其他标准的适宜性；评价城市集镇选址的适宜性；评价城市集镇规划实施效果；调查城市集镇规模及设施、对外交通、防洪等功能恢复情况，评价城市集镇各项功能在区域经济中所发挥的作用；总结城市集镇迁建的经验教训。

3）移民专业项目评价。依据国家有关政策规定，结合农村移民安置、城市集镇迁建，对水利工程建设征地影响和移民安置新增专业项目交通运输工程（铁路、公路、厂矿道路、林区公路、乡村道路、水运设施等）、水利工程、电力工程、电信、广播电视工程、企业事业单位的处理方式、规模和标准、处理后的效益进行评价；对防护工程的标准、规模以及实施防护后的效益进行评价；对文物、古迹的发掘和保护工作进行评价；评价专项工程功能的发挥对库区社会经济的恢复与发展所发挥的作用；总结专项工程恢复重建的经验教训。

4）移民安置验收。评价移民项目的验收依据、验收程序和组织形式；评价验收项目及内容，验收评定标准。

5）评价移民安置效果。一是应对移民安置工程的招标过程的公平、公正、公开性，中标单位的资质等级、法人资格和分包转包情况以及招投标的时机和过程及合同签订情况进行评价；二是应对移民安置的管理体制、资金管理、计划管理、进度管理等进行评价；三是对移民安置监理和监督评估的方法及效果进行评价；四是对移民安置实施过程中的公众参与、协商活动及其效果、移民抱怨和申诉的渠道程序及主要抱怨事项和处理情况进行评价。

（5）分析移民搬迁安置前后生产生活水平的变化情况，评价移民安置活动对区域经济所产生的影响，并预测其发展趋势。移民收入是衡量移民安置效果的一项重要指标，可设计抽样调查的方案，调查移民现状生产生活水平，对移民的生产生活水平进行综合评价，并与移民安置规划目标值相比较，评价移民收入的恢复情况。对移民安置活动对区域经济所产生的影响进行评价。

（6）评价移民后期扶持的实施效果。移民后期扶持规划是在移民安置实施完毕后，按照国家“前期补偿补助，后期生产扶持”的政策规定，对移民安置实施工作遗留的问题进行处理的一项工作，是对移民安置实施工作不足部分的补充。评价移民后期生产扶持的资金的来源；评价移民后期扶持的实施效果；总结后期扶持在资金管理、项目管理、移民生产发展、脱贫致富等方面取得的经验。

（六）社会影响评价

社会影响评价的目标是趋利避害，规避社会风险，寻求发展机遇。社会影响评价可采用有无项目前后指标对比的方法。

（1）说明项目已经或可能涉及的直接、间接受益者群体和受损者群体及其所受到的影响。评价受影响人的参与程度。重点应分析谁是真正的受益者和受损者群体（社会组织、集团、个人），受益者的受益程度如何，受益者范围是否合理，分析利益相关者的利益构成，对照原定的受益者目标进行对比分析。参与指标包括：参与项目的贫困家庭的百分比；参与项目的妇女百分比；参与项目的受项目影响人口与当地人口的百分比；参与项目的少数民族家庭的百分比。

（2）分析项目对所在流域或区域自然资源、防灾减灾、土地利用、产业结构调整、生产力布局改变等方面的影响。水利建设项目的社会影响评价应注重分析项目对项目区调整产业结构、增加农业产值和农民收入方面的影响，分析对发电、交通、旅游等与项目直接相关的产业发展的影响。

（3）分析项目对所在流域或区域社会经济发展所带来的影响。针对项目社会影响的特点，在行业发展、投资环境、旅游、主要社会经济指标、当地人民生活质量、人口素质、直接和间接就业机会、专业人才培养、贫困人口扶持、少数民族发展、社会公平建设等方面进行有选择性的评价。水利建设项目产生的社会影响因项目的特点不同而不同，项目产生社会影响的主要内容，在社会影响后评价时可据项目的特点选择评价。评价项目前后受影响人群的收入变化（包括收入来源、收入水平、储蓄、信贷等）。

对目标人群的评价指标包括以下方面：

1）为项目工作的当地人口的总数和总工作天数；

2）为项目工作的贫困线以下家庭的比例和工作天数；

3）在与项目有关产业工作的当地人口的总数和总工作天数。

项目社会业绩指标包括以下方面：

1）家庭人口和构成；

2）受教育程度、识字率和目前学校出勤情况（分性别）；

3）获得医疗服务的情况；

4）使用安全饮用水情况；

5）使用电话和邮政通信情况，使用互联网的情况；

6）居民中所有有收入成员的收入来源；

7）家庭成员收入情况；家庭成员在外工作的人数；

8）家庭主要支出（食品、医疗、教育等）；

9）农业家庭的耕地面积、主要农产品生产和销售价格和数量；

10）所拥有的耐用品情况（如电冰箱、电视、电脑等）。

（4）提出社会影响评价的结论。提出扩大社会正面影响、减小社会负面影响的政策建议。在分析项目对社会的各种正负影响的基础上，得出社会影响评价结论。运用或设计社会政策，提出增加项目的正面社会效益政策建议，提出减轻（或避免）项目对社会产生的负面影响的措施。

（七）目标和可持续性评价

1. 目标评价

（1）对照项目建设目标，分析评价目标实现程度，与原定目标的偏离程度，并分析原因。项目目标主要指初步设计时所拟定的近期和远期建设目标。

（2）综合分析项目目标的确定、评价项目实现过程和目标实现程度等因素，评价目标确定的正确程度。

2. 可持续性评价

项目可持续性评价是对项目能否持续运转和怎样实现持续运转提出评价，具体是指项目建成投入运行后，项目的既定目标是否还能继续，项目法人是否愿意和可能依靠自身的力量去继续实现项目的目标，项目是否有可重复性（即可以推广到其他地区和项目）等。项目可持续性评价一般从外部条件和内部条件两方面进行分析评价。

（1）外部条件评价。水利建设项目具有社会性，其功能服务于社会、影响于社会，而社会中许多因素又是水利建设项目的外部条件，反过来影响项目的运转，所以，研究水利建设项目的持续性，就应考察其所需的外部条件是否得到满足。主要应分析相关政策、法律法规、社会经济发展、资源优化调配、生态环境保护要求等外部条件对项目可持续性的影响。外部条件一般包括自然环境因素、社会经济发展、政策法规及宏观调控、资源调配情况、生态环境保护要求、水土流失控制、当地管理体制及部门协作情况等。

（2）内部条件评价。内部条件是指当项目持续运转时，在项目本身的功能和运营管理方面所需具备的条件和具备程度。主要分析组织机构建设、人员素质及技术水平、内部管理制度建设及执行情况、财务能力等内部条件对项目可持续性的影响。内部条件一般包括组织机构、技术水平及人员素质、内部管理制度及运行状况、财务运营能力、服务情况等。

根据对项目内部、外部条件的分析以及对项目可持续性发展的影响，提出项目可持续发展的分析评价结论，并根据需要提出应采取的措施。

六、项目后评价报告

受委托的后评价机构应按照有关规定和要求完成项目后评价工作，并按国家现行的有关标准和规定，依据水利部颁发的《水利工程建设项目后评价报告编制规程》（SL 489—2010）编制项目后评价报告。项目后评价报告应反馈至项目投资决策部门、项目主管部门和各阶段参与该工程项目的各单位，以使项目的各参建单位总结经验教训，不断提高项目决策和管理的水平。

项目后评价报告的内容主要包括项目的过程评价、经济评价、环境影响评价、水土保持评价、移民安置评价、社会影响评价、目标和可持续性评价等方面。项目后评价报告的主报告应按《水利工程建设项目后评价报告编制规程》（SL 489—2010）的要求进行编制，对于需要专题调研、专题论证的内容，可根据需要单独成册。附件的内容可根据项目的具体情况确定。项目后评价报告主要包括以下内容：

（1）第 1 章：概述。包括：①项目概况，简要介绍项目的概况、主要技术经济指标，项目建设各阶段简要情况；②后评价工作简述，主要简述项目后评价工作开展的时间、方式、工作过程等。

（2）第 2 章：过程评价。项目全过程评价包括：①前期工作评价；②建设实施评价；③运行管理评价。

（3）第 3 章：经济评价。包括项目经济评价依据的规程、规范和有关文件，基本原则；经济评价选取的基本参数；作出财务评价和国民经济评价。

（4）第 4 章：环境影响评价。评价工程建设与运行管理过程中环境保护法律、法规的执行情况。分析工程建设与运行引起的自然环境、社会环境、生态环境和其他方面的变化，评价项目对环境产生的主要有利影响和不利影响，并预测其发展趋势；评价环境保护措施、环境管理措施和环境监测方案的实施情况及其效果；提出环境影响评价结论。

（5）第5章：水土保持评价。简述工程影响区水土流失特征和成因，说明工程建设与运行管理中的主要水土流失问题；评价工程建设与运行管理过程中水土保持法律、法规的执行情况；分析工程建设与运行引起的地貌、植被、土壤等的变化情况；对照批准的水土保持方案，评价水土保持措施的实施情况及其效果；提出水土保持评价结论；对水土保持管理和监测提出建议和意见。

（6）第6章：移民安置评价。分析移民安置规划实施前后实物指标的变化情况，评价移民安置规划的合理性；评价移民安置政策及其实施效果，总结实施过程中的成功经验和存在的主要问题；分析移民搬迁安置前后生产生活水平的变化情况，评价移民安置活动对区域经济所产生的影响，并预测其发展趋势；评价移民后期扶持的实施效果。

（7）第7章：社会影响评价。说明项目已经或可能涉及的直接、间接受益者群体和受损者群体及其所受到的影响；分析项目对所在流域或区域自然资源、防灾减灾、土地利用、产业结构调整、生产力布局改变等方面的影响；分析项目对所在流域或区域社会经济发展所带来的影响。提出社会影响评价的结论；提出扩大社会正面影响、减小社会负面影响的政策建议。

（8）第8章：目标和可持续性评价。分析评价目标实现程度，与原定目标的偏离程度并分析偏离原因；分析外部条件和内外部条件对项目可持续性的影响，提出项目可持续发展的分析评价结论，并根据需要提出应采取的措施。

（9）第9章：结论与建议。从前期工作、建设实施、运行管理、财务经济、环境影响、水土保持、移民安置、社会影响、目标和可持续性几个方面进行综合评价，应高度概括并归纳项目在技术、经济、管理等多方面的主要成功经验。提出项目后评价主要结论，总结项目的主要成功经验，分析项目存在的主要问题，提出建议和需要采取的措施。

（10）附件。项目后评价报告附件的内容可根据项目的具体情况确定，一般应包括各专题报告、项目综合特性表及其他有关内容。专题报告可根据项目的特点对与项目相关的专题内容如环境、可持续性、水土保持、移民、施工监理、生产经营等进行专题评价。

思 考 题

7-1 简述建设项目竣工决算的主要内容。

7-2 简述建设工程竣工财务决算的编制方法。

7-3 简述项目后评价的目的。

7-4 简述项目后评价的内容。

7-5 简述水利工程建设项目后评价报告的主要内容。

参 考 文 献

［1］ 国家发展和改革委员会，建设部．建设项目经济评价方法与参数（第三版）[M]．北京：中国计划出版社，2006.

［2］ 中国水利工程协会，北京海策工程咨询有限公司．水利工程造价管理 [M]．北京：中国水利水电出版社，2019.

［3］ 中国水利工程协会，北京海策工程咨询有限公司．水利工程计价 [M]．北京：中国水利水电出版社，2019.

［4］ 中国水利工程协会，北京海策工程咨询有限公司．水利工程施工技术与计量 [M]．北京：中国水利水电出版社，2019.

［5］ 中国水利工程协会，北京海策工程咨询有限公司．水利工程造价案例分析 [M]．北京：中国水利水电出版社，2019.

［6］ 中国水利学会工程投资管理专业委员会．水利工程造价 [M]．北京：中国计划出版社，2002.

［7］ 全国造价工程师职业资格考试培训教材编审委员会．建设工程造价案例分析 [M]．北京：中国城市出版社，2019.

［8］ 全国造价工程师职业资格考试培训教材编审委员会．建设工程造价管理 [M]．北京：中国计划出版社，2019.

［9］ 中国建设监理协会．建设工程投资控制 [M]．北京：中国建筑工业出版社，2014.

［10］ 水利部水利建设经济定额站．水利工程设计概算编制规定 [M]．郑州：黄河水利出版社，2002.

［11］ 水利部水利建设与管理总站．水利工程建设项目程序管理 [M]．北京中国计划出版社，2005.

［12］ 水利部．水利水电工程标准施工招标文件：2009 年版 [M]．北京：中国水利水电出版社，2009.

［13］ 水利部．水利水电工程项目建议书编制规程：SL 617—2013 [S]．北京：中国水利水电出版社，2013.

［14］ 国家发展和改革委员会．政府和社会资本合作建设重大水利工程操作指南（试行）：发改农经〔2017〕2119 号 [A]，2017.

［15］ 住房和城乡建设部．建设工程造价鉴定规范：GB/T 51262—2017 [S]．北京：中国建筑工业出版社，2017.

［16］ 水利部．水利基本建设项目竣工财务决算编制规程：SL 19—2014 [S]．北京：中国水利水电出版社，2014.

[17] 水利部. 水利工程工程量清单计价规范：GB 50501—2007 [S]. 北京：中国计划出版社，2007.

[18] 住房和城乡建设部，国家质量监督检验检疫总局. 建设工程工程量清单计价规范：GB 50500—2013 [S]. 北京：中国计划出版社，2013.

[19] 刘秋常. 建设项目投资控制 [M]. 2版. 北京：中国水利水电出版社，1998.

[20] 杨卫东. PPP项目全流程操作手册 [M]. 北京：中国建筑工业出版社，2017.

[21] 杨晓敏. PPP项目策划与操作实务 [M]. 北京：中国建筑工业出版社，2015.

附录　投资控制常用术语及解释

术语	解　　释	依　据
水利工程投资	工程建造期间所投入的建筑、设备、移民、占地、管理等项费用的总和	《水利水电工程技术术语》(SL 26—2012)
工程造价	进行一个工程项目的建造所花费的全部费用，即从工程建设意向直至竣工验收为止的整个建设期间所支付的总费用	《水利水电工程技术术语》(SL 26—2012)
投资估算	在工程建设的可行性研究阶段对工程所需全部费用的计算	《水利水电工程技术术语》(SL 26—2012)
设计概算	在工程建设的初步设计阶段提出的关于工程建设项目需要资金计划的设计文件	《水利水电工程技术术语》(SL 26—2012)
财务评价	按国家现行财税制度和价格，从财务角度对工程项目的费用、效益和债务偿还能力，以及财务生存能力、盈利能力等所做的分析评估	《水利水电工程技术术语》(SL 26—2012)
规费	根据国家法律、法规规定，由省级政府或省级有关权力部门规定施工企业必须缴纳的，应计入建筑及安装工程的费用	《水利工程工程量清单计价规范》(GB 50501—2007)
增值税	是以商品（含应税劳务）在流转过程中产生的增值额作为计税依据而征收的一种流转税	
企业定额	专指施工企业定额，是施工企业根据自身拥有的施工技术、机械装备和具有的管理水平而编制的完成一个工程量清单项目使用的人工、材料、机械台班等的消耗标准，是施工企业投标报价的依据之一	《建设工程工程量清单计价规范》(GB 50500—2013)
工程成本	工程建设的目标是承包人按照设计图纸、施工验收规范和有关强制性标准，依据合同约定进行施工，完成合同工程并达到合同约定的质量标准。为实现这一目标，承包人在施工中必须消耗或使用相应的人工、材料和工程设备、施工机械台班并为其施工管理发生费用，还有按法规规定缴纳的各种规费和税金，所有这些构成承包人施工的工程成本	《建设工程工程量清单计价规范》(GB 50500—2013)
工程设备	指构成或计划构成永久工程一部分的机电设备、金属结构设备、仪器装置及其他类似的设备和装置	《标准施工招标文件》(2007年版，国家发展改革委等九部委第56号令)

续表

术语	解　　释	依　据
招标控制价	在工程招标发包过程中，由招标人根据国家或省级、行业建设主管部门颁发的有关计价依据和办法，按设计施工图纸计算的工程造价，其作用是招标人用于对招标工程发包的最高控制限价，有的地方也称拦标价、预算控制价	《建设工程工程量清单计价规范》（GB 50500—2013）条文说明
工程造价信息	工程造价管理机构通过搜集、整理、测算并发布工程建设的人工、材料、工程设备、施工机械台班的价格信息，以及各类工程的造价指数、指标，其目的是为政府有关部门和社会提供公共服务，为建筑市场各方主体计价提供信息的专业服务，实现资源共享	《建设工程工程量清单计价规范》（GB 50500—2013）
总承包服务费	是在工程建设的施工阶段实行施工总承包时，当招标人在法律、法规允许的范围内对工程进行分包和自行采购供应部分设备、材料时，要求总承包人提供相关服务（如分包人使用总包人的脚手架、水电接驳等）和施工现场管理等所需的费用	《建设工程工程量清单计价规范》（GB 50500—2013）
暂估价	招标人在工程量清单中提供的用于支付必然发生但暂时不能确定价格的材料、工程设备的单价以及专业工程的金额	《建设工程工程量清单计价规范》（GB 50500—2013）
投标价	在工程招标发包过程中，由投标人按照招标文件的要求，根据工程特点，并结合自身的施工技术、装备和管理水平，依据有关计价规定自主确定的工程造价，是投标人希望达成工程承包交易的期望价格，投标价不能高于招标人设定的招标控制价	《建设工程工程量清单计价规范》（GB 50500—2013）条文说明
合同价	在工程发、承包交易过程中，由发承包双方以合同形式确定的工程承包价格。采用招标发包的工程，其合同价应为投标人的中标价	《建设工程工程量清单计价规范》（GB 50500—2013）
综合单价	是相对于工程量清单计价而言的，指完成一个规定计量单位的分部分项清单项目或措施清单项目所需的人工费、材料费、施工机械使用费、企业管理费、利润以及包含一定范围风险因素的价格表示	《建设工程工程量清单计价规范》（GB 50500—2013）
总价合同	以施工图纸、规范为基础，在工程任务内容明确、发包人的要求条件清楚、计价依据和要求确定的条件下，发承包双方依据承包人编制的施工图预算商谈确定合同价款。总价合同一般分为固定总价合同、可调值总价合同及固定工程量总价合同	《建设工程工程量清单计价规范》（GB 50500—2013）

续表

术语	解　　释	依　据
单价合同	发承包双方约定以工程量清单及综合单价进行合同价款计算、调整和确认的水利工程施工合同。实行工程量清单计价的工程，一般应采用单价合同方式，即合同中的工程量清单项目综合单价在合同约定的条件固定不变，超过合同约定条件时，依据合同约定进行调整；工程量清单项目及工程量依据承包人实际完成且应予计量的工程量确定	《建设工程工程量清单计价规范》(GB 50500—2013)
成本加酬金合同	成本加酬金合同建议修改为："发承包双方约定以施工工程成本再加合同约定酬金进行合同价款计算、调整和确认的建设工程施工合同。成本加酬金合同是承包人不承担任何价格变化和工程量变化风险，不利于发包人对工程造价的控制。成本加酬金合同有多种形式，主要有成本加固定费用合同、成本加固定比例费用合同、成本加奖金合同等。"	《建设工程工程量清单计价规范》(GB 50500—2013)
固定单价合同	双方在合同中约定综合单价包含的风险范围和风险费用的计算方法；在约定的风险范围内综合单价不再调整，风险范围以外的综合单价调整方法应当在合同中约定	《建设工程价款结算暂行办法》(财建〔2004〕369号)
固定总价合同	合同工期较短且工程合同总价较低的工程，可以采用固定总价合同方式	《建设工程价款结算暂行办法》(财建〔2004〕369号)
承包人	被发包人接受的具有工程施工承包主体资格的当事人以及取得该当事人资格的合法继承人。有时也称施工企业，在工程招标发包中，投标时又被称为投标人，中标后称为中标人	《建设工程工程量清单计价规范》(GB 50500—2013)
发包人	具有工程发包主体资格和支付工程价款能力的当事人以及取得该当事人资格的合法继承人。有时也称建设单位或业主，在工程招标发包中，又被称为招标人	《建设工程工程量清单计价规范》(GB 50500—2013)
工程造价咨询人	指按照《工程造价咨询企业管理办法》(建设部令第149号)，取得工程造价咨询资质，在其资质许可范围内接受委托，提供工程造价咨询服务的企业	《建设工程工程量清单计价规范》(GB 50500—2013)
工程量清单	是建设工程实现工程量清单计价的专用名词。表示的是拟建工程的分部分项工程项目、措施项目、其他项目、规费项目和税金项目的名称和相应数量等的明细清单	《建设工程工程量清单计价规范》(GB 50500—2013)
项目编码	对分部分项工程量清单项目名称规定的数字标识	《建设工程工程量清单计价规范》(GB 50500—2013)
项目特征	对体现分部分项工程量清单项目、措施项目清单价值的特有属性和本质特征的描述	《建设工程工程量清单计价规范》(GB 50500—2013)

续表

术语	解　　释	依　据
总价项目	指工程量清单中以总价（或计算基础乘费率）计价的项目，此类项目在国家现行计量规范中无工程量计算规则，不能计算工程量单位，如安全文明施工费，夜间施工增加费，以及总承包服务费、规费等	《建设工程工程量清单计价规范》（GB 50500—2013）
单价项目	指工程量清单中以工程数量乘以综合单价计价的项目，如国家现行计量规范规定的分部分项工程项目、可以计算工程量的措施项目	《建设工程工程量清单计价规范》（GB 50500—2013）
措施项目	措施项目："为完成工程项目施工，发生于该工程施工准备和施工过程中技术、生活、安全、环境保护、水土保持等方面的项目。"	《水利工程工程量清单计价规范》（GB 50501—2007）
工程计量	指发承包双方根据合同约定，对承包人完成合同工程的数量进行的计算和确认；正确的计量是支付的前提	《建设工程工程量清单计价规范》（GB 50500—2013）
现场签证	专指在工程建设的施工过程中，发承包双方的现场代表（或其委托人）对施工过程中由于发包人的责任致使承包人在工程施工中于合同内容外发生了额外的费用或其他与合同约定事项不符的情况，由承包人通过书面形式向发包人提出并予以签字确认的证明	《建设工程工程量清单计价规范》（GB 50500—2013）
工程签证	按承发包合同约定，一般由发承包双方代表就施工过程中涉及合同价款之外的责任事件所作的签认证明	《工程造价咨询业务操作指导规程》（中价协〔2002〕第016号）
计日工	在施工过程中，完成发包人提出的施工图纸以外的零星项目或工作，按合同中约定的综合单价计价；包括完成作业所需的人工、材料、施工机械及其费用的计价，类似于定额计价中的签证记工	《建设工程工程量清单计价规范》（GB 50500—2013）
工程变更	指合同工程实施过程中由发包人提出或由承包人提出经发包人批准的合同工程任何一项工作的增、减、取消或施工工艺、顺序、时间的改变；设计图纸的修改；施工条件的改变；招标工程量清单的错、漏从而引起合同条件的改变或工程量的增减变化	《建设工程工程量清单计价规范》（GB 50500—2013）
索赔	在工程合同履行过程中，合同当事人一方因非己方的原因而遭受损失，按合同约定或法律法规规定应由对方承担责任，从而向对方提出补偿的要求	《建设工程工程量清单计价规范》（GB 50500—2013）
不可抗力	指自然灾害和社会性突发事件的发生必然对工程建设造成损失，但这种事件的发生是发承包双方谁都不能预见和克服的，其对工程建设造成的损失也是不可避免的	《建设工程工程量清单计价规范》（GB 50500—2013）

续表

术语	解　　释	依　据
误期赔偿费	承包人未按照合同工程的计划进度施工，导致实际工期超过合同工期（包括经发包人批准的延长工期），承包人应向发包人赔偿损失的费用	《建设工程工程量清单计价规范》(GB 50500—2013)
工程量偏差	是由于招标工程量清单出现疏漏，或合同履行过程中出现设计变更等影响，按照相关工程现行国家计量规范规定的工程量计算规则计算的应予计量的工程量与相应的招标工程量清单项目的工程量之间的差额	《建设工程工程量清单计价规范》(GB 50500—2013)
工程结算	分为期中结算、终止结算和竣工结算。期中结算又称中间结算，包括月度、季度、年度结算和形象进度结算。终止结算是合同解除后的结算。竣工结算是指工程竣工验收合格，发承包双方依据合同约定办理的工程结算，是期中结算的汇总。竣工结算包括单位工程竣工结算、单项工程竣工结算和建设项目竣工结算。单项工程竣工结算由单位工程竣工结算组成，建设项目竣工结算由单项工程竣工结算组成	《建设工程工程量清单计价规范》(GB 50500—2013)
工程价款结算	指对建设工程的承发包合同价款进行约定和依据合同约定进行工程预付款、工程进度款、工程竣工价款结算的活动	《建设工程价款结算暂行办法》（财建〔2004〕369号）
合同价款调整	在合同价款调整因素出现后，发承包双方根据合同约定，对合同价款进行变动的提出、计算和确认	《建设工程工程量清单计价规范》(GB 50500—2013)
预付款	在工程开工前，发包人按照合同约定预先支付给承包人用于施工所需材料的采购以及组织人员进场等的款项	《建设工程工程量清单计价规范》(GB 50500—2013)
进度款	施工过程中，发包人按照合同约定在付款周期内对承包人完成的合同价款给予支付的款项，又称期中结算支付	《建设工程工程量清单计价规范》(GB 50500—2013)
暂列金额	招标人在工程量清单中暂定并包括在合同价款中的一笔款项；用于施工合同签订时尚未确定或者不可预见的所需材料、设备、服务的采购，施工中可能发生的工程变更、合同约定调整因素出现时的工程价款调整，以及发生的索赔、现场签证确认等的费用	《建设工程工程量清单计价规范》(GB 50500—2013)
缺陷责任期	即工程质量保修期，从工程通过合同工程完工验收之日起，或从单位工程或部分工程通过投入使用验收之日起，至有关规定或施工合同约定的缺陷责任终止的时段	《水利工程施工监理规范》(SL 288—2014)
竣工结算价	在承包人完成施工合同约定的全部工程内容，发包人依法组织竣工验收合格后，由发承包双方按照合同约定的工程造价条款，即已签约合同价、合同价款调整（包括工程变更、索赔和现场签证）等事项确定的最终工程造价	《建设工程工程量清单计价规范》(GB 50500—2013)

续表

术语	解　释	依　据
项目竣工财务决算	是正确核定项目资产价值、反映竣工项目建设成果的文件，是办理资产移交和产权登记的依据，包括竣工财务决算报表、竣工财务决算说明书以及相关材料	《基本建设财务规则》（财政部令第81号）
项目后评价	指项目竣工验收并投入使用或运营一段时间后，运用规范、科学、系统的评价方法与指标，将项目建成后所达到的实际效果与项目的可行性研究报告、初步设计（含概算）文件及其审批文件的主要内容进行对比分析，找出差距及原因，总结经验教训，提出相应对策建议，并反馈到项目参与各方，形成良性项目决策机制	《中央政府投资项目后评价管理办法》（发改投资〔2014〕2129号）